MPA 学位论文范例

主 编 肖 滨
副主编 陈天祥 叶 林

版权所有　翻印必究

图书在版编目（CIP）数据

MPA 学位论文范例/肖滨主编；陈天祥，叶林副主编. —广州：中山大学出版社，2016.3

ISBN 978-7-306-05628-3

Ⅰ. ①M… Ⅱ. ①肖… ②陈… ③叶… Ⅲ. ①研究生—学位论文—写作 Ⅳ. ①G643.8

中国版本图书馆 CIP 数据核字（2016）第 041228 号

出 版 人：	徐　劲
策划编辑：	嵇春霞
责任编辑：	嵇春霞
封面设计：	曾　斌
责任校对：	王　琦
责任技编：	何雅涛
出版发行：	中山大学出版社
电　　话：	编辑部 020-84111996，84111997，84113349，84110779
	发行部 020-84111998，84111981，84111160
地　　址：	广州市新港西路 135 号
邮　　编：	510275　　传　真：020-84036565
网　　址：	http://www.zsup.com.cn　E-mail: zdcbs@mail.sysu.edu.cn
印 刷 者：	虎彩印艺股份有限公司
规　　格：	787mm×960mm　1/16　20.5 印张　400 千字
版次印次：	2016 年 3 月第 1 版　2016 年 7 月第 2 次印刷
定　　价：	52.00 元

如发现本书因印装质量影响阅读，请与出版社发行部联系调换

目录

MPA 学位论文范例一

平衡计分卡在 M 海关绩效管理中的应用研究 　　作者　马登攀
　　　　　　　　　　　　　　　　　　　　　点评老师　陈天祥

点评 ·· 2
论文 ·· 4

MPA 学位论文范例二

外嫁女权益保障问题研究——基于三水区的实践分析 　作者　莫倩瑜
　　　　　　　　　　　　　　　　　　　　　点评老师　郭巍青

点评 ·· 48
论文 ·· 51

MPA 学位论文范例三

广东省行业协会发展研究——以广东省锁具维修行业协会为例　作者　陈林铭
　　　　　　　　　　　　　　　　　　　　　点评老师　张紧跟

点评 ·· 104
论文 ·· 106

MPA 学位论文范例四

广州市白云区无证生产查处的问题与对策研究 　　作者　梁 芳
　　　　　　　　　　　　　　　　　　　　　点评老师　刘亚平

点评 ·· 154
论文 ·· 157

MPA 学位论文范例五

旧城区出租屋消防安全管理研究——以广州市岭南街为例 　作者　吴 丹
　　　　　　　　　　　　　　　　　　　　　点评老师　袁 政

点评 ·· 274
论文 ·· 277

MPA学位论文范例一

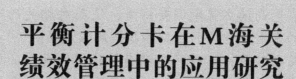

平衡计分卡在M海关绩效管理中的应用研究

作　　者　马登攀
点评老师　陈天祥

点 评

陈天祥

该文的最大突出之处是作者能够运用所学到的学科知识（平衡计分卡）的相关原理去分析现实中的管理问题，较好地做到了理论与实践相结合，从而避免了就事论事的缺陷。另外，作者深入实地，运用问卷调查和访问调查方法收集了大量的第一手资料，文中相关数据和事实材料丰富，论文的基础工作较扎实。全文篇章结构合理，思路清晰，有较好的理性分析，文字表达得当。另外，作者能运用一些图表等向读者呈现调查结果，使人对相关的事实一目了然。因此，总的来看，论文的组织和撰写比较成功。

不足之处是：①对问卷调查所获得的资料的运用不充分，问卷设计也存在一些不规范之处。正确的做法应该是，在分析M海关原有绩效考核中存在的问题时，主要应以问卷调查所获得的资料为依据，并加强图表的运用，从而使结论建立在更加坚实的基础之上；另外，还应该认真分析不同样本的回答之间的差别及原因，更深层次地分析原有考核制度所存在的问题。②没有很好地利用访问调查深化研究工作。虽然作者已说明自己做了访问调查，文章附录中也交代了访谈的有关情况和访谈记录，但却没有很好地利用访问调查将论文的撰写推向深入。问卷调查有其自身的局限性，往往无法通过它获得对社会现象的深层次原因的认知，因此，需要借助于访问调查弥补这一不足。但作者在设计访谈问题时没有考虑到这一点，访问调查与问卷调查之间的分工不明确，导致访谈问题较随意，在论文的撰写过程中也没有一处直接引用访谈的原始资料以证明论文的观点，非常可惜。③理论对话不足。虽然作者努力将平衡计分卡的相关原理运用于论文的撰写之中，但很多时候只是对平衡计分卡原理做蜻蜓点水式的分析，一笔带过，没有深入到这一方法的机制内核去构建逻辑框架。另外，作者没有在论述过程中进行很好的理论对话，如没有较多地引用相关的经典著作中的论述。④对平衡计分卡运用中必然会涉及的组织配套措施的分析不够。平衡计分卡的成功运用取决于组织原有的运行环境，如果不顾这一点，匆忙运用平衡计分卡，只能是囫囵吞枣、消化不良，难以发挥其应有效果，但作者没有充分意识到这一点。⑤在具体运用平衡计分卡方面，作者主要将重点放在指标体系方面，而忽视了系统建构，从而使设想显得比较粗糙。⑥在运用平衡计分卡原理构建绩效考核指标体系时，作者只停留于主观设想，而没有运用问卷调查等方法进行相应的隶属度等方面的检验。

平衡计分卡在 M 海关绩效管理中的应用研究

马登攀

摘要：近年来，一些海关积极探索建立科学有效的绩效评价指标体系，平衡计分卡的运用就是其中的代表。本文在介绍了目前 M 海关的绩效管理以及平衡计分卡基本理论的基础上，探讨建立基于平衡计分卡的绩效管理体系的相关问题。论文分为五章，第一章主要介绍了本文的研究背景、研究目的和意义，并对研究方法与论文结构进行了说明。第二章主要介绍和分析了 M 海关的基本情况和绩效考核现状。第三章系统地介绍了平衡计分卡产生的背景、演进过程、基本框架、应用原则以及在国内外应用的有关情况。第四章主要阐述了基于平衡计分卡的 M 海关绩效考核体系的构建过程，既有对战略地图的构思，也有对平衡计分卡的设计。第五章提出了基于平衡计分卡的绩效方案设计，阐明了实施步骤和实施中可能存在的问题及解决方案。

笔者结合在 M 海关工作多年所熟悉的直属海关运作情况，通过从四个维度制定目标、指标和行动方案，提供了海关管理中可以描述和衡量的核心要素与管理重点；从某种意义上来说，这些要素具有牵一发而动全身的作用，同时文中提出的解决方案既符合海关工作实际，又具有可操作性。

关键词：海关；平衡计分卡；绩效管理

目录[①]

绪　论 ………………………………………………………………………………
　　第一节　研究背景 …………………………………………………………………
　　第二节　研究目的和意义 …………………………………………………………
　　第三节　研究方法和论文结构 ……………………………………………………
第一章　M海关绩效管理现状描述 ………………………………………………
　　第一节　M海关的基本情况 ………………………………………………………
　　第二节　M海关绩效考核现状 ……………………………………………………
　　第三节　M海关绩效管理存在的问题及成因分析 ………………………………
第二章　平衡计分卡原理及其应用于海关绩效管理的可行性分析 ……………
　　第一节　平衡计分卡原理简介 ……………………………………………………
　　第二节　平衡计分卡在海关绩效管理应用的可行性分析 ………………………
第三章　基于平衡计分卡的M海关绩效评估体系的构建 ………………………
　　第一节　M海关的战略目标分析 …………………………………………………
　　第二节　M海关平衡计分卡指标体系的设置 ……………………………………
第四章　基于平衡计分卡的M海关绩效管理的组织与实施 ……………………
　　第一节　绩效管理的组织与实施 …………………………………………………
　　第二节　实施过程中可能存在的问题及解决方案 ………………………………
结　语 ………………………………………………………………………………
附录一　M海关公务员绩效管理调查问卷 ………………………………………
附录二　访谈记录（略） …………………………………………………………
参考文献 ……………………………………………………………………………

[①]　因为结集出版，全书页码须顺排，所以本书5篇MPA学位论文范例中的目录均不上页码。

绪　　论

第一节　研究背景

中国海关作为国家的进出关境的监督管理机关，肩负着依照《中华人民共和国海关法》（简称《海关法》）和其他有关法律、行政法规监管进出境的运输工具、货物、行李物品、邮递物品和其他物品，征收关税和其他税费，查缉走私，并编制海关统计和办理其他海关业务的职责。中国海关如何依法履行自身职责，平稳、高效地运转，为维护国家利益，促进对外经济贸易和科技文化交流发挥重要的作用，是社会各界一直关注的重要领域。随着中国经济、科技、文化的快速发展，中国与世界的经济、科技、文化等交流越来越广泛和深入，中国海关所面对的任务与内容也发生了重大变化，进出境事务不断膨胀。中国海关意识到，面对如此巨大的变化，仅仅通过增加海关机构设置、补充海关工作人员等常规手段和方式，虽然能够在较短时间内解决海关人员短缺与海关业务量增大之间的矛盾，但时间一长，必将导致海关走向低效、臃肿的发展道路，必将辜负国家对海关的期望、人民对海关的信赖。

科学的绩效考评是加强内部管理和提高工作效率的一方良药，也是海关面对新形势需要完善的重要工作之一。但如何建立有效的绩效评价体系却一直困扰着中国海关。目前，全国各海关都在进行各式各样的绩效考评，虽然有的绩效考评发挥了一定的作用，但也有不少绩效考评流于形式。例如，有的绩效考评没能贯穿于日常工作中，只是在年终填填表格而已；有的绩效考评只重考评结果，忽视了绩效改进过程。另外，各类绩效考评之间没能很好地联系起来，也没能与培训、薪酬奖励、升迁等海关有限的福利很好地结合起来，未能形成绩效考评要达到的合力。很多直属海关已经感觉到目前的绩效考评有以上诸多不足，甚至开始担忧不科学的绩效考评会带来负面影响。

近年来，一些直属海关积极探索如何建立科学、有效的绩效评价指标体系。然而我们知道，世界范围内被广泛谈论和应用的组织绩效管理的理论体系主要有两个，一是早期的关键绩效指标法（Key Performance Indicator，简称"KPI"），二是20世纪90年代初产生并得到广泛应用的平衡计分卡（Balanced

Score Card，简称"BSC"）。其中，后者的理论和实践更具有潜力，不仅在企业中发挥了显著效果，而且在政府部门也有诸多成功应用的案例。在目前中国海关绩效管理工具和方法缺失的情况下，本文将尝试探讨平衡计分卡在直属海关——M海关绩效管理中的应用。

第二节 研究目的和意义

本文为解决目前海关所面临的人员与业务量之间不适应的矛盾，在可增加的人力、物力、财力等资源有限的基础上，依据平衡计分卡的相关原理，通过改进或整合现有考评方法及其机制，建立新的、全面的绩效考评体系，为海关在新形势下完成国家税收任务、保证进出口秩序提供有效的解决方案。

M海关作为政府部门之一，一方面，由于组织机构的相对稳定性、机关人员的相对稳定性、工资福利的相对稳定性等模糊了干好干坏的界限，从某种意义上限定了绩效评估的应用；另一方面，各部门为了强调其存在意义，极力突出自身优势，削弱了海关整体所能产生的效能，也降低了绩效评估的效力。而平衡计分卡以一种崭新的视角定义了绩效评估，其核心内容之一是突出组织使命、核心价值观、愿景、战略等，将海关内部各部门有机地组织起来；同时，平衡计分卡在财务方面、内部管理流程方面、学习与成长方面等具体细节上也回答了如何解决人员、能力、福利等诸多方面的问题，为实现海关有效的绩效考评提供了理论支持。

本文为平衡计分卡理论积累了实践经验。目前，平衡计分卡理论在许多政府部门得到了应用，并取得了喜人的成果。海关作为政府部门中人员素质相对较高、信息化程度比较集中的组织，有着良好的应用平衡计分卡原理进行绩效评估的基础；此外，海关肩负着税款征收的使命，有别于绝大多数政府部门的职责，这一特点使海关在应用平衡计分卡原理进行绩效考评中，其财务方面的要求有别于其他政府部门。本文的研究也将为平衡计分卡理论的实践积累新的经验。

第三节 研究方法和论文结构

本文作为一个个案研究，主要采取了两种资料收集方法。

一是文献法。笔者集中收集了以下几个方面的文献资料：一是国内外介绍平衡计分卡的著作和各类期刊上的研究论文；二是部分直属海关关于绩效考核和业绩考核相关的文献资料；三是有关M海关的职责、绩效考核等方面的文献。通过对平衡计分卡理论的研读，结合目前直属海关的绩效考核指标及其应用状况，利用平衡计分卡理论来全面分析 M 海关的职责特点等；通过逻辑推理、归纳等定性方法，构建 M 海关平衡计分卡绩效体系。

二是访谈法。为使研究更具针对性，笔者对相关海关的领导、基层科长和基层管理相对人进行了访谈，以了解他们对海关绩效管理工作的看法。访谈方式为非结构式访问，具体内容参见附录二。

本文共设六个部分，分别是：

"绪论"部分，介绍了本文的研究背景、研究目的和意义，并对本文的研究方法和论文结构进行了说明。

第一章"M 海关绩效管理现状描述"，对目前 M 海关的基本情况和绩效考核现状进行了介绍，并分析其中存在的问题。

第二章"平衡计分卡原理及其应用于海关绩效管理的可行性分析"，首先介绍了平衡计分卡产生的背景；其次通过表格形式，描述平衡计分卡理论的演进、重要理论内容及评价；最后从平衡计分卡的基本框架，平衡计分卡的使命、核心价值观、愿景和战略，平衡计分卡的四个维度，平衡计分卡的构成要素，平衡计分卡的核心理念，平衡计分卡的功能与创新，平衡计分卡的特征，平衡计分卡应用的注意事项以及平衡计分卡在政府部门的应用等九个方面综述了平衡计分卡的基本理论，并对其运用的可行性进行了剖析。

第三章"基于平衡计分卡的 M 海关绩效评估体系的构建"，主要介绍了基于平衡计分卡的 M 海关绩效考核体系的构建过程，既有对战略地图的构思，也有对平衡计分卡的设计。

第四章"基于平衡计分卡的 M 海关绩效管理的组织与实施"，以 M 海关为例，提出平衡计分卡的实施步骤、存在问题和解决方案。

"结语"部分，总结本文的创新之处，提出本文的不足，展望今后的研究。

第一章　M 海关绩效管理现状描述

第一节　M 海关的基本情况

《中华人民共和国海关法》第 2 条规定，海关是国家进出境监督管理机关，实施垂直管理，由海关总署统一管理全国海关的人、财、物。全国海关机构共分三级，即海关总署、直属海关和隶属海关。目前，全国共有46个直属海关单位，包括41个直属海关，2所院校（上海海关学院、秦皇岛海关学校），3个派驻机构（广东分署、天津和上海特派办）；300多个隶属海关；4000多个办事处、监管点。

M海关是41个直属海关之一，历史悠久，是近代中国最早设立的粤、闽、江、浙四个海关之一，距今已有320年的历史。新中国成立后，特别是改革开放以来，M海关进入了全面迅速的发展阶段。目前，关区面积约占广东省行政区域的一半：东抵河源龙川；西到粤西罗定，与广西接壤；北到粤北韶关，与湖南、江西接壤；南到珠江口的大铲岛，与香港、澳门隔海相望。M海关下设缉私局、佛山海关、白云机场海关3个副厅级机构，19个处级内设机构，5个市内办事处、10个处级隶属海关、4个事业单位；此外，还有海关总署广州商品价格信息办公室、全国海关进出口商品归类广州分中心等，共有公务员3996人，其中科级领导干部862人。

近年来，M海关努力践行"依法行政，为国把关，服务经济，促进发展"的海关16字工作方针，大力弘扬"忠诚公正、兴关强国"的海关精神，坚持"思想建关，能力强关，廉政把关，发展兴关"，队伍建设稳步推进，业务建设取得了显著的成绩。5年来，税收入库从151亿元增加到292亿元，增长了93.4%。监管货运量从2649万吨增加到4100万吨，增长了54.8%；货值从400.9亿美元增加到818.8亿美元，增长了1.04倍。监管进出境人员从640万人次增加到1028万人次，增长了60.6%。缉私警察共立案走私案件2253宗，案值87.8亿元；违规案件3890宗，案值20.8亿元；查获毒品案件226宗，缴获海洛因等毒品5214公斤；抓获犯罪嫌疑人1188人，移送起诉867人。[①] M海关圆满完成了各项工作任务，为广东开放型经济发展做出了重要贡献，受到海关总署、地方党政领导和社会各界的充分肯定。

M海关的发展目标主要分为年度目标和长远目标。其中，年度目标主要是完成关税和监管等各项工作任务，确保队伍稳定和谐；长远目标是根据总署构建海关第二步战略规划的要求，落实总关党组推进M海关各项工作的决定，全面协调地推进业务和队伍建设工作。

随着中国经济、科技、文化的快速发展，中国与世界的经济、科技、文化等交流越来越广泛和深入，M海关面临的任务、内容也发生了重大变化。目

---

① 参见《贯彻科学治关理念，努力开创工作新局面——郗治安关长在M海关2008年关区关长会议上的讲话》。

前，我国的对外贸易形式越来越丰富，进出口贸易量急剧增加，进出境事务也在不断膨胀，但同时也产生了人员短缺与海关业务量增大之间的矛盾。

M海关下属N海关，现有干部职工224人，下设办公室、监察审计室、人事政工科、行政科、财务科、技术科、关税科、统计管理科、加工贸易监管科、稽查科、企业管理科、风险管理科、沙湾监管科、莲花港监管科、莲花港非贸物品监管科、珠宝园监管科，共16个科级机构。业务门类齐全，依照《海关法》和其他有关法规，对本关区进出境的运输工具、货物、行李物品、邮递物品和其他物品实施监管，征收关税和其他税费，查缉走私，编制海关统计和办理其他海关业务。

第二节 M海关绩效考核现状

如何解决人力资源配置问题，通过提高工作效率来减缓人力不足的状况，是M海关各部门多年以来一直探讨的问题，而绩效考核是众多方案中的一种。目前，如按涉及的部门和人员来划分，M海关的绩效考核可分为三种：一是由人事部门组织的涉及所有部门人员的全员绩效考核；二是由主管业务部门组织的涉及业务人员的业务绩效考核；三是从2009年开始探索的量化考核方式，主要是对单位的整体工作进行考评。近年来，M海关对第一种考核方式进行了一些改革，主要做法体现在六个方面。

一、绩效考核周期和对象

关员绩效考核周期为1年，具体考核时间一般在春节假期过后的几周内，考核过程一般历时3天；考核对象为全体海关的关员。

二、绩效考核主体和权重

海关成立了考核领导小组，海关领导班子成员担任组长、副组长，各部门、单位主要负责人为成员。领导小组下设办公室，由海关政治部主任管理，具体负责考核工作有关事宜。

在考核主体的权重设置上，部门内部测评、分管领导与海关办公室测评、海关领导班子测评分别占总分的60%、25%和15%。

三、绩效考核程序

（1）撰写述职报告，填写考核登记表。被考核关员按考核年限内的政治思想表现、履行职位职责和完成工作任务等情况写出述职报告，并填写"关员年度考核登记表"。述职报告要求简明扼要，突出工作实绩，忌泛泛而谈。考核登记表要打印或用碳素笔认真填写，实事求是。

（2）部门内部民主测评。各用人部门、单位召开全体工作人员会议，听取关员个人述职，综合关员平时表现、岗位职责和年度任务完成情况，从德、能、勤、绩、廉等五个方面对其进行评议。

（3）海关分管领导测评。由各分管领导根据平时掌握的情况，从德、能、勤、绩、廉等五个方面对关员进行评议。

（4）海关领导班子测评。海关领导班子成员根据关员表现和岗位工作完成情况，从德、能、勤、绩、廉等五个方面对关员进行评议。

（5）海关政治部对部门内部民主测评、海关分管领导、海关领导班子测评分数进行汇总，按照从高到低的顺序，初步确定关员考核等次，提交考核领导小组审核。

（6）海关政治部根据考核领导小组审核情况，拟定具体的优秀、合格、基本合格和不合格人员的评议意见，提交海关关长办公会议研究，然后将结果通知各相关部门、单位，由各部门、单位负责人向关员本人反馈考核结果。

四、绩效考核内容

考核内容包括德、能、勤、绩、廉五方面，重点考核工作实绩。各部分的内容和权重比例如下。

（1）德：主要考核政治、思想表现和职业道德表现（10分）。

（2）能：主要考核业务技术水平、管理能力的运用发挥、业务技术提高及知识更新情况（10分）。

（3）勤：主要考核工作态度、勤奋敬业精神和遵守工作纪律等情况（20分）。

（4）绩：主要考核履行职责情况，包括完成工作任务的数量、质量、效率以及取得的成果水平和经济效益、社会效益等（50分）。

（5）廉：主要考核廉洁自律情况（10分）。

五、绩效考核等级

考核等级分为优秀、合格、基本合格、不合格四个等次。其中，优秀人数占纳入考核范围关员总数的10%，基本合格和不合格人数原则上控制在纳入考核范围关员总数的10%以内。

（1）优秀（90分及以上）：模范执行党和国家的路线、方针、政策，严格遵守法律、法规和海关各项制度，认真履行聘用合同，廉洁奉公，精通业务，工作勤奋，有改革创新精神，能独立承担各项任务，业绩显著。

（2）合格（70～89分）：正确执行党和国家的路线、方针、政策，自觉遵守法律、法规和海关各项制度，较好地履行聘用合同，廉洁自律，熟悉业务，工作积极，成效明显。

（3）基本合格（60～69分）：能够贯彻执行党和国家的路线、方针、政策，遵守法律、法规和海关各项制度，完成聘用合同约定工作任务的质量、效率一般，缺乏积极性、主动性，成效一般。

（4）不合格（60分以下）：政治素质和业务素质较低，违反岗位工作纪律，工作责任心不强，履行岗位职责差，不能完成工作任务，或在工作中造成严重失误或责任事故。

六、绩效考核结果的应用

考核结果作为关员职务和工资晋升、待岗及辞退的主要参考依据。

考核被确定为优秀等次的，在海关年终"评先树优"时，推荐为先进个人候选人；连续3年以上考核为优秀等次的，列入海关内部优先提拔使用的对象。

考核被确定为合格以上等次的，可继续任用。

考核为基本合格的，给予两个月的待岗培训。培训期间，按应发工资总额的50%发放生活费，社会保险及住房公积金上缴数额与原来保持不变。待岗期满，经考核合格的继续上岗，仍不合格的予以辞退。

考核被确定为不合格等次的，直接予以辞退。

第三节 M海关绩效管理存在的问题及原因分析

一、现有绩效管理存在的问题

M海关有许多部门为了促进本部门所管辖的职能工作，采用了一些量化考核指标。如办公室为了加强信息工作，对各处室进行信息报送考核；风险管理办公室为了突出风险职能，对各处室及相关人员进行业绩评估。但由于上述考评内容单一，只能对各单位某一工作情况进行考评，有时该项工作并非是各单位的主要职能，故而产生一些问题。

为了深入了解M海关关员绩效考核的实际情况，笔者在2009年10月对关员进行了问卷调查，共发放问卷77份，回收75份。其中，有效问卷72份，占总问卷的93.5%。随后，笔者还对海关关员进行了针对性的访谈，共访谈8

位关员。调查发现 M 海关绩效考核中主要存在五个方面的问题。

（一）考核周期过长

调查结果显示，26%的被调查关员认为，对优秀等次的分配是凭主观感觉进行的，认为凭私人关系的比例为 14%，认为内部平衡、大家"轮流坐庄"的比例则达到了 40%。这与考核周期设置有关，只有年终考核而没有平常考核使考核的客观性难以保证。70%的被调查关员认为应该建立平时考核制度。访谈中，75%的被访谈关员也反映由于考核周期为 1 年，对平时的工作又缺乏有效的记录手段，使得自己的日常工作绩效无法被准确地评价，而只能以临近考核阶段的工作状况或平时的大致印象来考评，甚至是凭借私人关系来评价或者采取内部平衡、大家轮流当先进的做法。实行年度考核的最大弊端就是容易产生"近因效应"，一方面，由于时间过长，使得考核者对被考核者的各方面工作情况印象模糊，有导致凭主观印象评价的危险；另一方面，考核者容易以被考核者最近几周或几个月的表现作为对其年度考核的依据，而忽视其在 1 年内大部分时间的表现，同时，这也将导致被考核者前半年工作马马虎虎、后半年甚至最后两三个月极力表现，以此来造成考核评价中的近因误差效应；此外，由于缺乏对平时工作中出现问题的及时评价与反馈，导致所有的问题都积攒到年底来处理，因此不利于被考核者工作的改进。

（二）考核主体及权重分配不合理

合格的绩效考核者应了解被考评者职位的性质、工作内容、要求和绩效考核标准，熟悉被考评者的工作表现，最好有近距离观察其工作的机会，同时要公正客观。海关现行关员考核体系中考核主体包括同事、部门领导、海关分管领导、海关领导班子成员。其中，部门内部测评也就是同事和部门领导的测评比重为 60%，海关分管领导的测评比重为 25%，海关领导的测评比重为 15%。调查中发现，被考核者本身和被考核者的服务对象即业务相关部门都被排除在考核主体之外。虽然考核过程包括内部会议中的个人述职，但只是被考核人将自己的工作情况交由同事和部门领导评议，并不属于自我考评；同时，业务相关部门对被考核者的工作状态最为熟悉，也最有条件对他们进行考核。在权重分配中，同事和部门领导这两者的具体权重并不清晰，在内部会议中，部门领导的意见往往能够左右大局；另外，海关领导并不能全面了解各个部门的所有关员，因此可能会出现依靠印象评分的情况，影响评分的客观公正性。

（三）考核指标不具体

访谈中，被访谈者认为，考核指标应着重从履行职能的情况来设定。就海关工作特点而言，最重要的指标是税收的数量和质量、监管的质量、通关的效率。海关工作的高风险性决定了海关必须始终不渝地注重队伍建设和廉政建设，所以队伍建设也是一个重要的指标。而且这些指标比较具体，容易掌握，操作性强。企业和管理相对人的满意度也很重要，但其真实性不容易保证。

通过对问卷结果的分析，被调查关员中认为考核内容能够如实反映真实工作绩效的比例只有31%，同时持反对意见的比例则达到了35%。（见图1-1）

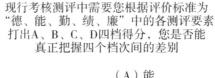

图1-1 考核内容能否如实反映工作绩效

对于"德、能、勤、绩、廉"的考核内容设置，有52%的被调查关员不能对其进行档次上的划分（见图1-2），说明大部分关员不认可现有的等级划分标准。

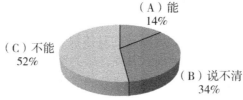

图1-2 考核档次能否准确把握

访谈中，半数的被访谈者均认为虽然现有考核内容能够涵盖自己的工作内容，但却没有具体和量化的指标来反映工作状态。同时，大多数被访谈关员认为现有考核制度中对于"优秀、合格、基本合格、不合格"的划分标准都是描述性的语句，没有明确和具体的标准，造成了考核过程中无法对各个等级应有的工作绩效进行准确的区分，优秀人选的"轮流坐庄"现象很普遍。

（四）考核结果缺乏有效反馈

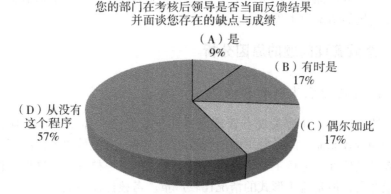

图 1-3 考核反馈调查结果统计

绩效考核的根本目的是绩效水平的改进与提升，绩效反馈在这一提升过程中是关键的一环。笔者在调查中了解到，虽然现有考核制度中有考核反馈的环节，但只有"考核办公室将考核结果反馈给各部门"这一步被严格执行了，"各部门向被考核关员本人的反馈"却常流于形式。问卷调查结果显示，只有9%的被调查者反映部门领导在考核结束后进行了反馈以分析被考核者的优良表现和存在的缺点，而57%的被调查者则认为从来没有这个程序。（见图1-3）

被访谈关员普遍反映在考核过程中只是完全听从上级安排，主动提意见、建议较少，即使心中有看法也保持沉默或消极对待，导致此类现象发生的原因就在于反馈环节并没有被认真执行。绩效反馈的目的是为了让管理者和员工双方达成对评估结果一致的看法，双方共同探讨绩效未合格或合格的原因所在并制订绩效改进计划。对考核结果的反馈可以帮助员工认识到自己在哪些方面做得不错、哪些方面需要改进、哪些方面具备拔高的潜力，然后明白今后努力的方向，进而推进绩效的不断进步。但现行考核方案中仅仅规定了"各用人部门负责向关员本人反馈"，而对于如何进行反馈却没有做进一步的说明，由此造成了部门领导和关员本人都对如何反馈没有明确的认识，在具体实施中无所适从。

（五）考核激励措施时效性差

从现有考核制度中可以看出，对考核结果的负激励包括待岗和辞退，正激励包括提拔和晋升。这些激励措施的时效性较差，无论奖惩都要经过很长时间才兑现，使关员的工作积极性随着时间的延长而递减。例如，提拔和晋升需要连续3年以上考核优秀，在访谈中所有被访谈关员均反映这一激励措施很难实现，直接提拔的情况根本没有出现过。

二、绩效管理问题的原因分析

（一）行政管理体制的影响

被访谈者认为，M海关现有管理模式属于政企合一体制，同时具有经济管理职能和行政职能。海关管理中的行政色彩浓厚，对关员的考核沿用了公务员的绩效考核标准。考核主要是上级考核下级、领导考核群众，这种考核有一定的积极意义，但是流于形式的情况比较严重。考核往往不能从一个时间段内去看一个人的表现，领导干部往往喜欢把自己器重的人评为优秀。考核中也存在着一些"潜规则"，有的科室出现了"轮流坐庄"的情况，大家都来当老好人，出现了"干多干少一个样"的现象，使考核失去了公平的意义。

由此可见，现有的行政管理体制，是一种以权力为中心的管理体制，留给基层关员的话语权非常有限，被考核者的意见和建议很难被充分接纳，这是造成现有绩效考核体系中各种问题的根本原因所在。

（二）综合服务工作具体化和量化难度大

被访谈者认为，绩效考核工作是一项比较新的工作，海关以前也搞过考核。如2009年之前，各个业务部门均有自己的考核指标体系，如税收指标、反走私指标、通关效率、查验和查获率、廉政指标等等，这些指标考核每年都有，其内容和形式也在不断地丰富和改进，但是，一个比较全面系统的考核指标体系却始终没有建立起来，导致考核结果不够全面。

在海关现有工作中，除了与关税项目相关的业务类工作可以按项目成果直接量化为组织绩效以外，其他部门如办公室、行政审批服务中心、党群工作部等部门的工作都属于综合服务工作，很难具体化和量化；即使强制进行量化，考核结果与工作绩效之间的关系也存在很大的不确定性，从而制约了指标体系的合理构建。比如,办公室接待岗负责来人来访的接待、机票酒店的预订和接待用餐的安排与确认,其工作效果难以进行量化考核,也很难明确它们与组织绩效的关系。

(三) 绩效指标制定过程缺乏关员的参与

绩效考核不仅仅是人力资源部门和管理者的事情,而是组织内全体人员的事情,上至高层领导、下至基层关员,在绩效考核的推进过程中都承担着相应的责任。只有全员参与,才能够保证绩效考核的顺利开展,最终提高个人和整个组织的绩效。但在访谈中,有的人认为考核是在走形式,意义不大。因为对海关关员的考核指标体系实际是直接照搬其他公务员的考核指标,关员没有参与其中,他们对为什么考核、考核什么并不了解,只是被动地接受,即使有异议,也没有相应的渠道反映其诉求,这也是造成考核指标体系脱离实际的原因之一。

第二章 平衡计分卡原理及其应用于海关绩效管理的可行性分析

第一节 平衡计分卡原理简介

一、平衡计分卡的起源

长期以来,企业的绩效考核侧重于财务性考评,各种财务性指标是否达标成为企业经营是否成功的主要标准。但越来越多的绩效考评者发现,即使最好的财务考评体系也无法涵盖绩效考评的所有内容,因此,他们对财务性考核的合理性提出了质疑,开始关注质量管理,强调以顾客为中心、提升核心竞争力和企业流程再造,建立以市场为核心的组织管理模式。人们意识到,一个公司要产生持续的优异业绩,仅仅强调企业管理中的某一方面是远远不够的,必须有一种方式能够衡量各个方面,以一种全面的观点来代替任何具体的、短期的衡量尺度,使财务衡量指标与非财务衡量指标之间、战略目标与各项绩效指标之间完美结合。1990 年,美国诺兰诺顿学院设立了一项名为"衡量组织未来绩效"的项目，卡普兰和诺顿带领研究组在对通用电气、杜邦等12家公司进行了大量的研究之后，建立了一种全新的绩效考评工具——平衡计分卡，① 自此，有了平衡计分卡这种绩效考核方法。

二、平衡计分卡的基本原理

平衡计分卡是一个开放性的管理体系，是一个不断发展和完善的动态理论体系。经典的平衡计分卡只有财务、客户、内部业务流程、学习与成长四个层面，为的是能够给绩效考评者提供一个组织战略要素之间因果关系的可视化表示方法，便于更好地理解战略、沟通战略和执行战略。

（一）平衡计分卡的使命、核心价值观、愿景、战略

使命、核心价值观、愿景和战略是组织的核心管理理念，对组织的发展有极其重要的作用。其中，使命是指组织存在的根本价值和追求的终极目标。核心价值观是指组织中指导决策和行动的永恒原则。愿景是指组织的发展蓝图。战略是指组织在认识其经营环境和实现使命过程中接受的显著优先权和优先发展方向。战略是选择为还是不为，是平衡计分卡的核心。战略主题是指组织在确定事业优先发展方向后所选择的关键性工作组合，是组织想要有所作为的战略绩效领域，是战略抉择的延伸。上述内容的最终确定必须广泛征求组织成员的意见和建议，防止其庸俗化，变为空洞口号。②

（二）平衡计分卡的基本内容

平衡计分卡四个层面之间形成了因果关系链。财务层面确定了绩效目标，即利润最大化，描述的是如何创造持续增长的股东价值；客户层面确定了绩效结果，描述了企业或组织提供的产品和服务满足了客户的何种需要；内部业务流程层面确定了绩效任务，描述了为使股东和客户满意，实现财务层面的目标，企业必须改善哪些核心内部流程，做好哪些关键性工作；学习与成长层面确定了绩效的前提条件，描述了完成关键性工作需要具备何种人力资本、信息资本和组织资本。③

---

① 参见（美）马歇尔·W. 迈耶《绩效测量反思超越平衡计分卡》，姜文波译，机械工业出版社2007年版，第32～33页。

② 参见关培兰《组织行为学》，中国人民大学出版社2008年版，第47～49页。

③ 参见（英）安迪·尼利、克里斯·亚当斯、迈克·肯尼尔利《超越平衡计分卡》，李剑锋等译，电子工业出版社2009年版，第108～111页。

1. 财务层面

财务层面以传统的财务术语描述了战略的有形成果，提供了组织成功的最终定义。在平衡计分卡中，财务层面的最终目标是利润最大化，而财务业绩通常有两种基本方式可以改善，即收入增长和生产率改进。在确定财务层面的目标时，必须同时关注长期（收入增长）和短期（生产率改进）两个方面，使企业在长期目标与短期目标之间保持平衡。增长战略主要通过两个途径实现，一是提高客户价值，二是增加收入机会。生产率战略也有两个实现途径，一是降低直接或间接成本来消减成本，二是有效利用财务和实物资产。

2. 客户层面

客户层面定义了目标客户的价值主张。卡普兰和诺顿总结了四种通用的价值主张：总成本最低战略，即力图通过有吸引力的价格、优质的质量等赢得那些可支配收入自由度小、价格敏感性较强的客户；产品领先战略，即通过强调独特的产品特征和性能，吸引前卫客户；全面客户解决方案，即让客户感受到公司了解自己并能提供满足他们需要的产品和服务；系统所定战略，在这种价值主张中，买卖双方都想让他们的产品与标准保持一致，以便从庞大的用户网络中受益。

客户的价值主张选择是战略确定的中心要素，通过描述组织为目标客户群体提供独特的产品组合、关系和形象，形成与竞争对手之间的差异化。此外，客户层面还可以包括衡量客户成功的结果指标，如客户的保持率、客户的增长率、客户的满意度等。

3. 内部业务流程层面

内部业务流程层面阐述了实现客户价值主张所必需的少数关键流程。根据创造价值时间的长短，内部流程被划分为四类：运营管理流程，其主要是为客户生产和提供产品与服务，包括开发并保持供应商关系、生产产品和服务、向客户分销与提供产品和服务、管理风险等四个子流程；客户管理流程，其主要在于建立和维系良好的客户关系，以促销和销售组织的产品，包括选择客户、获得客户、保留客户和培育客户关系等四个子流程；创新流程，其主要要求组织通过持续创新，以保持竞争优势，包括识别新产品和服务机会、管理研发组合、设计和开发新产品和服务、新产品和服务上市等四个子流程；法规与社会流程，其主要在于提高长期股东价值，包括环境业绩、安全和健康业绩、员工雇佣、企业社区投资等四个维度。

4. 学习与成长层面

学习与成长层面描述了组织的无形资产。无形资产包括人力资本、信息资本和组织资本三个方面：人力资本，其是执行战略所必需的知识、技能和才干；信息资本，其是支持战略所必需的信息系统、数据库、网络和技术基础设施等；组织资本，其是执行战略所必需的动员和持续变革等的组织能力，一般由文化、领导力、协调一致和团队等四个方面内容组成。组织资本为战略整合提供了力量，能够促使个人的无形人力和信息资本资产、有形实物资产和财务资产与战略保持协调一致，使之为战略目标的集成共同工作。

(三) 平衡计分卡的构成要素

平衡计分卡是一种衡量战略的管理表格，主要通过四个层面中每个层面的目标、指标、目标值及行动方案，将组织的使命、价值观、愿景和战略转化为现实。①

(1) 目标。目标是对组织成功实施战略必须达到的预期绩效之未来状态的简要描述。目标是战略与指标之间的桥梁，其作用在于指明工作方向。

(2) 指标。指标是指用来判断预期绩效实现程度的评价项目。指标是目标与目标值之间的桥梁，其作用在于衡量目标的实现程度。

(3) 目标值。目标值是指界定目标在某项指标上预期绩效的标准值。目标值介于指标与行动方案之间，对行动方案的制订具有重要影响，其作用在于确定期望标准。

(4) 行动方案。行动方案是指组织为达成目标所制订的工作计划，由一系列任务和行动组成，其作用在于具体落实工作任务和所需资源，如人员、物资和资金。

(四) 平衡计分卡的核心理念

在卡普兰和诺顿不断丰富和完善平衡计分卡的过程中，始终贯穿了一些基本的核心理念，可将其概括为三个方面。②

(1) 强调"战略"导向，即在组织使命、核心价值观、愿景的指引下，准确界定组织的各个战略主题，并通过目标承接与分解的方式，分层分别制定战略目标；通过绘制战略地图描述战略，通过建立平衡计分卡衡量战略，通过构建战略中心型组织管理战略。

(2) 强调"平衡"，即合理组织财务与非财务、长期与短期、内部群体与外部群体、客观与主观判断、前置与滞后等不同类型的指标，实现组织内外部各方力量和利益的有效平衡。

(3) 强调"协调一致"，即综合利用机构调整、职位设计、流程再造等管

---

① 参见方振邦《战略与战略性绩效管理》，经济科学出版社2007年版，第96～102页。
② 参见（美）保罗·R.尼文《政府及非营利组织平衡计分卡》，胡玉明等译，中国财政经济出版社2009年版，第69～71页。

理手段，通过目标之间的因果驱动关系以及指标之间的相关关系，实现组织与供应者、客户、社区等外部利益群体的协调一致，实现组织系统内部上级机关与分支机构、业务单元与支持部门、管理者与普通职工等内部利益群体的协调一致，从而创造组织协同效应。

三、平衡计分卡在政府管理中的实践

平衡计分卡最初是针对企业等营利性组织设计的，后期逐步被应用于改善政府部门或非营利性组织的管理，并同样被证明有效。保罗·R.尼文在其著作中指出，当平衡计分卡框架被应用于公共组织时，确定战略、顾客、财务、内部业务流程、学习与成长等方面的具体内容都要围绕公共组织的特点进行，要充分体现公共组织的非营利性。因此，在衡量政府机构和非营利性组织是否运营成功时，应该视其能否满足纳税人和利益相关者的要求；要针对客户或利益相关者定义具体的目标，财务因素可以发挥促进或约束作用但不能成为主要目标。西方国家已有很多政府部门引入了平衡计分卡体系，其中运用水平高、有成效的案例有：美国夏洛特市政府、澳大利亚布里斯班市政府、瑞典赫尔辛堡市政府等，它们展现了政府组织应用平衡计分卡的基本战略地图框架（见图2－1）。①

使命、核心价值观、愿景、战略	
利益相关者层面	如果要实现使命与愿景，应如何对待利益相关者
内部业务流程层面	为满足利益相关者，应擅长哪些业务流程
学习与成长层面	为了实现愿景与战略，必须如何学习与提高
财务层面	为了实现愿景与战略，应如何开源节流

图2－1 政府组织应用平衡计分卡的基本战略地图框架

---

① 参见（美）保罗·R.尼文《平衡计分卡实用指南》，胡玉明等译，中国财政经济出版社2003年版，第58～61页。

相对于营利性组织，政府部门应用平衡计分卡显示出以下独特之处[①]：财务层面上，由于政府组织的最终目的是谋求公共利益，因此政府组织的财务层面不再居于战略地图的顶部，要根据政府组织所担负的财务职责对其加以调整。内部业务流程层面上，政府的各种内部业务流程指标应来源于利益相关者层面所体现的价值主张，这确保了其工作与其使命、战略相一致。学习与成长层面上，政府部门要实现在内部业务流程层面、财务层面和客户层面所设计的各种指标，必须在学习与成长层面制定指标，确保员工有动力、具有综合技能，建立高效的信息系统，营造良好的氛围，以便在财务预算的限额下改善流程并最终满足顾客要求和实现使命。

第二节 平衡计分卡在海关绩效管理应用的可行性分析

早在20世纪30年代，绩效管理就开始被运用于企业管理中，这使政府在进行自身改革时看到了借鉴的必要。但是，政府毕竟不是企业，两者在组织性质、管理目的、运作方式以及评价形式和标准等方面都有较大差异，这就要求政府在借鉴企业管理工具时必须根据实际情况加以改进。

与企业平衡计分卡相比，我们可以很容易发现政府部门平衡计分卡的三个特征：一是使命置于平衡计分卡的顶端，突出了使命对于公共组织职责、任务的牵引作用；二是战略仍处于中心位置，说明公共组织仍然需要以战略为导向；三是四维层面的名称没有发生变化，但更加突出了顾客层面的重要性。平衡计分卡应当反映战略的全貌，从长远的财务目标开始，然后将他们同一系列行动相联系。这些行动包括财务过程、顾客、内部过程以及工作人员和制度，以实现所向往的长期经济绩效。具体从海关部门来看，引入平衡计分卡是可行的，主要理由如下：首先，平衡计分卡指标体系是组织绩效评估的重要参数，并为沟通和应用评估结果进行管理提供可行性。海关部门传统的绩效评估制度经常是带有主观判断的评估方法，容易受到管理者和关员个人意见的影响。而平衡计分卡使用比较量化的指标，再加上一些定性的评估，能很好地整合个人能力素质、业绩和组织目标，对组织绩效的战略管理起着巨大的驱动作用。其次，平衡计分卡在四个方面相互驱动的因果关系对于实现海关职能非常适用。海关总署提出节约成本问题——财务方面；海关征管为适应新形势进行流程再造——内部流程方面；建立服务型海关体系——顾客方面。为此，学习和成长

---

① 参见方振邦《绩效管理》，中国人民大学出版社2009年版，第25～26页。

尤为重要，提高海关人员素质是完成海关目标的基本保证。最后，平衡计分卡是实施战略的重要载体。平衡计分卡强调了绩效管理与企业战略之间的紧密关系，能够有效实现组织战略目标。由于制定战略与实施战略之间往往存在着差距，组织的战略目标和任务通常是非常笼统和概括的，不进行一定的转换则无法实施。平衡计分卡指标体系将战略目标转化分解为分阶段的、具体的、可操作的运作目标，从而使得高级管理人员和每个关员对自己的任务、组织的绩效目标非常明确，从而清楚实现长期战略目标的关键要素。

第三章 基于平衡计分卡的 M 海关绩效评估体系的构建

本章将具体分析如何在 M 海关运用平衡计分卡，将目标战略分解为可量化的指标，并着重对海关战略目标的分解、平衡计分卡 KPI 的设置和各指标的权重进行说明。

第一节 M 海关的战略目标分析

对 M 海关而言，其战略目标主要指围绕平衡计分卡的四个方面（即财务、客户、内部管理流程、学习和成长）而确定的发展目标和方向。因此，构建 M 海关平衡计分卡绩效管理体系的前提之一，就是在新的形势下明确 M 海关的战略目标和定位。

根据《海关法》中的有关规定，M 海关的主要职责是对所管辖地区进出境运输工具、货物、旅客行李物品和邮递物品进行监督管理，征收关税和其他税费，查缉走私，编制海关统计。首先，征收关税是 M 海关的基本职能，海关税收是国家财政收入的重要支柱和坚实保障，是国务院可支配收入的重要组成部分，对于维护国家的政治和经济安全具有重要意义。因此，确保关税的应收尽收是海关的首要任务。其次，加强监管是海关的政治责任，良好的监管可以维护正常的进出口秩序，维护国家的经济秩序；能够优化企业的生存和发展环境，为企业的发展创造公平竞争的良好条件，有利于提高企业的竞争力。特别是在当前国际金融危机的背景下,海关的监管对于企业转变发展方式、调整产业结构至关重要。最后,当前海关的服务职能愈发突出,这是海关转变职能、推进政府机构改革的必要条件。

为了实现上述职能,需要在以下两方面实现突破:

一是以服务企业和管理相对人为宗旨,将优质高效的服务融入海关的具体监管过程中来。具体包括:提供海关政策的宣传、咨询、辅导和培训,使企业和管理相对人了解海关的各项政策;提供减免税审批、保证金后台登记、税收延期申报等涉税事项延期报批服务;接受企业和管理相对人对税收政策、监管程序和业务流程的咨询服务;做好海关统计、海关信息数据分析等,为企业研判国际国内经济形势提供信息数据支持。

二是完善各项监管和税收改革措施。主要包括:构建海关大监管体系,增加监管资源、提高监管质量和通关效率;推动税收信息化建设,提供网上申报服务,努力实现由纸质本申报到电子申报的转变,实现电子数据的实时衔接;全面推行企业分类管理制度,实施企业的信誉评定和保障体系建设,努力使企业的等级评定更科学、更合理、更公平;加强对宏观政策和经济形势的研究力度,积极出台符合地方经济发展和企业转型升级的政策措施,提高扶持和服务的力度,促进企业监管和报关工作的健康发展,努力构建和谐、合法的政企关系。

综上所述,M 海关的战略目标可以概括为,以实现海关监管、确保关税收入为目标,以信息化技术为依托,加强海关队伍建设,不断提高海关的税收征管水平和把关服务质量,改进海关的工作效率。这一战略目标是 M 海关可持续发展的长期目标,平衡计分卡绩效考评体系的四个维度内容都要紧紧围绕这一战略目标的实现来确定和调整。

第二节 M 海关平衡计分卡指标体系的设置

一、整体框架

明确了 M 海关的战略目标,我们就可以把握 M 海关的工作重点,其财务、客户、内部管理流程和学习与发展等四个层面的指标都应围绕着以上确定的内容进行。需要说明的是,M 海关作为承担着财税创收使命的政府机构,必须据此对平衡计分卡的四个层面进行调整。税收职责属于财务层面,起到了对管理相对人、内部管理流程以及学习与成长的指导和约束作用,因此要把财务层面置于平衡计分卡四个层面的最顶端。经过认真的分析，笔者拟定了 M 海关平衡计分卡绩效考评指标体系的整体框架。（见图 3-1）

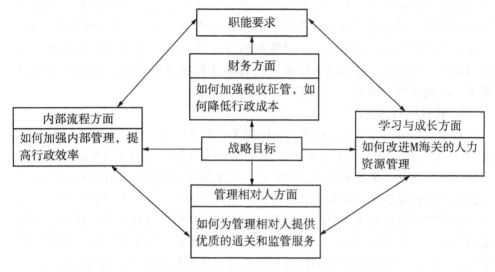

图 3-1　M 海关平衡记分卡绩效考评指标体系的整体框架

二、平衡计分卡指标体系要素分析

制定了战略目标后，管理层应大力宣传平衡计分卡的思路和理念，使广大干部职工从思想上认识和接受这一理念和管理工具。然后积极开发基于战略目标的关键绩效指标（KPI）。指标的选择需要满足以下条件：能够对最终的结果进行量化，能够覆盖战略目标的各方面影响，对员工具有激励作用，对海关全局工作具有实用性。

满足了以上条件，基于平衡计分卡的 M 海关 KPI 确定如下。

1. 财务层面

对 M 海关来说，财务层面应包括两方面内容。一方面，其在行使国家赋予的权力时，要根据相关法律对进出口商品征收相应税款。目前，国家每年给海关下达税收任务，海关为了圆满完成国家交给的任务，不得不像企业那样追求财务绩效，积极寻找税源。例如，为守法企业提供便捷通关等便利措施；进行流程再造，改善自己的内部环境，提高效率；加强能力建设，不断学习与成长。另一方面，其行使国家赋予的权力时，又有着与企业不同之处。海关的运作产生的行政成本并不是通过自身获得的利益进行支付，而是依靠国家财政拨款，因此，海关要改进内部流程、加强学习创新等都离不开资金层面的支持。针对这一特点，对M海关还可将成本指标细分为非财务指标和财务指标。非财务指标为政治成本，M海关应提供高质量的服务，为当地经济的发展做出应有的贡献，促进进出口企业遵法守纪、依法纳税。企业依法纳税程度越高，M海关获得的政治收益也越大。财务指标为经济指标，即M海关的行政行为所消耗的一切支出，海关应该以最低的成本（包含效率成本）提供高质量的服务，以此达到"节流"的目的。

2. 管理相对人方面

对M海关来说，"依法行政，为国把关，服务经济，促进发展"的海关工作16字方针是对其工作的总体要求。该16字方针体现出海关首要服务的对象就是国家，这是一个宏观概念性的客户。具体到海关的实际操作层面，海关的直接客户应该是进出口货物的收发货人。如何维护我国正常的进出口秩序，为进出口货物的收发货人提供一个良好的国际贸易环境，又能根据法律规定的税率对其征收进出口环节税，保证公正公平、不偏不倚，是海关工作需长期应对的问题。同时，管理相对人的数量与质量对海关的绩效能够产生重要的影响。数量多，则税收多；质量好，则税收高。国家与收发货人这两个方面的主体都向海关提出相应的要求和期望，决定了M海关必须坚持客户价值主张。

3. 内部管理流程层面

从财务层面和管理相对人层面考虑衡量机制固然重要，但管理相对人的满意来自于组织内部的决策行动，财务中的多方面内容也来自于组织的内部决策行动。因此，选择内部流程层面作为衔接管理相对人层面与财务层面之间的纽带，是M海关自身的特点所决定的。M海关面对众多的进出口企业和进出境人，其内部流程是否顺畅、管理是否科学、执法是否规范、各业务流程是否衔接紧密，以及能否为相关服务对象提供满意、优质的服务，直接决定了相对人对海关工作的评价。而且，海关内部流程是否顺畅对进出口企业和进出境人的影响非常大，如果内部流程不规范、不科学、不合法，进出口企业和进出境人会立即做出反应。由此可见，在M海关平衡计分卡体系中对内部流程的设置是非常重要的，如果设置不好，将直接影响M海关完成使命的效果。

4. 学习与成长层面

学习与成长是M海关能否持续发展的关键因素，是科学发展的内在要求，也是为了实现财务层面、管理相对人层面和内部流程层面的目标所必需的。随着信息时代的到来，组织所需要的所有关键因素都必须由高素质的员工来实现。因此，学习与成长层面成为组织发展和进步的基础。在平衡计分卡的体系建设中,学习与成长层面是推动其他层面发展和改变的力量源泉,是发展的推动力量。M海关平衡计分卡的学习与成长层面强调海关干部的能力,倡导为提高海关干部能力的培养进行更大规模、更大力度的投资。对M海关而言,各级管理人员、技术人员和基层执法人员都必须进行理论知识、管理知识、执法能力的更新和提升,进行更系统更专业的培训,形成"学习—持续改进—增强竞争优势—良好的监管效益—再学习"的良性循环。

三、指标体系的构建

1. 财务层面

(1)关税收入。从总体上评价M海关的税收收入情况,可以设立三个指标。

1)本期关税计划完成率。

指标说明:由于M海关完成税收收入的计划在短期内是固定的,因此该指标可作为一个动态指标。

计算公式:本期关税计划完成率=(本期实际征收关税总额/本期计划征收关税总额)×100%。

2)关税增长率。

指标说明:该指标反映两个不同时期税收收入征收情况的对比。根据对基期的选择,可以表现为同比指标和环比指标两种形式。同比指标是指选择一个时期的税收收入总额作为基数,以后的每一期收入增长率指标用该时期的税收收入总额同确定的基期收入总额的差额与基期收入总额之比来计算;环比指标是指将上一期作为基期,本期的收入增长率指标用该时期的税收收入总额同上一期总额的差额与基期收入总额之比来计算。该指标受到两方面因素的影响,一方面是辖区经济增长水平导致收入增长率本身内在的增长;另一方面是M海关的挖潜能力对该指标的影响,挖潜数额越大,该指标越大,以此激励内部各部门不断打击偷税漏税从而为国家挽回损失。

计算公式:关税增长率=〔(本期税收收入总额−基期税收收入总额)/基期税收收入总额〕×100%。

3)人均税收贡献率。

指标说明:该指标反映的是M海关对全体工作人员进行专业知识培训后所获得的个人劳动生产率的情况。

计算公式:人均税收贡献率=(本期税收收入总额/期末税务人员总数)×100%。

（2）管理成本的降低。管理成本的降低反映的是 M 海关履行关税征管职能的效率和各项征税成本的使用情况，具体有两个指标。

1）税收成本效率。

指标说明：该指标可以反映 M 海关履行关税职能的效率。该值越小，说明 M 海关资金利用效率越高，表明 M 海关对国家的贡献越大。

计算公式：税收成本效率 =（税收征收成本/税收收入）× 100% = [（期初经费结余 + 本期经费增加额 - 期末经费结余）/本期税收收入总额] × 100%

2）办公经费减少率。

指标说明：它是指当年度的办公费用较之上年度办公费用减少的百分比。

计算公式：办公经费减少率 = [（当年办公经费总额 - 上年办公经费总额）/上年办公经费总额] × 100%。

2. 管理相对人层面

主要反映管理相对人（即纳税人）对海关所提供的监管和服务的满意度，将对海关关税指标的顺利实现产生重要影响。具体包括四个指标。

（1）管理相对人的投诉率。

指标说明：该指标反映了 M 海关与管理相对人的关系，可以显示 M 海关哪些工作或环节需要改进、哪些针对管理相对人的工作没有到位等。设置这一指标有利于海关改进工作，提高服务质量。从目前的情况看，该指标没有一个绝对的标准，但是可以作为分析管理绩效的重要参考；通过分析管理相对人不满意的原因，适时调整相关政策和措施。

数据来源：M 海关行风调查问卷。

计算公式：管理相对人的投诉率 =（本期管理相对人投诉次数/辖区内管理相对人总数）× 100%。

（2）管理相对人的满意度。

指标说明：该指标反映的是管理相对人对 M 海关所提供的整体服务的态度，是一个定性指标，不能用比率来说明。

评价方法：行风评议分析与统计结果。

（3）管理相对人的建议被采纳率。

指标说明：该指标反映的是 M 海关是否重视管理相对人的价值，该比例越高表明 M 海关越重视管理相对人，两者之间的交流越充分。当然，采纳的前提是管理相对人的建议必须是合理的。因此，需要对建议进行区分，然后再计算该指标。

数据来源：各窗口单位的日常统计数据。

计算公式：管理相对人建议被采纳率 =（管理相对人被采纳的建议数量/管理相对人提出的合理化建议数量）×100%。

（4）文明服务情况。

指标说明：该指标评价 M 海关工作人员的仪表是否文明，举止是否得体；工作大厅的环境是否优雅，是否为纳税人提供了休息的地方，以及办理监管和征税手续是否方便。

评价方法：行风评议调查、抽样调查。

3. 内部管理流程方面

管理相对人在与海关打交道的过程中，许多时间耗费在办理海关业务的流程上。内部各流程、各环节之间的相互推诿、相互扯皮往往会浪费管理相对人很多的时间和精力。如果进行内部流程改造，将有利于节约时间，大大降低管理相对人的纳税成本。以下所设计的这一方面的指标，主要从海关工作的结果以及内部管理流程的改善两方面来阐释。

（1）按期申报率。

指标说明：根据海关法律规定到期申报的企业数量占辖区内应申报企业数量的百分比。

数据来源：各类海关税收登记表、迁入迁出登记表、关税申报表等。

计算公式：按期申报率 =（当期按期申报户数/当期应申报户数）×100%。

（2）按期入库率。

指标说明：当期申报实际缴纳的税额与当期申报应缴纳税款的比例。

数据来源：税票、保证金台账、申报表、预缴税款通知书等。

计算公式：按期入库率 =（当期实际缴纳税款额/当期实际申报应缴纳税款额）×100%。

（3）申报准确率。

指标说明：管理相对人实际申报税额占应申报税额的百分比。

数据来源：各类申报表、稽查结果明细表等。

计算公式：申报准确率 =［管理相对人实际申报税额/（管理相对人实际申报税额 + 海关稽查补税额）］×100%。

（4）滞纳金加收率。

指标说明：实际加收滞纳金占应加收滞纳金的百分比。

数据来源：税票、滞纳金辅助账、欠税明细账。

计算公式:滞纳金加收率 =（逾期未缴税款已加收的滞纳金/逾期未缴税款应加收的滞纳金）×100%。

(5) 信息化服务程度。

指标说明：通过海关所提供的网络征税系统享受税收服务的单位所占的比重。

数据来源：海关信息管理部门的统计数据以及相关服务部门的统计数据。

计算公式:信息化服务程度 =（通过海关网站办理纳税事项的纳税户数量/已办理海关税务登记纳税户数量）×100%。

4. 学习与成长方面

关员是海关最重要的资源，是海关发展的动力源泉；离开了关员，海关的发展就无从谈起。要实现海关的战略目标，就必须重视每一名关员的学习与成长，使其获得充分的机会，达到一个较高的满意程度。具体的考核指标有三个。

(1) 海关工作人员的满意度。

指标说明：关员感到满意是提高劳动生产率、反应速度和服务质量的一个必要前提，该指标针对"关员是否能够参与决策""对本职工作的认可程度""在做好本职工作时是否能够得到肯定""主观能动性是否能够得到鼓励""是否能够得到后勤部门积极支持""对组织整体上是否满意"等方面来反映海关工作人员对海关工作的整体满意程度。

指标说明：设计海关工作人员满意度问卷，开展调查研究。

(2) 海关工作人员意见被采纳率。

指标说明：该指标反映了海关工作人员被单位认可和接受的程度，表明了两者之间的交流程度；意见被采纳得多，即表明他们积极参与工作，表明海关重视工作人员的意见和建议。

计算公式:海关工作人员意见被采纳率 =（工作人员被采纳的意见数/工作人员所提的意见总数）×100%。

(3) 学习型组织的构建水平。

指标说明：该指标可以反映 M 海关自主学习和成长的能力以及所达到的水平。

评价方法：设计 M 海关"学习型组织构建水平"调查问卷，开展相关调查。

综上所述，形成了如表 3-1 所示的 M 海关平衡计分卡绩效考核指标体系。

表3-1　M海关平衡计分卡绩效考核指标体系

考核维度	战略目标	考核指标	指标类型
财务	1. 增加税收收入 2. 降低税收成本	1. 本期关税计划完成率	定量
		2. 关税增长率	定量
		3. 人均税收贡献率	定量
		4. 税收成本效率	定量
		5. 办公经费减少率	定量
管理相对人	1. 提高相对人满意度 2. 提高信任度	1. 管理相对人的投诉率	定量
		2. 管理相对人的满意度	评议
		3. 管理相对人建议被采纳率	定量
		4. 文明服务情况	评议
内部流程	1. 提高征管效率和服务质量 2. 加强税收管理、稽查力度 3. 明确行政执法责任	1. 按期申报率	定量
		2. 按期入库率	定量
		3. 申报准确率	定量
		4. 滞纳金加收率	定量
		5. 信息化服务程度	定量
学习与成长	1. 提高关员满意度 2. 提高关员素质和学习技能	1. 海关工作人员的满意度	评议
		2. 海关工作人员意见被采纳率	定量
		3. 学习型组织的构建水平	评议

第四章 基于平衡计分卡的 M 海关绩效管理的组织与实施

第三章我们着重论述了平衡计分卡指标体系的构建,解决了考核的目标问题。本章我们着重论述考核的实现途径,即考核的组织与实施。

第一节 绩效管理的组织与实施

一、组建正式的评估机构

平衡计分卡是一项复杂的系统工程,牵涉方方面面的利益,必须成立一个具有较大权威性和代表性的专门机构(如绩效管理领导小组)来推动和协调各方面的工作。笔者认为,这一机构应由海关政治部牵头,成员包括各部门的主要领导和一线的关员代表,还可以邀请一定数量的专家学者和社会监督员,以确保评估的客观性和公正性。评估中的重大问题如评估方案、评估计划、评估结果的运用、评估申诉等都由该机构决定,具体实施工作可由人力资源部门、监察部门和教育部门承担。

二、确定评估主体

海关现有的绩效评估主要是内部评估,即由上级单位对下级单位、由领导对关员的自上而下的评估,具有垂直性、权力倾斜性和不公平性等特点,自我监督的力度非常有限,容易造成公共责任的缺失。应用平衡计分卡的基本理念是要在不同利益主体之间寻求平衡,只有做到公平公正,才能确保评估的客观性,也才能找到利益的平衡点。从这种意义上说,作为海关工作的受益者即管理相对人就应纳入评估的主体。

虽然管理相对人出于自身利益的需要,或者对海关的内部运作不熟悉等原因,由他们参与评估而得出的结论不一定具有代表性,但他们可从服务对象的角度对海关的管理绩效提出要求,促进海关更好地对自身的行为负责、对其承诺负责。在现阶段,关于海关的负面报道和新闻比较多,让管理相对人参与到评估过程中，可以使他们更好地了解海关的工作环境、工作压力和海关的作业流程，从而更加客观地认识评估内容和评估标准。有时，即使有些评估的效果不理想，也可以赢得他们的理解，使他们更加积极地配合海关的工作。近几年，海关每年都要开展"行风评议工作"，从结果来看，其成效还是比较令人满意的。从笔者对管理对象的访谈来看，管理对象对海关的绩效评估大都一知半解，很多人都表示有意参与或了解海关的绩效评估。所以，在海关绩效评估中引入管理相对人是具有可行性的。

同时，有必要将评估对象的上级领导部门也纳入评估体系中。上级领导部门掌握着更大的信息量，明白评估对象各阶段的目标要求，熟悉下属的人员构成和运作情况等，能够体会到队伍的好坏、工作质量的差异和执行力的强弱等，可以对下属部门进行更加客观、全面的评估。

另外，海关单位的自评也非常重要。为了避免各说各好情况的出现，自评应该有一些定量的指标，如关税任务的完成情况、监管的数据、行政开支和结余情况、员工培训的次数等等，这样可以避免在评估过程中出现主观随意性。

除此之外，还可以考虑媒体的参与和监督。媒体的参与，可以在更大范围、更广层面对海关工作进行监督；同时，媒体的参与能够得到比较准确的"第三方信息"，确保评估的公正性和透明度，这有利于提升海关的形象。

三、收集绩效信息

收集绩效信息就是根据评估指标广泛收集海关各方面的信息和资料。人们对评估的认识和判断都是建立在对相关信息了解的基础上，所以必须取得详细丰富、具有说服力的相关资料来保证评估工作的有效性。但是，在实际操作中，绩效信息的收集往往比较困难，因为很多部门的领导都倾向于夸大自己的绩效，以获得职位升迁的机会。所以，在对海关各部门的绩效信息收集中，除了采用正式的文件记录外，还要辅之以访谈、问卷等方式收集资料，以便对不同渠道获得的信息进行比较和鉴别。

海关是国家的执法机关，管理过程相对比较规范，存在比较多的文件记录，它们是决策和执法的重要依据。收集这些记录，可以采用部门上报的方式，也可以采用评估机构自行收集的方式。这些资料包括部门的服务承诺、工作计划和总结、回复与解释社会公众提出问题和解决实际问题的数量，以及相关记录、会议记录、物质投入与消耗等。如果我们要收集平衡计分卡里业绩维度的绩效信息，就可以采用由各部门上报结合评估机构抽查的形式。

访谈和问卷是获取第一手资料的最直接、最有效的形式，借此可以收集到很多定性指标方面的信息，对海关的绩效评估产生积极的影响。比如，要收集公众满意度的信息,仅仅进行数据统计是不够的,还需要借助民意测验、现场访谈、电话访谈等形式的调研。目前,M 海关所在的地方政府经常进行行风调查,有的调查涉及海关;M 海关自身也逐步推行网上评估和问卷调查,它们都是绩效信息的重要来源。此外,还可以召开有各个层级管理相对人参加的座谈会,最直观地听取他们对海关的意见和建议,获得丰富的绩效评估所需要的信息。

四、处理、分析评估信息并报告评估结果

根据核实后的评估信息与已确定的绩效标准进行对比,进行评估打分,并在此基础上对结果进行分析。这时,除了对评估总分进行比较分析外,还应该对具体指标的分数分别进行分析评述。例如,对公众满意度指标进行分析时,如果当年的公众满意度相比去年有所下降,海关各单位就应该分析其原因,作为工作改进的方向。M 海关还可以将相对独立的指标得分以及具体量化指标的实际值与同级单位的指标得分和实际值进行横向对比,结合定性指标评估,找出自身的优势和存在的差距。对于可以按照时间序列排序的指标,还可以根据历次评估结果进行纵向的分析比较。通过对评估结果的各种分析比较,不但可以对当前绩效做出有效判断,还可以对未来绩效的发展趋势做出可信的预测。

五、评估结果的应用

目前,海关的评估形式有很多,对评估结果的应用效果还不理想,不少单位就像完成一项上级下达的工作任务一样,忽视了对评估结果的利用,所以说"决策者、管理者很少去关心结果,评估不使用或使用不足是件持续发生的憾事"[①]。其实,结果的运用既是评估的延续,又是评估的目的所在。评估的目的在于根据评估结果,寻差距、找经验,促进海关管理绩效的提高。

对于海关来说,绩效评估的结果可以应用于以下几个方面:一是作为进一步确定绩效目标、绩效标准的依据。通过对绩效结果的分析,可以总结绩效评估的经验、不足和教训,明白取得成功或失败的具体原因是什么;然后根据战略目标,调整绩效目标、工作思路和工作举措,为下一轮绩效评估循环设定评估指标和标准。二是作为职务晋升、奖励的依据。绩效评估工作如果是为评估而评估,没有与具体的奖励约束机制相配套相结合,就不可能激发关员参与绩效评估的积极性。尤其是基于平衡计分卡的绩效评估体系,它需要组织所有成

---

① Evert Vedung. Public Policy and Program Evaluation. *Transaction Publishers*,2000,P. 273.

员的参与和认可才能发挥其效用，因为它是以战略为导向，在制定了组织的平衡计分卡后，还必须根据组织的计分卡制定相应的部门计分卡和个人计分卡来分解战略，让组织的每一位成员与组织的使命和战略相挂钩。然而，要想让组织内的全体成员都积极参与到绩效评估中来，就必须建立相应的激励和约束机制，如把绩效评估的结果作为职务的晋升和单位、个人的荣誉评比的依据。但仅有激励机制是不够的，还必须有相应的约束机制，使绩效不理想的主管和领导承担一定的责任，如确有重大过失，应对其做出降职或免职的处分。三是运用绩效评估的结果，改进海关的服务质量。"绩效评估的实质是一种信息活动，其特点是评估过程的透明和信息的公开。因此，评估和公布绩效状况是公众体验服务的一种方式。把公共部门在各个方面的表现情况做出全面的、科学的描述并公之于众，无疑有助于广大群众了解、监督和参与公共部门的工作。"[①] 海关的绩效评估，能够进一步改进海关的服务质量和服务形象，增加社会公众对海关的认知度和关心度，从而能够更加有利于海关地位的提升。

第二节 实施过程中可能存在的问题及解决方案

一、实施过程中可能存在的问题

（一）认为平衡计分卡只是衡量绩效的工具

平衡计分卡对于大多数海关干部来说，还是一个比较陌生的概念。因此，在运用平衡计分卡进行绩效管理时，管理层可能会把平衡计分卡仅仅当作衡量绩效的一种工具，认为它只不过是另一种考核绩效的办法而不给予足够的重视。在这种情况下推行平衡计分卡注定要失败。平衡计分卡的功能不只是为组织做"体检"，更重要的作用是帮助组织指出问题并寻找解决的办法，直到解决问题为止。作为衡量绩效的工具，平衡计分卡除了可以协助组织落实战略目标之外，也可以协助组织提高业绩，或是协助组织进行管理变革。总之，要将战略目标紧紧围绕组织的绩效，平衡计分卡才能够有效发挥作用。

（二）将平衡计分卡片面地作为个人绩效管理的工具

现阶段，在 M 海关以目标任务为核心、强调精细化管理和执法责任制的情况下，绩效管理的重心应是部门及其主管。因此，如果一开始就把平衡计分

---

① 胡宁生：《中国政府形象战略》，中共中央党校出版社1998年版，第1092页。

卡当作个人考核的工具，将重点放在如何将指标量化到个人，如何通过权重分配平衡关员之间的绩效，就会陷入误区。由于考核办法牵涉个人的薪酬、奖惩，如果将个人考核当重心，会使每个人所关注的是个人目标是否容易达到、是否公平，而不是如何群策群力来完成组织的战略目标，不利于组织整体战略计划和目标的实现。误把平衡计分卡当作个人绩效管理工具所带来的另一个问题是，既然是个人绩效管理工具，那就是人力资源或人事部门的事情，高层领导和部门主管就不会投入太多的时间和精力。而从笔者前面的分析可知，平衡计分卡需要依赖全体组织成员的参与才有可能获得成功，否则结果可想而知。

（三）目标确定和指标设置的主观性

建立平衡记计分卡绩效管理体系是一个复杂的系统工程。例如，仅就目标的制定而言，各个维度的目标既不能定得过于空泛，又不能定得过于细致、僵化，也不能将标准定得很高脱离实际，也就是说符合"跳一跳，够得着"的要求，否则，会导致难度太大难以实现而挫伤被考核者的积极性；而过低的目标容易实现，同样不易起到激励的效果。此外，在海关实际工作中，对具体评价指标的选择也存在一定的主观性。由于组织要根据自身的实际情况，选择能反映自身特点和发展远景的指标，这就使指标的筛选过程留下了明显的人为痕迹。再者，有些指标由于很难客观衡量，可能需要借助专家打分法、问卷调查法等方法来赋分，这就意味着海关单位必须花费大量的精力去收集相关数据，不仅增加了管理成本，而且由于还必须对这些数据进行有效的统计、分析和加工才能体现其实际价值，这对海关的信息系统的运营效率提出了严峻的挑战。

（四）绩效沟通与绩效反馈不足

在实施绩效管理过程中，由于受到"官本位"思想和现有行政管理体制的束缚，行政机关上级领导干部与下属员工之间的绩效沟通工作机制不健全、沟通渠道不畅通，导致绝大多数员工只知道绩效考核的结果与调薪和奖金有关，不觉得绩效管理能指导他们的行为，或者能帮助他们改进绩效。部门管理人员对于绩效沟通和反馈的重要性认识不足，加上海关没有采用相应的工具进行强制约束管理，通常省略绩效面谈。在做"老好人"思想的影响下，绩效考核中很少有人被评定为"不称职"等次，大家都能轻松过关，也就没有动力质疑绩效考核结果，也没有人对结果提出申诉或建设性意见。结果，员工无从知道自己存在哪些不足，也很难获得改进工作方面的建议。

（五）执行难度与人为阻力

实施平衡计分卡的工作量非常大，除需要对组织战略有深刻的理解外，还需要消耗大量的时间和精力将其分解以保证实现具体化，进而找出恰当的考核指标。此外，考核的组织和实施也不是一件轻松的事情。尤其是对于政府部门而言，电子政务刚刚起步，IT 网络平台不健全，信息管理系统不完善，使信息收集渠道和信息处理能力成为制约考核工作的瓶颈。同时，一项制度的加强和改善，会对特定的部门产生新的要求，这在一定程度上影响机关的组织机构和人事安排。为了实施平衡计分卡绩效管理体系，需要对组织机构和业务流程进行改进，必然触及一些既得利益群体，从而难以消除推进平衡计分卡过程中的一些人为障碍。

二、解决方案

访谈中的一些基层主管提到，要强化绩效管理，必须注意四个方面的工作：一是各级领导的思想认识要统一，不能阳奉阴违，要做到有令必行；二是要按 M 海关和各部门的实际灵活地使用平衡计分卡，完善考核指标体系；三是绩效管理切忌只由领导评下属，也要关员评领导，从而调动上下各级职工的积极性；四是要有通晓绩效管理知识的专业管理队伍，他们不能仅停留于照搬经验和领导意志的层次，而应通过学习借鉴先进的经验和理念，构建适应时代要求、能经得起时间检验的绩效管理体系，并随着时间的推进而不断对其进行调适，与时俱进，不断创新，从而使平衡计分卡获得持久的生命力。此外，提高海关工作人员的素质、加强监督、严格按标准实施考核评估等也是不可或缺的。笔者认为，应从三个方面去着力解决。

（一）加强对平衡计分卡的宣传力度

任何新事物刚出现时，往往不会一帆风顺地被接受。平衡计分卡也一样，在早期的实施阶段，人们由于对其还不甚了解，而产生抵触情绪。因此，要通过加强宣传，让组织内每位成员都认识到它对推进组织进步的重要性，争取全体组织成员的支持和积极参与。同时，要使组织成员认识到，平衡计分卡的实施是一个动态的过程，必须在每个阶段随着战略和环境的变化而进行相应的修改与调整。平衡计分卡的实施应该是一个"建立—实施—评估—调整—再实施"这样一个良性的循环，在不断修正中完善。

（二）完善信息系统

平衡计分卡实施过程中，数据收集的工作量是非常大的，因此要借助于现代信息技术，改造原有信息系统。此外，海关的绩效考评不是一次性工作，它具有阶段性和持续性特征。现成的统计资料难以满足其对信息的要求，而建立专门的信息系统不仅会大量增加成本，还会被视为额外负担。为此，需要对原有系统进行合理改造，努力做到既能满足日常信息收集和及时有效传递的需要，有助于上下级之间的交流和沟通，又不至于大幅度增加成本，还有助于发现问题和解决问题。

（三）加强成本费用控制

由于平衡计分卡考核周期长、信息收集工作量大等原因，其实施无疑会带来比较大的费用支出，当中也可能会造成一些浪费现象。因此，有必要建立严格的成本费用控制制度，提高管理水平，确保组织在建立和实施平衡计分卡的过程中成本费用能够得到有效的控制。

综上所述，平衡计分卡这种以战略为导向的绩效管理方法，是一个较为全面的绩效管理体系，它兼顾了组织的长期利益和短期利益，运用定量分析和定性分析的方法，全面考察组织运行的各个方面，结合组织的长远发展战略，从不同层面指明了组织实现战略的途径。但它需要根据组织战略设计符合自身情况的目标、指标和目标值，并在组织内部全员培训的基础上实施；在实施过程中不断予以调整和修正，形成积极进取的组织文化，才能取得好的效果。它的成功实践远非一蹴而就之役，需要坚持不懈，不断与时俱进和创新。

结　　语

海关作为承担财务税收任务的政府部门，其应用平衡计分卡的方式与其他不承担财务税收任务的政府部门不同，因此，对此进行探讨开辟了平衡计分卡工具和方法的新领域，也有利于理论方法的创新。同时，本文也为海关系统的绩效考评提供了新的思路，有利于推动整个海关系统推广平衡计分卡。

本文的局限性在于，一是选择的 M 海关的组织环境尚未达到平衡计分卡对组织环境的高要求。由于内部制度规范、管理水平、人员素质、组织文化等环境的局限性，本文在设定一些指标时受到了限制，未能充分体现平衡计分卡各指标之间的密切关联性，从而削弱了平衡计分卡的实际效果。二是本文仅是停留在对平衡计分卡在海关应用的理论研究层面，许多设想未在海关系统得到经验检验。三是本文仅对M海关进行了平衡计分卡的设计，而没有进一步对关键部门进行平衡计分卡指标设计，未能向读者展现一个基于平衡计分卡的全面绩效考核。

由于上述不足，也为今后的研究留有很大余地。随着平衡计分卡相关理论研究的进一步发展和完善，以及管理环境的进一步成熟，期待理论与实践的进一步结合，必将使平衡计分卡的理论研究不断向前推进，也必将促进平衡计分卡应用实践的进一步发展。

附录一

M 海关公务员绩效管理调查问卷

您好！

为了解海关公务员绩效管理问题，特进行本次问卷调查。本调查答案无所谓对错，所得资料仅供研究之用，请您无须任何顾虑，认真作答。您答案的真实性对于我们研究结果的准确性十分重要。

感谢您的支持与配合！

第一部分 基本资料

请将最适当的选项涂成红色或在旁边打"√"。

您的性别：A. 男 B. 女

您的学历：A. 高中（中专）及以下 B. 大专 C. 本科 D 硕士及以上

您的年龄：A. 25 岁以下 B. 26～30 岁 C. 31～35 岁 D. 36～40 岁 E. 40～45 岁 F. 45 岁以上

您在海关的工作年限：A. 5 年以下 B. 6～10 年 C. 10～20 年 D. 20 年以上

您现在所在的岗位系列：A. 征管 B. 稽查 C. 信息 D. 行政

您现在的岗位层级：A. 科长、副科长 B. 组长、机关公务员 C. 一般公务员

第二部分 基本问题

1. 您对部门现行考核制度科学性的评价是什么？
   A. 非常科学合理 B. 较科学合理 C. 不确定 D. 不够科学合理 E. 非常不科学、不合理

   如选 D 或 E 请写理由：_____

2. 您认为海关现行绩效考核内容是否如实反映了每个人的真实工作绩效？
   A. 如实反映 B. 比较如实反映 C. 不确定 D. 不能如实反映 E. 根本反映不了

如选 D 或 E 请写理由：_____

3. 您个人对每年的考核工作是否认真对待，对自己和他人是否如实考评？

　　A. 非常认真　B. 比较认真　C. 不确定　D. 不认真　E. 根本不当回事

如选 D 或 E 请写明理由：_____

4. 您认为对您的考核结果是否公平？

　　A. 完全公平　B. 基本公平　C. 不确定　D. 不公平　E. 非常不公平

5. 如果您不满意自己的考核结果，您会如何做？

　　A. 没有行动　B. 抱怨　C. 自我检讨　D. 消极怠工　E. 找领导谈话申诉

6. 您认为各部门领导对优秀等次的分配是依据什么的？

　　A. 认真分析测评结果　B. 凭主观感觉　C. 私人关系　D. 内部平衡、大家轮流　E. 其他（请说明）

7. 现行考核测评中需要您根据评价标准为"德、能、勤、绩、廉"中的各测评要素打出 A、B、C、D 四档得分，您是否能真正把握四个档次之间的差别？

　　A. 能　B. 说不清　C. 不能

8. 您的部门在考核后，领导是否当面反馈结果并就您的成绩和缺点与您面谈？

　　A. 是　B. 有时是　C. 偶尔如此　D. 从没有这个程序

9. 您认为绩效反馈面谈这个程序重要吗？

　　A. 不重要　B. 说不清　C. 重要　D. 非常重要

10. 您认为是否该建立日常考核制度？

　　A. 应该　C. 不确定　B. 不应该

11. 您所在的部门多年来考核工作极少出现不称职现象，您认为实际上依照考核标准，应有多少比例的工作人员不称职？

　　A. 5% 左右　B. 10% 左右　C. 30% 以上　D. 不确定　E. 其他

12. 如果完全依据考核标准而不管优秀人数不得超过考核人数 15% 的限制，您认为您所在的部门应有多少人被评为优秀？

　　A. 5% 左右　B. 10% 左右　C. 30% 以上　D. 不确定　E. 其他

13. 相对完善的考核制度可能会复杂繁琐，如果您有选择权，是选择相对完善公平的考核制度而容忍其带来的繁琐，还是选择相对简单但不一定客观的考核制度呢？

14. 您认为现实工作中有哪些内容应该列入考核内容，但目前没有列入？

15. 您觉得现行考核制度在实施过程中存在哪些不足之处？应如何改善？

附录二

访谈记录（略）

参 考 文 献

[1] （美）保罗·R. 尼文. 平衡计分卡实用指南［M］. 胡玉明，等，译. 北京：中国财政经济出版社，2003.

[2] （美）罗伯特·卡普兰，大卫·诺顿. 平衡计分卡——化战略为行动［M］. 刘俊勇，孙薇，译. 广州：广东经济出版社，2004.

[3] （美）毕意文，孙永玲. 平衡计分卡中国战略实践［M］. 北京：机械工业出版社，2009.

[4] （美）保罗·R. 尼文. 政府及非营利组织平衡计分卡［M］. 胡玉明，等，译. 北京：中国财政经济出版社，2009.

[5] （美）罗伯特·卡普兰，大卫·诺顿. 战略中心型组织［M］. 周大勇，王建军，等，译. 北京：人民邮电出版社，2009.

[6] （美）罗伯特·卡普兰，大卫·诺顿. 战略地图——化无形资产为有形成果［M］. 刘俊勇，孙薇，译. 广州：广东经济出版社，2006.

[7] 方振邦. 绩效管理［M］. 北京：中国人民大学出版社，2009.

[8] （美）詹姆斯·G. 考林斯，杰瑞·I. 波拉斯. 构建公司的愿景规划［M］//约翰·P. 科特. 变革. 李原，孙健敏，译. 北京：中国人民大学出版社，2009.

[9] 方振邦. 战略与战略性绩效管理［M］. 北京：经济科学出版社，2007.

[10] 张成福，党秀云. 公共管理学［M］. 北京：中国人民大学出版社，2009.

[11] （美）斯蒂芬·P. 罗宾斯. 组织行为学［M］. 7版. 孙健敏，李原，等，译. 北京：中国人民大学出版社，2007.

[12] （美）斯蒂芬·P. 罗宾斯. 管人的真理［M］. 王敏，译. 北京：中信出版社，2009.

[13] 宝利嘉顾问. 战略执行［M］. 北京：中国社会科学出版社，2003.

[14] （英）安迪·尼利，克里斯·亚当斯，迈克·肯尼尔利. 超越平衡计分卡［M］. 李剑锋，等，译. 北京：电子工业出版社，2009.

[15] （美）马歇尔·W. 迈耶. 绩效测量反思超越平衡计分卡［M］. 姜文波，译. 北京：机械工业出版社，2007.

[16] （瑞典）尼尔斯－约兰·奥尔兰，卡尔－约翰·彼得里，简·罗伊，索非耶·罗伊. 使平衡计分卡发挥效用——平衡战略与控制［M］. 裴正兵，译. 北京：中国人民大学出版社，2009.

[17] 关培兰. 组织行为学 [M]. 北京：中国人民大学出版社，2008.
[18] 财政部财政科学研究所绩效预算课题组. 美国政府绩效评价体系 [M]. 北京：经济管理出版社，2009.
[19] 王化成. 企业绩效评价 [M]. 北京：中国人民大学出版社，2004.
[20] 刘昕. 薪酬管理 [M]. 北京：中国人民大学出版社，2008.
[21] 饶征，孙波. 以 KPI 为核心的绩效管理 [M]. 北京：中国人民大学出版社，2007.
[22] 徐芳. 团队绩效测评技术与实践 [M]. 北京：中国人民大学出版社，2008.
[23] （美）戴维·奥斯本，彼得·普拉斯特里克. 政府改革手册：战略与工具 [M]. 谭功荣，颜剑英，等，译. 北京：中国人民大学出版社，2009.
[24] 张建政. 强化公共服务意识 提高城管部门文明执法的能力 [J]. 红旗文稿，2007（9）.
[25] 郑云峰，卓越. 21 世纪行政发展的新亮点——福建省厦门市思明区开展公共部门绩效评估的探索 [J]. 中国行政管理，2003（2）.
[26] 陈天祥. 论治理范式转型中的政府绩效评估 [J]. 广东行政学院学报，2007（4）.
[27] 祁光华，张安定. 我国公共部门绩效管理问题分析 [J]. 中国行政管理，2005（8）.
[28] 佟宝贵. 英国现行公务员绩效评估制度概述 [J]. 政治与法律，2001（2）.
[29] 周志忍. 绩效评估，如何保证不"走样" [J]. 半月谈：内部版，2005（5）.
[30] 张悦玫，栾庆伟. 平衡计分卡的"平衡"辨析 [J]. 技术经济与管理研究，2003（5）.
[31] 蔡立辉. 西方国家政府绩效评估的理念及启示 [J]. 清华大学学报：哲学社会科学版，2003（1）.
[32] 臧乃康. 政府绩效评估及其系统分析 [J]. 江苏社会科学，2004（2）.
[33] 陈天祥. 新公共管理：效果及评价 [J]. 中山大学学报：社会科学版，2007（2）.
[34] 张定安. 平衡计分卡与公共部门绩效管理 [J]. 中国行政管理，2004（6）.
[35] 蔡立辉. 政府绩效评估的理念与方法分析 [J]. 中国人民大学学报，2002（5）.

[36] 周晓梅，谢水明. 综合行政执法改革与构建政府绩效评估制度［J］. 四川行政学院学报，2005（2）.

[37] 詹国彬，陈露泉. 基于BSC的城管行政执法绩效评估体系的构建［J］. 上海城市管理职业技术学院学报，2007（3）.

[38] 王毅. 城管行政执法体制的现存问题与改革构想［J］. 城建监察，2006（4）.

[39] 倪星，余凯. 试论中国政府绩效评估制度的创新［J］. 政治学研究，2004（3）.

[40] 陈天祥. 政府绩效评估的经济、政治和组织功能［J］. 中山大学学报：社会科学版，2005（6）.

[41] 中国海关总署. 中国海关通关指南［S］. 北京：中国对外经济贸易出版社，2009.

[42] 海关总署统计司. 海关主要统计数据［R］. 2007.

[43] 海关总署办公厅. 海关内部情况通报［R］//2002—2006年五个年度关长会议文件.

[44] 海关总署办公厅. 2009—2010年现代海关制度第二步发展战略规划［S］. 2009.

[45] 海关总署办公厅. 2009—2010年海关人才发展纲要（试行）［S］. 2009.

[46] 海关总署办公厅. 海关总署办公厅基层建设纲要［S］. 2009.

[47] 海关总署办公厅. 海关总署关于开展基层建设达标活动的指导意见（试行）［S］. 2009.

[48] 孙毅彪. 海关政研参考——论建立现代海关制度质和量的规定性［J］. 北京：海关总署办公厅，2008.

[49] Robert S Kaplan, David P Norton. The balanced scorecard［M］. Boston：Harvard Business School Press，1996.

[50] Robert S Kaplan, David P Norton. Putting the balanced scorecard to work［J］. Harvard Business Review，1996.

[51] Robert S Kaplan, David P Norton. Using the balanced scorecard as a strategic management system［J］. Harvard Business Review，1996.

（本文定稿于2014年4月）

MPA学位论文范例二

外嫁女权益保障问题研究
——基于三水区的实践分析

作　　者　莫倩瑜
点评老师　郭巍青

点评

郭巍青

MPA论文要写得好，选题很重要。选题角度清楚，可以帮助避免材料堆积、思路不清，也可以避免空泛论述、没有干货。简单来说，有三种角度可以帮助我们建立自己的选题策略。一种叫作政策切入，即选择一项政策（例如扶贫政策）、分析政策制定的过程、评估政策执行的效果等等。第二种角度是事件切入，即选择一个典型事件（例如某次较大规模的罢工事件），分析事件的起因与影响，检讨和反思公共管理的制度与措施，并讨论对策。第三种角度是问题切入，即选择一个政府管理中面对的困难问题，讨论问题产生的根源以及解决的措施与方案。

莫倩瑜这篇论文属于"问题切入"的类型，讨论的是一个明确具体的问题：外嫁女权益保障。这个问题选得比较好，是因为它具有"足够大、足够小"的特点，适合于专业硕士水平上的研究。"足够大"是说问题有"长、宽、深"三个方面。首先，它较长时间存在，不是短期的、偶发的现象。其次，它在许多地方都存在，可能还有不同类型，不是仅仅局限于某地的琐细问题或日常事务。再次，它涉及权益，涉及法律政策与文化之间的冲突，还涉及价值观，即女性权益与社会公平。因此，这是一个有深度的问题。另一方面，它又"足够小"。首先这是说问题的边界与影响变量比较清晰。更重要的是，它是地方政府可以把握的问题，可以有所作为。归纳起来说，问题"足够大"，使得对它做研究是有意义的，相关讨论也有能够展开的空间。而问题"足够小"，又保证了调查工作可以深入，相关材料可以把握，讨论可以比较具体，还可以提出明确的改进措施或者对策。

本论文比较清晰全面地描述了外嫁女的权益保障问题，包括问题的缘由和复杂性、它所造成的不良社会影响、解决问题的难点和症结等等。在这个基础上，论文比较了几种不同的政策模式，分别是司法介入的政策模式，以股份制改革为主导的政策模式，以及行政处理为主、行政诉讼为辅的政策模式。

这个分析归纳工作值得肯定。围绕着一个问题，各地形成了不同的解决思路或政策方案，这是地方治理过程中常常会看到的现象。它一方面反映了问题的复杂性和多样性，另一方面也反映了地方政府的积极性和创新努力。从实际的政策过程的角度来说，对多个解决方案做比较权衡，是决策科学化和民主化的要求。从研究的角度来说，收集相关的数据和经验材料，比较不同类型的治理措施，是提升研究水准的重要途径。在这个方面，本文最值得肯定的地方是明确列举了不同类型的政策模式，并加以比较。但不足之处在于具体分析还比较单薄，主要是资料收集不够详细，缺少必要的数据支持，也缺少生动的案例剖析。

本论文的主体部分是对三水区实践经验的分析。按照上述三种政策模式的分类，三水区的做法属于第三类。作者比较详细地说明了三水区政府在这个问题上的政策目标与思路、机构设置、工作流程，也对政策实施的效果做出分析。最后，还总结了三水区经验的启示，并做简单的讨论。

这种研究和写作的逻辑框架值得肯定，因为它有助于克服政策讨论中"空对空"的弊病。比较一下，一种流行的写作模式是"三段论"：存在的问题、问题的原因分析、问题解决的对策。而其中常见的弊病，就是所谓"解决的对策"总是停留在空泛的、原则性的论述上。究其原因，一来可能是问题根本尚未解决，对策云云就只是各种"应当如何"的说法。二来可能是问题太大，比如说涉及税收，而关于税收的立法与政策只能来自于中央，市、县一级的地方政府基本没有自主决定的空间。于是，对策讨论就变成一种呼吁，很难有实际内容。

由此可见，本论文首先把三水区的经验作为三大类型中的一类，从而可以开展比较；同时也作为解决问题的对策看待，从而使对策分析具有大量的实际内容。这样的安排，较好地克服了"空对空"的弊病。

公共政策分析强调"问题解决"导向。在此导向下，辨识和定位政策问题很重要。但是，找到解决问题的办法更重要。这样的办法应当是符合实际情况的、可以操作的，其效果也应当是可以检验的。从这个角度看，本论文符合"问题解决"导向，并且完成了三项工作：提出一个明确的、亟须解决的政策问题，比较解决问题的不同思路，用实际经验来证明和支持一种特定的政策模式。因此，虽然在分析上还存在各种单薄的地方，总体上很值得肯定。如果将来需要重新面对外嫁女权益保障问题时，还可以回头检验本论文所提供的这种模式是否依然有效。因此，本文的分析就有知识累积的意义。

外嫁女权益保障问题研究
——基于三水区的实践分析

莫倩瑜

摘要： 在社会主义市场经济高速发展及农村股份合作制改革（简称"股改"）深入开展的环境下，土地对于农民的收益，从自古以来单一来源的耕种收入逐渐演变为土地承包经营、征地补偿款分配、宅基地分配等多元组成的收入。由于以上各种收入均以农民身份为根据，以往的按劳分配渐变为按身份分配。农村外嫁女及其子女，即出嫁至本村以外但户口仍留在本村的妇女及跟随其户口留在本村的子女，限于村规民约，未被认定拥有与其他村民同等的身份，因而在农村土地权益获取方面未能享受与其他村民同等待遇，最终引发其权益保障问题。随着城市化、城乡一体化的发展，外嫁女群体加速壮大并开始使用各类手段维护自身利益，增加了社会的不稳定因素。因此，及时解决外嫁女权益保障问题，是各级政府不可回避的问题之一。

通过与其他县（区）解决外嫁女问题的做法对比，笔者发现解决途径集中于司法途径、行政途径和村民组织的经济途径三种。以上三种途径在实际操作中均未能迅速有效地解决问题，部分还引发了新问题。佛山市三水区在吸取相邻县（区）解决方式的基础上，提出了"行政调处为主、行政监督和司法执行为辅"的原则，按照集中解决外嫁女问题的方式，设定了"调查摸底—修改章程—确权分红"三步走的行政实施计划，同时配以宣传发动、考核奖励、政策扶持、责任追究等多项行政措施，在7个月的时间内解决了辖区内97.7%的外嫁女及其子女权益保护问题，相比其他地区成本更低、耗时更短、效果更好。

本文通过以上案例的比较，首先从外嫁女权益保障问题的成因、特点入手，分析了解决外嫁女权益保障问题的主要障碍及主要途径，比较了实际操作中各种途径的不足之处。其次从三水区解决外嫁女权益保障问题的经验着眼，跟踪政策制定启动前后的情况，对政策执行的每个环节进行研究，评估政策执行的效果。再次对三水区与其他县（区）、三水区内各镇间及各村组间进行比较，分析各要素对政策执行结果的影响。最后得出了三水区在解决外嫁女权益保障问题上关于时机选择、舆论宣传、组织发动等方面的一系列启示。

由于三水区的经济发展、土地改革的沿革类似于其他城市，而在全国范围内外嫁女问题成因相近、现象雷同，因此笔者希望三水区解决外嫁女权益保障问题的经验，可以为其他地区政策过程提供一定的借鉴意义。

关键词：外嫁女；权益保障；政策过程

目 录

导　论

第一节　核心概念的界定

第二节　研究的意义

第三节　相关文献综述

第四节　研究方法、论文结构和创新之处

第一章　我国外嫁女问题概述

第一节　外嫁女问题产生的背景、特点及解决的必要性

第二节　解决外嫁女问题的理论探索

第三节　解决外嫁女问题的实践探析

第二章　佛山市三水区解决外嫁女问题的实践

第一节　外嫁女工作全面启动前的情况

第二节　外嫁女工作政策制定的情况

第三节　外嫁女工作具体执行的情况

第四节　外嫁女工作效果的评估

第三章　佛山市三水区解决外嫁女问题的启示

第一节　解决外嫁女问题政策模式的比较

第二节　影响外嫁女问题执行效果的因素分析

第三节　三水区带来的启示

结　语

参考文献

导　　论

第一节　核心概念的界定

随着社会主义市场经济的发展及农村改革的深化，部分城市尤其是沿海发达地区的城市，在家庭联产承包责任制的基础上，逐步建立了以土地为核心的农村股份合作制，集体经济的产权及收益份额明确到个人，户籍村民持有股份而享受分红。在工业化、城镇化快速发展的推动下，作为集体经济主要部分的农村土地收益逐步攀升，农村外嫁女及其子女[①]限于村规民约，未能享有与其他村民对等的股份，从而也未能获得相应分红，在土地承包经营、征地补偿款分配、宅基地分配等方面也存在明显差别，因此引发农村外嫁女及其子女权益保障问题（以下简称"外嫁女问题"）。

农村外嫁女及其子女，通常泛指出嫁至本村以外但户口仍留在本村的妇女及跟随其户口留在本村的子女。随着农村城镇化速度进一步加快，这个群体也不断壮大，集体上访、越级上访等情况越发频繁，由此引发的社会矛盾亦愈来愈尖锐化、激烈化，严重影响了社会稳定。虽然问题源自有悖于国家法律、社会主义传统的村规民约，但由于法律体系的不完善，受损群体的多样性、复杂性等，使外嫁女问题的解决既迫在眉睫又困难重重。

对比广州市、珠海市、东莞市、佛山市下属多个县（区、镇）的做法，可以发现对外嫁女问题的处理手段集中于三个方面：一是以司法手段进行解决，通过司法诉讼、法院执行的方式达到维权目的；二是通过行政权力的介入，包括行政调解、行政裁决或运动式的集中解决方式等途径，由政府出面解决外嫁女问题；三是引入市场经济手段，通过农村股份合作制改革，使外嫁女与其余村民享有同等股权，然后按照股份固化的方式，使其权益得到长久

[①] "农村外嫁女"又称"外嫁女"，两者在本文中的含义完全一样，除部分文件或引用为保留原文的完整性使用"农村外嫁女"外，其他全部使用"外嫁女"。此外，外嫁女及其子女在不需要区分的情况下合并称为外嫁女。

保障。

以上三种方式各有利弊。司法方式导致行政成本过高，行政手段的执行力往往有限，由村民组织开展的股份合作制改革也遭遇既得利益者的多重阻挠。外嫁女问题解决工作实际开展并不顺利，以佛山市南海区为例，外嫁女问题解决工作从20世纪80年代后期起，一直进行到2008年，仍未完全解决。从全国范围来看，亦未有成熟的经验模式推广。

而外嫁女问题的出现，归根到底是由于土地出让收益、土地红利等的增加，农村经济分配方式实现了从按劳分配到按身份分配的转变，可见如果在土地出让收益等未触动农村经济结构前，对外嫁女问题进行彻底性的解决，能收到事半功倍的效果。本文研究的佛山市三水区，就是一个在外嫁女问题未趋尖锐时，通过政府主导，有机融合司法、行政、市场三种手段，短时间内顺利解决问题的成功案例。

佛山市三水区在借鉴其他地方解决办法的基础上，结合自身的实际情况，明确了由政府主导推动，按照"行政调处为主、行政监督和司法执行为辅"的原则，集中解决外嫁女问题的方式。对确需保障权益的外嫁女及其子女进行严格划分，定下了"调查摸底—修改章程—确权分红"三步走的行政实施计划，同时配以宣传发动、考核奖励、政策扶持、责任追究等多项行政措施，将解决外嫁女问题作为一个行动式项目限定时间集中解决，只有行政手段难以解决的问题才进入司法程序解决。这样一方面能及早修正原有的农村股份合作制误区，消除外嫁女问题的社会隐患；另一方面也大大降低了逐个解决外嫁女问题的司法成本。

本文尝试跟踪研究三水区外嫁女问题解决的整个过程、不同的政策模式以及同种政策模式下执行效果的对比，结合实际案例，分析政策制定及执行对最终效果的影响，努力探索积极政府对外嫁女问题解决的影响，及县（区）级政府解决外嫁女问题的总体思路。

第二节 研究的意义

外嫁女问题集中表现了中国在社会主义经济发展的过程中遇到的农村股份合作制建设、村规民约与法律冲突、妇女权益维护、城乡均衡发展等问题，研究其除了总结教训、推广经验的意义外，还从多方面折射了中国现状，对农村政策分析有十分重要的意义。

首先，外嫁女问题是全国范围内的普遍问题，探索有效的政策解决方式有重要的推广意义。重男轻女的村规民约源于中国传统农业社会男系继承原则的父权制家族制度，而集体分红则起自社会主义公有制，显然两者在中国根深蒂固，两者联合造成妇女集体分红权益被剥夺可以说是必然，即外嫁女问题普遍有着共同的起因。面对同样的政策问题及政策目标，经验证有效的政策方案显然具有推广意义。

其次，外嫁女问题日益严重，有效的政策解决方式能加快解决速度、降低行政成本。外嫁女问题暂时主要在沿海发达地区出现，在经济利益的驱使下，不能享受与其他村民同等经济利益的外嫁女通过上访、行政复议、司法诉讼等途径进行抗争。而内陆地区由于利益冲突未表现，故未大面积出现外嫁女问题。随着我国农村经济发展水平的不断提高，农村股份分配水平将逐年提高，农村问题将越来越突出。近年来，农村外嫁女权益纠纷已经逐步成为影响社会和谐稳定的一个重大问题，而且呈现越来越激烈的趋势，甚至构成了社会隐患。因此，这一问题越早解决则越易解决，解决的成本也越小。

再次，外嫁女与村组织的利益冲突而反映出的政策问题，对政策过程调整有积极的意义。三水区外嫁女问题政策作为区级以项目和发展干预行动为承载的农村公共政策，由于其贴近基层及行动式的特点，可以迅速感知外嫁女与村组织的反应，从而判断政策执行有效与否，以相应调整政策，使政策进一步优化，更具推广意义。

最后，外嫁女问题集中表现了政府与村组织间的权力博弈，其政策执行分析有助于建设有效的农村公共政策。村民自治是我国一项基本社会政治制度，而基层政府在面对广阔的农村时政策执行力有限，使村组织有了与政府进行博弈的可能。通过对外嫁女权益保障问题的案例分析，探索村民自治与政府治理的平衡点，对农村公共政策研究有积极的意义。

第三节　相关文献综述

外嫁女问题是基于我国特殊的国情而在近年出现的，故暂未发现专门论述该问题的书籍，仅有少量论文，且集中从法理上进行分析。但是，由于外嫁女问题涉及农村公共政策、政策执行分析等多方面，故参考的文献可分为四类。

一是政策执行分析理论。公共政策包括制定和执行等若干逻辑环节，其中，政策执行是政府公共管理活动的中心环节。对于外嫁女问题这样一个基层的行动式项目来说，问题界定及政策方案制定并无太多的选择，政策的监督在实际操作上流于形式，故政策的执行几乎等于整个政策过程。理解透彻政策执行的相关理论，是问题研究的基础。该类文献主要以教科书为主，包括《公共政策分析》（张国庆）、《政策科学——公共政策分析导论》（陈振明）、《公共政策的有效执行》（张骏生）、《政策执行与评估》（李允杰、丘昌泰）等，以上文献侧重于公共管理的理论框架、理论阐述、概念释义等，是本论文写作的理论基础。

二是农村公共政策理论及执行分析。农村公共政策是由政府及其他非政府的公共机构制定和实施的，旨在对农村社会公共领域的公共事务实行有效管理，以达到某一特定目标所采取的政治行为或者规定的行为准则。由于农民数量庞大、农村所处的区域分布较为分散、农业发展的不稳定性大等多方面原因，使农村公共政策有别于一般的公共管理政策，有必要对其进行具体研究。参考的文献以两方面为主：一是专题式的农村公共政策理论研究，如《农村公共政策与分析》（左停、徐秀丽、唐丽霞）具体研究了在农村环境下的公共政策执行过程；《农村公共政策形成机制——农村经济市场化问题研究》（吴仲斌）将问题集中于农村经济市场化的背景中；《农村基层非政府公共组织研究》（吴新叶）重点研究村民小组一类的非政府公共组织，以上文献集中于农村公共政策的理论研究。二是我国农村政策实施的研究报告，包括《中国农村政策对新农村建设的影响研究》（罗莹、戴天放、余艳锋）、《中国农村政策报告调查Ⅱ》（韩俊）等，着重于具体的政策执行分析。与公共政策理论文献一样，该类文献同样未有提及外嫁女问题，只是在一般的理论基础上做了进一步的深入、细化说明，同时，展示理论联合实际的多种方式，对于本文有着参考及指导的作用。在实际的写作过程中，笔者将会重点学习该类文献，寻找适宜切入点和分析的方法。

三是三水区农村建设相关文件资料。主要包括农村股份合作制改革资料、新农村建设资料及解决外嫁女问题资料。结合农村股份合作制的实际，对外嫁女及其子女进行相应配股分红是解决外嫁女问题的主要途径；新农村的建设既反映了外嫁女及其子女的权益，也反映了其义务。这两方面的材料是研究外嫁女问题的背景材料。本文中主要引用三水区解决外嫁女问题资料，包括区与镇政府红头文件、计划总结、调研报表、情况汇报及村组织的各类情况汇总表，还有各类情况公告、宣传单张、执行文书等。通过这些第一手的资料，明确三水区外嫁女问题政策过程，根据外嫁女占村民人数比重、股份社分红情况、权益保障落实比例等一系列的数据及具体案例，分析外嫁女问题政策执行过程。

四是农村外嫁女问题的论文及报道。外嫁女问题在近年来正式进入公众视野，探讨的论文及报道主要分为法理上的论文、外嫁女现状调查及个别案例的报道。主要的论文和报道《村规民约"农嫁女"征地补偿的困境与出路——以人权保障为视角》（邓炜辉）、《农村妇女土地承包权及相关经济利益实现状况分析》（杜平）、《广州市白云区农村外嫁女经济权益保护的思考》（莫小云)、《法院拘押村长为外嫁女维权》(《南方农村报》)、《化解"外嫁女"纠纷需法律保障》(冯兴元)等。以上的论文和报道,均针对具体案例,内容集中于外嫁女问题产生原因、外嫁女现状及法理上如何判决、法律体系该如何完善等方面;对于行政手段的运用则只有粗略介绍,未有对其执行效果进行分析,而该点正是本文研究的重点。

第四节 研究方法、论文结构和创新之处

在本文的研究中,主要采用了三种方法:一是系统研究的方法。本文将三水区农村外嫁女问题政策执行作为一个有机系统,其中政府、村组织及外嫁女三方相互联系、相互作用及影响。而政策制定及执行的各个过程又紧密结合在三者之间,故在研究中将以三者的视角反复审视公共利益所在,从而评价政策有效性。二是比较研究的方法。本文尝试探索解决外嫁女问题的通适公共政策,故将重点比较区与区、镇与镇、村与村在执行不同或相同的政策时效果的差别,从而寻找影响政策执行的因素,对政策进行修正及升级。三是案例分析的方法。重点对政策执行中代表性案例进行分析,寻求其特殊性的成因,并从中提炼出影响政策执行的特殊因素,考虑该因素对政策执行的影响是否具有普遍性,从而进行进一步的修正及优化外嫁女问题政策。

本文的正文主要分为三个部分:第一部分是我国外嫁女问题的概述,主要阐述了外嫁女问题产生的背景、特点及解决的必要性,并从理论和实践两个方面对解决外嫁女问题进行了探索;第二部分是佛山市三水区解决外嫁女问题的实践,分别从政策的制定、执行以及效果评估等多个角度进行了分析;第三部分是佛山市三水区解决外嫁女问题的启示,通过各种政策优劣以及执行效果的对比,提出了解决外嫁女问题的基本思路。

本文的创新点主要在于研究角度新颖。本文研究的重点在于对有效解决外嫁女问题新模式的探索。事实上,从目前掌握的文献资料来看,尚未有人系统提出解决外嫁女问题行之有效的模式。本文通过对佛山市三水区的成功实践(即用7个月的时间解决了辖区内97.7%的外嫁女及其子女权益保护问题)的研究,提出了政府集中处理外嫁女问题的新模式,并对解决外嫁女问题介入时机的选择,以及在政策制定和执行过程中需解决的主要问题进行了总结,希望佛山市三水区的实践经验能为其他地区带来一定的借鉴意义。

第一章 我国外嫁女问题概述

第一节 外嫁女问题产生的背景、特点及解决的必要性

一、外嫁女问题产生的背景

（一）习俗与制度的博弈导致外嫁女身份存在争议

目前，我国土地制度实行的是"双轨制"，城市及工业用地为国家所有，而农村及农业土地为"村农民集体所有"。在这样的结构下，农民想要拥有土地，必须成为农村集体的一分子。根据现行的《中华人民共和国户口登记条例》（1958年颁布）规定，"农村以合作社为单位发给户口簿"，"户口登记簿和户口簿登记的事项，具有证明公民身份的效力"，要想成为农村集体的一分子，必须取得户籍。具体的户籍可通过出身自然取得，或结婚后通过户籍的合法迁移取得。农村妇女出嫁后，由于多种原因，如嫁给城镇居民后其户籍关系只能留在农村，或嫁到外县户籍并未迁移等，户口仍留在原居住地。从习俗的角度来看，由于外嫁女一般都"随夫居"，其原来居住地村民一般会认为外嫁女及其子女不是原村的人口。但事实上，从户籍管理的角度来看，由于户口并没有发生变更，外嫁女应该仍是原村人口。角度不同直接导致了对外嫁女身份的看法截然不同：外嫁女认为她们是原村的村民，但村民们并不认同。

（二）农村经济分配方式的转变凸显外嫁女身份的重要性

在国家经济发展水平低下的情况下，农村集体是向集体成员提供福利的唯一主体和渠道，村民与集体之间的关系表现出一种特殊的劳动关系，按劳分配也就成了主导的分配原则。在按劳分配的原则下，外嫁女们无论是户口留在原村还是迁往男方家，她们都得以自己的劳动获取报酬，这样，外嫁女权益纠纷

产生的经济基础也就不存在了。①

但是，随着经济的发展，在经济发达地区，农村土地越来越少地用于耕种，普遍被国家征用或村集体自建厂房出租。村集体会根据土地出售出租的情况定期或不定期地发放红利、分配土地补偿款，而分配这些财产的依据就是是否具有村民的资格，农村经济分配方式实现了从按劳分配到按身份分配的转变。

按身份分配的方式将原本就有不同看法的外嫁女身份问题摆上前台，并成为村民与外嫁女争论的焦点。虽然从农村户籍管理角度看，外嫁女作为村民的身份毋庸置疑，但由于村集体和村民力量的强大，他们会以村规民约规定外嫁女不能参加分配，或通过其他途径侵害外嫁女的合法权益，从而使简单的身份之争进一步复杂化。

(三) 村集体收益的激增导致外嫁女问题日益激化

近年来，随着工业化和农村城镇化的快速发展，土地供需矛盾日益尖锐，由土地带来的村集体收益大幅度增加：一是因城市市区扩张对土地资源的需求增加，对市郊农村土地征用量逐年增加，征地补偿款的数额也越来越大；二是城市经济的辐射对周边特别是市郊农业经济的拉动，带动了这些农村地区农业经济的增长；三是城市经济的活跃，也使各类农产品的需求越来越旺盛，市郊农村土地的边际回报或对这种回报的预期提高。②

在珠江三角洲（简称"珠三角"）等工业化进程较快的地区，大量农村和农业土地已经转变成为工业或商业用地，村集体可分配的收益相当可观，甚至很多村集体分红的收益远远超过个人劳动收入。而村集体分红一般是按人头分，村民数量越多，每人可分的利益越少。在利益的驱使下，原村民当然会想尽办法减少可分配的人数，与此同时，外嫁女也会奋力提出维护权益的要求。在这种"零和竞争"的博弈中，涉及的利益越大，所产生的矛盾将越激烈。

二、外嫁女问题的特点

(一) 复杂性

一方面，外嫁女问题涉及的矛盾主体多，矛盾关系广泛，形成背景相当复

---

① 参见张开泽《从制度视角看农村外嫁女权益纠纷》，《中山大学学报论丛》2007年第27卷第12期，第219页。

② 参见杨兢、徐锋《农民土地权益的性质及分配——以外嫁女土地权益保护为视角》，《农村经济》2006年第9期，第23页。

杂。一个外嫁女的问题，涉及的往往是整个村的利益，甚至由于村与村之间的比照关系，周边村的人也卷入其中。另外一方面，涉及外嫁女的法律关系复杂，特别是当妇女权益保护的法律与村民自治的法律相冲突时，村民自治所制定的村规民约虽然合法性有待商榷，但由于多数压倒少数的强权，外嫁女的权益很难得到保护。而且由于当前农村矛盾日益复杂，外嫁女问题牵涉其中，更是加大了调解的难度。在解决的过程中，往往存在实际困难，或有历史遗留问题，或缺乏法律、政策的依据，各种矛盾纠缠在一起，给调解工作造成重大困难。

（二）群体性

由于历史原因，外嫁女在全国各地农村广泛存在，而且每个村的外嫁女都不是只有一个两个，外嫁女及其子女是一个有一定数量基数的群体。与此同时，外嫁女问题的核心还是利益之争，一旦利益达到一定程度（例如珠三角等发达地区），就会有外嫁女开始关注自身权益的保护问题。由于外嫁女群体的利益和诉求大致相同，一个外嫁女的行动很容易引起其他外嫁女的共鸣，从而引起多宗甚至数十宗纠纷的产生，一旦处置不当就可能形成群体性事件。由于目前缺乏有效的申诉途径，外嫁女权益难以得到保护，在政府调解效率低、法院消极受理的情况下，上访成为当事人较为现实的选择，有很多人甚至越级到省和中央上访。

（三）长期性

外嫁女问题的日益激化，源于工业化和农村城镇化的快速发展所带来的利益争夺。从我国当前的国情来看，随着内陆省份经济的快速发展，类似的矛盾也将日益突出、尖锐。即使是在经济发达地区，通过各种形式解决了外嫁女问题，由于股份分红的长期存在，利益的争夺也不会停止，外嫁女问题也将会长期存在下去。

三、解决外嫁女问题的必要性

（一）解决外嫁女问题是依法治国的基本要求

"法律面前人人平等"是宪法的基本原则。《中华人民共和国妇女权益保障法》规定："妇女在农村土地承包经营、集体经济组织收益分配、土地征收或者征用补偿费使用以及宅基地使用等方面，享有与男子平等的权利"；"任何组织和个人不得以妇女未婚、结婚、离婚、丧偶等为由，侵害妇女在农村集体经济组织中的各项权益"。① 这些规定从法律上明确了外嫁女及其子女在农村集体经济中享有的权利。

为落实农村外嫁女权益保护工作，部分地区还制定了相应的实施办法。以广东省为例，就有规定："任何组织和个人不得以结婚、离婚、丧偶为由，阻挠、强迫农村妇女迁移户籍"；"村民代表会议或者村民大会决议、村规民约和股份制章程中涉及土地承包经营、集体经营组织收益分配、股权分配、土地征收或者征用补偿费使用，以及宅基地使用等方面的规定，应当坚持男女平等原则，不得以妇女未婚、结婚、离婚、丧偶等为由，侵害其合法权益"；"农村集体经济组织成员中的妇女，结婚后户口仍在原农村集体经济组织所在地，或者离婚、丧偶后户口仍在男方家所在地，并履行集体经济组织章程义务的，在土地承包经营、集体经济组织收益分配、股权分配、土地征收或者征用补偿费使用以及宅基地使用等方面，享有与本农村集体经济组织其他成员平等的权益。因结婚男方到女方住所落户的，男方和子女享有与所在地农村集体经济组织成员平等的权益"。②

目前，农村中重男轻女的封建思想，以及拒绝承认农村外嫁女有村股份社成员资格、不予配股分红，把这些内容写进村规民约的做法，与国家法律法规相抵触，这一情况如不及时纠正，是对外嫁女权益的侵犯，也是对国家法律法规的蔑视。

（二）解决外嫁女问题是实现男女平等的基本要求

男女平等是我国的基本国策，是衡量社会文明进步的重要尺度，也是巩固党的执政基础、全面落实科学发展观、促进经济社会和人的全面发展的必然要求。虽然经过多年的努力，我国妇女的地位有了很大的提高，但由于历史原因，男女两性在实际生活中的地位还存在着一定的差别，男尊女卑的封建思想在我国落后地区，特别是广大农村地区还有一定的影响。从目前的实际情况来看，从法律上男女的平等过渡到实际生活中的两性完全平等，仍然是我国在相当长一段时间内的历史任务。要实现男女平等，必须特别注意保护妇女的合法权益。外嫁女问题是农村妇女合法权益受到侵害的典型表现，同时，权益的被侵害对外嫁女的生产和生活产生了直接的影响，必须予以解决。

---

① 详见《中华人民共和国妇女权益保障法》第三十二条和第三十三条的规定。
② 详见《广东省实施〈中华人民共和国妇女权益保障法〉办法》第二十二条至第二十四条的规定。

（三）解决外嫁女问题是建设和谐社会的基本要求

由于在合法权益受到侵害后，缺乏有效的解决途径，外嫁女普遍感到不满，并由此而产生了较为强烈的对立情绪，这种情绪逐步成为影响社会和谐稳定的一个重大问题。随着农村经济发展水平的不断提高，农村股份分配水平也逐年提高，外嫁女串联行动、越级上访的事件时有发生，呈现越来越激烈的趋势，对经济社会的发展造成了严重的影响。因此，对地方政府而言，在外嫁女问题还不是特别突出的时候，越早解决则越易解决，解决的成本也越小。

第二节 解决外嫁女问题的理论探索

一、外嫁女权益受侵害的具体表现

外嫁女权益受到侵害主要表现在土地承包权、征地补偿款分配权、股份分红权、宅基地分配权、村集体福利等五个方面。这些权益受到侵害的根源在于各种不合法、不合理的村规民约。

（一）土地承包权

土地是外嫁女问题的核心所在，其他所有经济权益上的纠纷都来源于土地，外嫁女的土地承包权被剥夺可以分为多种情况：

（1）妇女出嫁后被强行收回所承包土地。"嫁出去的女儿泼出去的水"，这种传统观念对村规民约之规定产生了很大的影响。有的村规定外嫁女必须迁出户口，如果户口不迁出，其土地承包权要收回。例如，云南武定县妇女刘某婚后一直住娘家，其户口被强制迁走，甚至迁往何处也没人知道，儿子都九岁了还是"黑人黑户"，母子俩都没有责任田。[①]

（2）农嫁非妇女不能享受村民待遇。一些村规民约规定，本村妇女嫁到城镇的，不能再享受本地村民的同等待遇，无权分配到土地；甚至有地方规定农嫁非的户口必须迁走，对方无条件落户的，则户口要被注销或落"空户"。例如，湖南湘潭县石潭镇妇女陈某，嫁到城里后，虽然其与其子的户口均未迁

---

① 参见郭建梅、李莹《关于妇女土地权益保护公益诉讼的探索与实践》，2006年《乡镇论坛》杂志社建设社会主义新农村论坛会议论文第三部分，2006年，第341、342页。

出,但村里调整责任田时强行将母子俩的责任田划给他人。①

(3) 男方到女方家落户而失去土地。男方到女方家落户,俗称"入赘",在中国的很多农村对此是有偏见和歧视的。有一些村规民约规定,妇女要招上门女婿,必须经村、组同意,否则,不仅男方和孩子不能享受村民待遇,女方的责任田也要被收回;也有一些村规民约规定,只有女儿或多女户,允许一个女儿招婿落户,其余女儿招婿不予落户或落空户。②

(二) 征地补偿款分配权

随着工业化和城镇化的推进,在全国各地特别是经济发达地区,大量农村土地被征用,其中城乡接合的地区又是土地征用的重点区域。在获得征地补偿款后,不同村的做法各不相同。有部分村将补偿金主要用于发展壮大集体经济,少量分发给村民;有的村则把补偿金全部分发给村民。但不管是哪种形式,在分发过程中很多村都会出现歧视外嫁女的情况,不发或少发土地征用补偿金。很多地方的村规民约都规定,外嫁女无权参与征地补偿款的分配。由于补偿款一般数额巨大,且为一次性分发,因而很容易成为外嫁女权益纠纷的焦点。

(三) 集体收益分配权

集体收益分配权主要表现为股份分红权,这也是外嫁女权益纠纷表现最突出的问题。股份分红权是农村实施集体土地股份合作制以后农民享有的一种特殊的权益,村民以承包地入股,并依股份大小每年取得分红。近年来,珠三角逐步推行了农村土地股份合作制,即用集体土地股份合作制来替代原来的农户分户承包制,村集体作为土地所有权的代表人获得土地经营权,将农民的土地承包权变成可以永久享有的股份分红权,通过统一经营提升经济效益,从而增加可分配的收益。但不管总收益是多少,多一个人分则每个人就少分一些,因而很多农村通过表决股份分红方案的形式,剥夺或者限制外嫁女的股份,侵害外嫁女的合法权益。

(四) 宅基地分配权

由于近年来房地产市场的发展,房价不断飞涨,宅基地在城乡接合部经济

---

① 参见郭建梅、李莹《关于妇女土地权益保护公益诉讼的探索与实践》,2006 年《乡镇论坛》杂志社建设社会主义新农村论坛会议论文第三部分,2006 年,第 341、342 页。
② 参见郭建梅、李莹《关于妇女土地权益保护公益诉讼的探索与实践》,2006 年《乡镇论坛》杂志社建设社会主义新农村论坛会议论文第三部分,2006 年,第 341、342 页。

价值比较高，是农民的一项重要的福利，很多地区外嫁女不能享受宅基地的分配权。例如，因建设新白云机场而外迁的花都区花东镇凤凰村规定，外嫁女不能分配宅基地，只能购买村里的集资公寓。①

（五）村集体福利

子女入托与入学、养老保险、农村集体合作医疗也是一些富裕地区农村的重要福利，很多地区外嫁女在这些方面的福利也被限制了。例如，番禺区南村镇南村村规定，外嫁女出嫁半年后，取消一切村民福利，这样的规定在广州具有相当的普遍性。②

二、解决外嫁女问题的主要障碍

（一）传统观念的障碍

几千年来，中国家庭一直沿袭着夫权制度，家庭以父系纵向传承，男尊女卑、"嫁出去的女儿泼出去的水"等传统观念在农村的影响超乎想象，这种影响使得各种侵害外嫁女权益的村规民约能够得到村民的认可。与此同时，即使是外嫁女本身也受这种思想的禁锢，在自身合法权益受到侵害时，不敢勇于站出来争取，而是选择默默承受。不管是村民还是外嫁女，法律意识都很淡薄，不能正确区分哪些行为是合法的、哪些行为是非法的，侵权的人说不出真正的道理，但是权利受到侵害的人却只能忍气吞声。

（二）政策法规方面的冲突

（1）立法、司法解释的滞后。目前，外嫁女问题所涉及的一些关键问题，无论是立法还是司法解释都未给出明确的指引。例如，农村集体经济组织作为一个主体，其法律性质是怎么样的；到底是谁拥有集体土地所有权，其法律地位又如何；行政权如何对村民自治权进行管理、监督，如何对村规民约进行审查，谁是审查的主体；等等。

（2）上下级法规之间的冲突。《广东省实施〈中华人民共和国妇女权益保

---

① 参见广东省广州市中级人民法院课题组《农村外嫁女纠纷若干问题研究——从法院审判的视角解读农村外嫁女权益纠纷》，见《全国法院第十五届学术讨论会论文集》第五章"亲属、继承篇"，2003年，第470页。

② 参见广东省广州市中级人民法院课题组《农村外嫁女纠纷若干问题研究——从法院审判的视角解读农村外嫁女权益纠纷》，见《全国法院第十五届学术讨论会论文集》第五章"亲属、继承篇"，2003年，第470页。

障法〉规定》对外嫁女享受权益进行了限制。其中，第十二条规定："结婚后户口和居住地仍在原村的农村妇女及其按计划生育的子女，其居住、户籍、生产劳动和计划生育等权利受法律保护。在责任田和宅基地划分、股权分配等方面与当地其他村民享有同等权利。"① 具体的规定，超越了《中华人民共和国妇女权益保障法》的范畴，直接导致居住地不在原村的妇女失去了本应享有的合法权益。

（3）同级法规之间的冲突。《广东省实施〈中华人民共和国妇女权益保障法〉规定》与《广州市妇女权益保障若干规定》均经由广东省人大常委会审议通过。② 后者规定："农村妇女与非农业人口结婚，其户口未能迁到男方落户，仍在本村生活、劳动的，当地有关单位不得收回责任田、口粮田、宅基地，不得取消其股份、福利分配等权益。其子女与当地村民的子女享有同等的权利。"两者分别确立了"户口+居住地"以及"与非农业人口结婚+仍在本村生活、劳动"两种不同的保护原则，出入甚大。

（4）公共政策与法规之间的冲突。例如，南海区政府1998年133号文第三条规定："外嫁女本人及其子女的户口虽然仍在原村，但居住地不在原村，又没有承担村民义务的，其股权和福利待遇由股东代表大会确定""农村的农业户口妇女与外村、外地农业户口人员结婚，自结婚登记之日起一年内迁移户口的，可继续享受当年所在村的福利待遇，从第二年开始由外嫁女丈夫的所在村依照法律法规规定给予本村村民同等待遇"；第十一条规定："各经济社与外嫁女签订了协议，采取一次性经济补偿解决股份、福利待遇问题的，仍按原协议规定执行"。③ 这几条规定直接导致1998年以前有分田耕田、承担义务的外嫁女仍有股份股红分，此后的股份股红却被村规民约取消了。政府的公共政策直接"授权"村规民约侵害外嫁女权益，也导致更多的外嫁女不断上访。

（三）行政管理上的不到位

《中华人民共和国村民委员会组织法》颁布后，农村过分强调"村民自己的事情自己管理"，在实际操作中片面理解该法规定的法定人数村民代表表决的有效性，只强调"村民自治"，忽略了"依法"的限制。由于目前法律对村规民约监督、管理机制未做出明确规定，导致了大量违法的村规民约披着看似

---

① 参见《广东省实施〈中华人民共和国妇女权益保障法〉办法》第十二条。
② 参见《广州市妇女权益保障若干规定》。该规定由广州市人大常委会制定，并经广东省人大常委会批准［详见《关于公布施行〈广州市妇女权益保障若干规定〉的通知》（穗常发［1996］8号）］。
③ 详见南海区人民政府《关于保障我市农村"外嫁女"合法权益问题的通知》（南府［1998］133号）。

合法的外衣，赤裸裸地侵害外嫁女的权益。而镇、村的干部对这类问题不够重视，有的甚至出于自身利益考虑，不想也不敢严肃处理，任其久拖不决，致使部分村规民约的制定失去规范管理，从而助长了村集体、村民侵犯外嫁女合法权益的风气，严重损害了党委、政府和基层组织的形象。

（四）外嫁女维权意识和能力的缺乏

总体而言，外嫁女属于弱势群体，她们普遍文化程度较低，经济收入不高。有关珠三角地区的一份调查显示，小学和初中文化程度的外嫁女分别占31.6%和42.0%，合占总数的73.5%，受高中以上教育仅占4.9%；49.3%的外嫁女失业，18.7%的务农；80%多的外嫁女婚后被取消股份分红和福利。受文化水平和收入的限制，外嫁女在权益受到侵害时，维权的渠道有限，有一半左右的人会向当地政府求助。正因如此，外嫁女很难依靠自身的力量进行维权。在以上被调查人群中，有90%的外嫁女至今仍没有解决问题，陷于行政或法律程序的困境中。①

（五）救济途径的缺乏

从理论上讲，外嫁女在合法权益受到侵害后，可以通过行政手段和司法手段两种救济途径进行维权，但事实上这两种途径都很难行得通，使得外嫁女权益被消极承认②。

（1）行政救济途径效果不佳。由于法律未对村规民约的监管有明确的规定，实践中政府各部门也因此相互推诿：直接对村委进行管理的乡镇一级政府认为应该由民政部门进行监管，民政部门则认为应该是由农办出具指导性意见，各级政府和部门对外嫁女问题大多是能避则避，实在避不了则只能扮演"消防员救火"的角色。这一现象的根源在于，如果直接介入外嫁女权益纠纷，行政部门很容易触及《宪法》赋予农村集体的"村民自治"的红线，在缺乏明确法律依据的情况下，政府部门肯定不愿因此而引发村集体和村民的抵触情绪。

（2）司法救济途径被阻。外嫁女问题涉及一系列复杂的宪法和法律问题，如村规民约合法性的审查、行政力量和司法对村民自治的监督、外嫁女在农村

---

① 本段的数据均来源于中山大学妇女与性别研究中心法援部于2006年5月撰写的《广东农村外嫁女问卷调查报告》，调查样本总量是423份（有个别分项问卷人数多于423份），调查区域包括广州市海珠区、番禺区、白云区，佛山市顺德区、南海区、禅城区，中山市东区的八村、十三村和横栏镇。

② 消极承认指法律肯定其合法性，有提供相对于权利而言比较薄弱的保护。（参见熊潜龙《权利，抑或法益？——一般人格权本质的再讨论》，《比较法研究》2005年第2期，第55页。）

集体经济上拥有权益的属性等等。有一段时间，部分地区的部分关于外嫁女权益纠纷案件被法院受理，但随着时间的推移，法院在司法事件的过程中，对外嫁女权益纠纷的案件又回到了基本不予受理的状况。① 因此，虽然有部分外嫁女通过司法途径取得了合法权益，但这仅仅是其中的少数，不具有大面积的推广意义。

三、解决外嫁女问题的主要途径

（一）从立法的角度对相关问题进行规范

（1）对村规民约进行规范性的立法。通过全国或地方性的立法，明确村规民约的审查部门，可以考虑建立地方人民代表大会备案审查制度。可由人大牵头，信访、民政、农业、妇联等部门组成执法检查专责小组，对村规民约、股份制章程、村集体经济组织收益分配制度等进行一次全面清理。清理完成后，制度如有变更，必须报人大备案，如发生对制度有争议的情况，由人大进行审核裁定。

（2）对法院的受理设置前置程序。具体可参照《中华人民共和国劳动法》的设计，分为四个阶段：外嫁女申诉—镇级政府做出行政裁决—申请行政复议—提请行政诉讼，其中当事双方对镇级政府行政裁决不服的可以申请行政复议或直接提请行政诉讼。通过程序的设计，将外嫁女权益受到侵害的案件由民事案件转化为行政案件进行处理，有效解决了诉讼受理的问题。

（3）引入集体诉讼方式。这种模式类似于美国集团诉讼，与我国的诉讼代表人制度也有异曲同工之妙。一个村内的外嫁女可以联手形成诉讼集体，对相关侵权行为提起共同诉讼。在单个受害者与村组织的力量严重失衡的情况下，这种诉讼模式可以平衡双方应诉能力，同时也可以节约司法资源，一举多得。

（二）行政权力的主动介入

（1）采取运动式的方式集中解决。由于外嫁女问题具有普遍性，而且解决宜早不宜迟，适合基层政府采取运动式的形式和统一的政策，抽调专人集中解决类似问题。本文研究的主要对象三水区便是采取这样一种全新的模式。该区出台了《中共佛山市三水区委、佛山市三水区人民政府关于落实农村出嫁

---

① 参见张开泽《农村外嫁女权益纠纷及其成因分析——以广东部分地区为例》，《中华女子学院山东分院学报》2009 年第 5 期，第 27 页。

女及其子女合法权益的意见》，提出要用大约1年的时间集中解决外嫁女问题。

（2）积极利用行政调解手段。行政调解是行政机关解决民事经济纠纷和部分行政争议的重要手段，它赋予了当事人自愿、平等协商解决矛盾的权力，具有被动性和无强制性特征。行政调解可以联合司法、民政、信访、农办等多部门的力量，运用政府的行政影响力对村集体施加压力，及时化解矛盾纠纷和防范群体性事件的发生。在利益争夺不大的情况下，行政调解可以起到一定作用，但容易反复，往往会由于利益的增加而发生变化。

（3）积极利用行政裁决的手段。行政裁决是行政机关对法定民事争议进行裁决的行政行为，其裁决是具有法律约束力的。行政裁决具有法定性、相对强制性和被动性的特点，地方政府可以通过发布规范性文件来对行政裁决的效力予以支持。如《中共佛山市三水区委、佛山市三水区人民政府关于落实农村出嫁女及其子女合法权益的意见》，就对行政裁决的各项要素进行了明确的规定。

（三）引入市场经济的手段

目前，经济发达地区正在深入推动农村股份合作制改革，这项改革为解决外嫁女权益纠纷提供了一个历史性机遇，是一条创新之路。所谓农村股份合作制改革，就是在清产核资的基础上，对集体资产进行量化，并转化为一定量的股份，主要根据户籍、年龄、贡献等条件进行配股，取消了男女差别，真正实现男女平等。同时，通过股权固化，使股东永远享有股权，不因生产、生活的变化而变化，保障了男女平等的长期性。从实践的情况来看，只要是进行了农村股份合作制改革并且改革较完善的地区，外嫁女权益纠纷就少；没有进行农村股份合作制改革或改革不完善的地区，外嫁女权益纠纷就多。以广州市中级人民法院的调查为例，进行了农村股份固化的天河区与白云区城中村、深圳市龙岗区都基本上不存在外嫁女权益纠纷问题，没有搞股份固化的番禺区、花都区、增城市、白云区中未改制的村都存在外嫁女权益纠纷问题。[①] 由此可见，因为与农村现状有着较强的适应性，农村股份合作制对外嫁女权益保障有着重要且积极的意义，是现实情况下一个重要的解决思路。

事实上，不管是立法的角度、行政的角度，还是市场的角度，各种解决思路都不是孤立的。由于行政途径能快捷、高效和全面地解决外嫁女问题，越来

---

① 参见广东省广州市中级人民法院课题组《农村外嫁女纠纷若干问题研究——从法院审判的视角解读农村外嫁女权益纠纷》，《全国法院第十五届学术讨论会论文集》第五章"亲属、继承篇"，2005年，第476页。

越多地成为地方政府解决外嫁女问题首选方式时,立法的规范、股份合作制的思路便顺理成章地纳入行政解决途径中。实践也证明,多种思路的融合有利于外嫁女问题更好地解决,这也是本文探讨的主要方向。

第三节 解决外嫁女问题的实践探析

一、以司法手段为主的解决思路——珠海香洲区、广州番禺区的做法

2002年8月,珠海市香洲区××村一名农村外嫁女及其子女权益纠纷案获得胜诉并得到执行,开创了广东省运用司法手段解决农村外嫁女及其子女权益纠纷的先河,成为其他地区解决农村出嫁权益纠纷的范本。据统计资料显示,截至2008年6月,珠海市香洲区法院和番禺区法院受理涉"外嫁女"利益纠纷案件分别为64宗和152宗。

案例1:外嫁女状告村委会

1994年9月,珠海市香洲区××村制定《××村股份合作制章程》,以此为据于当年年底完成了××村世居农业人口的股份分配。该章程规定:"确定股权后,凡已出嫁和死亡及已办理到我国港澳台地区定居人员,只享受当年股份分红,股权作废。"该村从此停发外嫁女股份证书及红利。2001年10月,该村25名外嫁女分别向香洲区人民法院起诉,要求该村民委员会付清1997年至2000年的股份分红款,并要求确认其享有2001年后的股权。2002年8月香洲区法院对其中一名外嫁女梁某的股权分红案进行了开庭审理判决:该村委会应付清1999年度及2000年度的股份分红2400元给梁某;1999年之前梁某要求的分红因超过法律规定的两年诉讼时效,不受保护;该村应重新依法制定股份合作制章程。

该案判决后,对于该村其他有相同诉讼理由和诉讼请求的20多名外嫁女的股份分红纠纷案件,香洲区法院根据上述法律原则对双方进行法庭调解。该村委会依据上诉判例,遵照法律,对其余有相同情况的外嫁女付清了股份分红款,接受分配后的22名外嫁女即撤销起诉。其后,该村重新依法制定集体经济组织章程,该村外嫁女的合法权益得到彻底落实。

案例2:外嫁女向法院提起行政诉讼

广州市花都区花东镇××村村民张某嫁给外地人,但其本人及子女的户籍

一直保留在××村未迁出。1998年××村村委会在分配征地补偿费和新宅基地时，以张某是外嫁女为由，根据村规民约不分配给张某新宅基地和征地补偿费。张某认为其合法权益受侵犯，遂向花都区花东镇人民政府书面提出申诉。接到申诉后，花都区花东镇人民政府于2000年3月30日做出《关于张某等六人的集体分配问题的处理意见》，责令××村村委会给予张某等人集体分配和其他各项村民福利待遇。该处理意见下发给××村村委会后，××村村委会不予执行。张某因权益没有得到实现，遂于2000年5月18日向广州市花都区人民法院提起行政诉讼，要求责令花都区花东镇人民政府履行行政管理的职责，落实其合法权益。经广州市花都区人民法院一审和广州市中级人民法院二审后判决，花东镇政府不作为的事实根据不足，理由不充分，驳回上诉，维持原判。

虽然张某败诉，但广州市中级人民法院判决的同时责令××村村委会履行花都区花东镇人民政府做出的《关于张某等六人的集体分配问题的处理意见》，张某等人合法权益得到落实。

案例3：村委会向法院提起行政诉讼

杜某是广州市番禺区××二村村民，其女李某随母亲入户，并一直在该村居住。2002年11月22日，××二村表决《股份合作经济社股份分配章程》，规定确认时间前，已死亡、迁出、出嫁（含事实婚姻、已登记未迁出户口）的取消股权。村民委员会根据上述规定，不给予杜某母女股份分配权。2005年5月13日，杜某向所在街道办事处提起申请，要求恢复其合法权益。街道办事处经过调查，依法做出《行政处理决定书》，责令××二村村民委员会给予杜某母女与本村村民同等的股份分配及福利待遇的权利。××二村村民委员会不服，诉至法院。经一审和二审，法院判决《番禺区××街××二村股份合作经济社股份分配章程》不合法，应给予杜某母女与本村村民同等的股份分配及福利待遇。

其后，××二村村民委员会执行法院终审判决，杜某及其女儿李某的合法权益得到落实。

二、以股改为契机，推动外嫁女权益的落实——东莞市的做法

中共东莞市委、市政府以推进农村股改为契机，专门成立了农村股份合作制改革工作领导小组，由市长任组长，从相关部门抽调干部组成领导小组办公室，指导各镇（街）、村开展改制工作，以落实外嫁女及其子女股份分红权为重点，切实维护农村外嫁女及其子女的合法权益。截至2008年3月，东莞市

符合配股条件的外嫁女共有 18918 人,其中已配股的外嫁女有 18728 人,外嫁女配股比例达 99%;符合配股条件的外嫁女的子女有 16368 人,已配股外嫁女的子女有 15222 人,外嫁女的子女配股比例为 93%。

(一) 明确界定成员资格

东莞市政府专门出台了《东莞市农村股份合作经济组织股东资格界定若干规定》(东府〔2004〕158 号)等文件,明确规定"凡户口未迁出本村的外嫁女及其符合计划生育政策所生的农村子女、农业户口纯女户且婚后户口迁入本村的男方都依法拥有配股权"。把股东资格界定文件由"意见"性文件提升为"规定"性文件,增强界定股东资格的制约性,为解决农村外嫁女及其子女股权的权益问题创造了先决条件。

(二) 规范股份章程

不合法的股份章程是农村改革中外嫁女及其子女合法权益受侵害的主要原因,为此东莞市制定了统一的示范章程样本,对镇(街)、村、组三级拟订的股份章程层层把关、备案,凡存在侵害外嫁女及其子女合法权益条款的股份章程,不予核准。在工作指导中,严禁村、组撇开法律、法规,对外嫁女及其子女配股问题进行"自治"表决,以多数人表决通过来剥夺少数人的合法权益;对超越自治范围组织群众表决的,谁组织表决谁负责任。

(三) 推动股权固化改革

为杜绝农村股权利益争议的矛盾,东莞市推行了股权固化改革,实行"生不增、死不减、进不增、出不减"的股权制度,股权实行永久固化,村民每年凭股权证书领取分红,今后凡新迁入或新出生的人口必须通过继承或购买才能获得股权。与此同时,还进一步理顺了农村集体经济组织更名、产权变更、信贷融资、税收优惠、股东与非股东村民社会福利负担,以及股份合作制经济组织与当地党组织、村自治组织的协作配合等问题;重新修订了《东莞市农村(社区)集体资产管理实施办法》,不断加大改制后农村集体经济组织的督导力度,确保农村外嫁女及其子女与其他村民享有同股同权。

三、结合农村"两确权"工作,推动外嫁女工作的落实——佛山市南海区的做法

南海区外嫁女权益问题,始于 20 世纪 80 年代后期,1993 年黄岐镇××村村委会集体出资 1000 多万元,按照 2.2 万元/人的标准补偿给当地的外嫁

女,条件是以后不得再提出配股要求。大部分外嫁女接受了这个协议,但仍有5户11名外嫁女不愿意领取补偿,坚持要求获得股权分配。随后,南海区采取民间调解和司法手段处理不断涌现的农村外嫁女问题,但工作效果不佳,外嫁女越级上访、群访事件不断发生。从2007年底开始,南海区吸取东莞、广州、珠海的成功经验,在充分调研和试点实践的基础上,结合农村"两确权"工作,实行行政手段为主、司法手段为辅的方式,全面推进落实农村外嫁女及其子女合法权益工作[①],取得了明显的成效。截至2008年底,南海区共有135个行政村完成该项工作,共落实17485名外嫁女及其子女的合法权益,分别占全区村委会数的60%和总人数的89%。

(一) 严格按照流程开展"两确权"工作

在全区范围内全面组织开展"两确权"工作(即农村集体资产产权确认和农村集体经济组织成员身份确认),要求至2009年底前全面对农村集体资产进行确认登记,依法界定农村集体经济组织成员身份,全面检查和清理农村股份章程,按照男女平等的原则,依法对符合农村集体经济组织成员资格条件的农村外嫁女及其子女配置相应股权。按照《广东省农村集体经济组织管理规定》(粤府会第109号),向农村集体经济组织颁发组织机构代码证。(详细工作流程见图1-1)

(二) 确立行政处理为主、行政诉讼为辅的原则

中共佛山市南海区委、区政府根据实际情况,并与各级法院法制部门充分沟通,提出了妥善调处外嫁女权益纠纷的"三步走"意见,即"要求镇政府干预—向区政府申请行政复议—向法院提起行政诉讼"的司法解决思路。在外嫁女纠纷进入司法救济途径之后,南海区人民法院一是通过审理外嫁女权益行政诉讼案件,对政府做出的行政处理决定的合法性进行审查,对合法的行政处理决定及时做出维持判决;二是受理、审查和执行由政府或外嫁女提出申请的行政非诉执行案件,使生效的行政处理决定得到及时有效执行。这一思路既可解决外嫁女权益维护的司法救济途径问题,又可解决外嫁女权益保护的溯及力问题。

---

① 以2008年7月出台的《中共佛山市南海区委员会 佛山市南海区人民政府关于推进农村"两确权",落实农村"外嫁女"及其子女合法权益的意见》(南发〔2008〕11号)为标志。

（三）在固化股权的基础上，允许合理流动

实行"固化股权，出资购股，定期调整，合理流动"的股份制模式，使农村股份合作经济组织逐渐发展成为与市场经济接轨的有限公司。对于实行"生不增、死不减"股份制模式的村组，如果没有出现股权权益争议，可以按照《中华人民共和国继承法》的规定，由法定继承人继承股权。如果股权固化时间过长，从而导致股权争议的，可以实行"生增死减，股权赎回"的模式进行调整；对死亡或自愿放弃股权的成员，由集体经济组织赎回股权或进行内部流动处理，最终实现股权固化。

```
①成立工作领导机构：××村落实农村外嫁女及其子女股权领导小组，××村农村外嫁女及其子女农村集体经济组织成员资格审查委员会，××村农村股份经济组织章程审查和修改委员会
```
↓
```
②宣传发动：分别召开村"两委"班子会议、各村小组组委成员会议向党员和村民代表、农村外嫁女代表传达贯彻区、镇落实农村外嫁女及其子女合法权益有关会议和文件精神，发放法律法规宣传资料到各家各户
```
↓
```
③摸清本村农村外嫁女及其子女的基本情况：让每个外嫁女填写"家庭情况登记表"，审核能证实其身份的原件资料后复印归档，做到一个外嫁女一份档案；如有必要，进一步到派出所或档案局核查其身份资料
```
↓
```
④修正股份制章程：搜集其他村股份经济组织章程，审查并对照国家有关法律法规和区、镇落实农村外嫁女及其子女合法权益文件，看本村股份制章程是否有违反。如有违反，对违反的条款做出修正。修正后的章程报镇农村股份合作制章程审核机关批准后进行公示。如修正后的章程只改动违反法律法则和文件的条款，不涉及民主自治范畴，不须成员大会表决就可生效；如修改涉及民主自治范畴的条款，只需表决改动后涉及民主自治范畴的条款
```
↓
```
⑤甄别农村外嫁女及其子女的成员资格：农村外嫁女及其子女农村集体经济组织成员资格审查委员会根据区、镇落实农村外嫁女及其子女合法权益文件关于外嫁女及其子女的符合农村集体经济组织成员资格的必需条件，把调查清楚的农村外嫁女及其子女的基本情况对号入座，一一由社、村、镇多级进行审核，甄别农村外嫁女及其子女是否符合成员资格
```
↓

⑥农村外嫁女及其子女的成员资格公示：把经甄别符合成员资格的农村外嫁女及其子女名单进行第一榜公示，接受村民监督；对有异议的村民进行信访登记，异议期后根据异议对一榜名单视情况做出修正，若有修正则进行二榜公示；如是推之。同期，对由此引发的村民信访事项进行解释或处理

⑦对农村外嫁女及其子女进行配股：根据修正后的章程对符合成员资格的农村外嫁女及其子女按男女平等的原则进行配股，公示配股数和配股条件、开始享受股份分红的时间，公示期满后，对满足配股条件的农村外嫁女及其子女发放股权证，完善股权登记名册

⑧进行"两确权"及工作总结和相关资料归档

图1-1　××村落实农村外嫁女及其子女合法权益工作流程

（资料来源：南海区政府提供的相关文件资料。）

第二章　佛山市三水区解决外嫁女问题的实践

第一节　外嫁女工作[①]全面启动前的情况

一、农村外嫁女及其子女类型和数量

三水区集中解决农村外嫁女问题的工作开始于2008年底。据当时的统计数据显示，全区户口留在本村的农村外嫁女及其子女人数7482人，其中，农村外嫁女有4488人、外嫁女的子女有2994人。全区未落实权益的外嫁女及其子女共6317人，其中外嫁女3785人、外嫁女的子女2532人，未落实权益的外嫁女及其子女占总数的84.4%。

---

① 全称应为"解决农村外嫁女及其子女权益问题工作"，下同。

二、农村外嫁女及其子女的分布（见表 2-1）

表 2-1 三水区户口在本村的农村外嫁女及其子女情况统计   单位：人

镇（街）	外嫁女及其子女总数	其中							已落实权益人数	其中	
		外嫁女	其中			外嫁女子女	其中			外嫁女	外嫁女子女
			农嫁农的	农嫁非的	其他情况		计划内生育	计划外生育			
西南	2275	1467	753	698	16	808	773	35	820	432	388
云东海	517	302	72	230	—	215	210	5	1	1	—
白坭	571	385	246	72	67	186	186	—	82	62	20
乐平	1804	1002	356	572	74	802	794	8	81	78	3
芦苞	1211	755	484	260	11	456	439	17	104	97	7
大塘	631	364	—	1	363	267	266	1			
迳口①	473	213	70	51	92	260	224	36	77	33	44
合计	7482	4488	1981	1884	623	2994	2892	102	1165	703	462

（资料来源：中共佛山市三水区委农办的统计，统计时间截至 2008 年 12 月 22 日。）

三、农村外嫁女及其子女权益纠纷的特点

（一）外嫁女权益问题总体平稳

一方面，三水区农村集体经济相对薄弱，农村集体分配在近 10 年内才逐步出现，涉及数额也相对较小；对比南海区 2007 年农村居民人均股份分红 2124 元，三水区仅为 853 元，对村民的影响还比较小。另一方面，三水区绝大部分农村外嫁女默认农村股份社不配股分红的做法；多年以来，她们认同"嫁出的女泼出的水"的传统，许多外嫁女户口留在本村是因为嫁给大城市或国外或港澳台地区人员而无法迁出户口，对所在村集体不予收益分配的做法并无异议。

（二）外嫁女维权纠纷近年来逐步增加

随着农村集体经济的逐步发展和股份分红的不断提高，三水区农村外嫁女

---

① 2009 年 5 月，迳口华侨经济区更名为南山镇，同时原属大塘镇的六和村委会划入南山镇。

权益纠纷问题从 20 世纪 90 年代末期出现，至相关法律对外嫁女权益做出保障性规定后，尤其是从 2006 年开展深化农村股份合作制改革后，呈现数量增多、纠纷加剧的趋势。2006 年到 2008 年期间，全区有关外嫁女权益纠纷的信访有 126 批 251 人次。

（三）初步出现外嫁女越级上访事件

三水区进京上访的外嫁女，主要是由于所在村集体被征用土地或出卖矿产资源、分红突然加大引起的。2008 年初以来，芦苞镇独树岗村、大塘镇黎屋村与梅花村由于被征用土地和出卖河沙资源，所涉及的分配金额巨大，当地的外嫁女多次集体越级上访；同年 10 月 27 日，大塘镇梅花村外嫁女叶杏琼等 5 人先后到国家信访局、农业部、全国妇联及中纪委上访。

（四）部分自然村自觉落实外嫁女合法权益

目前，已有 20 多个自然村自觉落实农村外嫁女合法权益。其中，西南街道横涌村委会和董营村委会在全区很有示范带动作用，其辖区自然村基本对农村外嫁女配置股权。

四、处理农村外嫁女及其子女问题的主要措施

三水区外嫁女维权行为，一般采取首先到农村集体经济组织（农村股份社）提出诉求，未果后到村委会、镇、区及以上政府部门及法院提出权益诉求的做法。由于该类案件一直都没有明确的法律依据，且省法院已明确涉及外嫁女权益纠纷的民事案件均不予受理，加之信息传播渠道的限制，许多外嫁女放弃了诉讼解决这一渠道，转而采取集体上访、静坐等过激行为谋求获取村民平等待遇，造成一系列社会矛盾。在处理农村外嫁女及其子女权益问题时，主要以民间调解为主。一方面掌握动态，跟踪管理，防范为主；另一方面督促要求所在农村股份社落实外嫁女及其子女合法权益。但通过多年实践，处理效果并不明显。

第二节 外嫁女工作政策制定的情况

三水区外嫁女工作启动后，出台了一系列的规范性文件对工作做出明确指引。

一、政策的总体目标和阶段性目标

文件提出,全区统一政策、统一领导、统一部署、统一行动,区、镇、村和各职能部门整体联动,教育、诉讼、奖励、惩处等方法多管齐下,结合完善农村股份合作制改革,用1年左右的时间,依法全面落实农村外嫁女及其子女合法权益。其中,从2009年4月至11月,主要采用依法教育调解的办法使全区90%以上村的相关问题得到基本解决;之后,再用4个月的时间,主要采取行政诉讼等办法使其他村的问题得以解决,同时做好2009年外嫁女及其子女的兑现分红和其他分配,到2010年3月底使这一问题基本得以解决。

二、外嫁女及其子女身份的界定

(一)外嫁女身份的界定

文件规定:"符合农村集体经济组织成员资格的外嫁女必须同时具备以下条件:

(1)结婚前原属人民公社、生产大队、生产队社员的,或实行家庭联产承包责任制时起分有责任田的,或实行农村股份合作制时起曾享有股权的;

(2)户籍属农村集体经济组织所在地的农业户籍性质或由原农业户籍改革过来的农村居民;

(3)婚后户口一直保留在原农村集体经济组织所在地的;

(4)履行农村集体经济组织成员和村民义务。"[①]

(二)外嫁女子女身份的界定

文件规定:"符合农村集体经济组织成员资格的外嫁女子女必须同时具备以下条件:

(1)其母符合农村集体经济组织成员资格条件的;

(2)本人是符合计划生育政策所生育或被合法收养的;

(3)出生随母入户或收养时随母入户且户籍一直保留在本农村集体经济组织所在地的。"[②]

---

① 详见中共佛山市三水区委员会、佛山市三水区人民政府《关于落实农村外嫁女及其子女合法权益的意见》(三委发〔2009〕10号)。

② 详见中共佛山市三水区委员会、佛山市三水区人民政府《关于落实农村外嫁女及其子女合法权益的意见》(三委发〔2009〕10号)。

（三）例外情况

文件规定："农村外嫁女及其子女有以下情形之一的，不具备农村集体经济组织成员资格：

（1）本人是空挂户或挂靠户人员（是指因工作、投靠亲友、读书等原因将户口迁至农村集体经济组织所在地的非本村集体经济组织成员）；

（2）农村集体经济组织成员违反计划生育政策所生育的子女；

（3）未办理正式收养手续的子女。"①

三、工作推进的具体阶段

（一）调查摸底阶段

调查摸底阶段的主要工作包括：成立区委与各镇（街、经济区）的领导和工作机构；各镇（街、经济区）、村（居）委、农村股份合作社成立农村集体经济组织股份社章程合法性和成员资格审定委员会；广泛宣传发动，统一思想认识；全面摸底登记，做到一人一档。

（二）确权配股阶段

这一阶段的主要工作包括：对股份社章程内容的合法性进行审核，对违法条款采取只公示不表决的方式进行修订；甄别农村外嫁女及其子女成员资格；农村外嫁女及其子女成员资格公示；从身份确认日起按照"五同"（即同籍、同权、同龄、同股、同利）原则进行合理配股。

（三）强制执行阶段

这一阶段的主要工作是以行政监督和司法强制手段解决股权权益纠纷，镇（街）、村依法依规受理外嫁女的申诉，并予以调处解决，出具行政判决书；对依法做出已经发生法律效力的行政处理决定，村委会、村小组或农村集体经济组织拒不执行的，农村外嫁女及其子女可依法申请法院强制执行。此外，还要认真兑现符合农村集体经济组织成员资格的农村外嫁女及其子女股份分红和其他分配，做好跟踪落实工作。

---

① 详见中共佛山市三水区委员会、佛山市三水区人民政府《关于落实农村外嫁女及其子女合法权益的意见》（三委发〔2009〕10号）。

（四）总结验收阶段

区对各镇（街）的落实情况按照相关的程序进行检查验收。其初步验收条件包括：农村股份社章程已修订不合法条款并公示，对符合条件的农村外嫁女及其子女发放了股权证并有签收记录，工作过程中没有因干部工作失误造成重大越级上访及村民纠纷事件。

四、考核及奖惩制度

（一）建立工作绩效考核和奖励制度

建立了区、镇两级考核奖励制度。将落实农村外嫁女及其子女合法权益工作作为专项内容进行考核，镇（街）、村、组（社）领导成员的工作绩效考核与之挂钩，对成绩突出的予以适当奖励，对工作不力的酌情扣减相关责任人的财政补贴。在总结验收后，以区委、区政府的名义对全面落实农村外嫁女及其子女合法权益的镇（街）、区直单位给予表彰奖励。

（二）建立经济发展扶持制度

制定相应扶持和倾斜措施，对在解决农村外嫁女及其子女股权权益争议工作成绩突出的村、组（社），优先支持其发展集体经济、优先支持其基础设施建设、优先安排其招商引资项目等，以进一步调动其工作积极性和主动性。

（三）建立领导责任追究制度

明确"一把手"是外嫁女工作的第一责任人，各镇（街）的分管领导要具体抓落实，工作不力或工作失职造成重大影响的要追究责任。对带头不执行国家有关法律法规和政策规定落实农村外嫁女及其子女合法权益的村、组（社）主要负责人，要给予批评教育；仍不改正的，按照有关程序，及时建议罢免或调整；造成损失的，要依法承担赔偿责任；构成犯罪的，要依法追究其刑事责任。

五、股份合作的长效机制

逐步建立"固化股权，出资购股，定期调整，合理流动"的股权制度，切实解决因人口变动引发的股权利益矛盾。指导未实行固化股权的村、组，结合农村"两确权"工作，实行"固化股权，出资购股，定期调整，合理流动"的股份制模式，每隔一段时期进行股权调整，使农村股份合作经济组织朝着与市场经济接轨的有限公司的方向发展。

第三节　外嫁女工作具体执行的情况

一、组织机构的建设

（一）区级领导机构

以区委办名义发文成立了三水区解决农村外嫁女及其子女权益问题工作领导小组，由区委副书记担任组长，由兼任区委常委的区纪委书记、区公安分局局长，以及联系或分管该项工作的区人大常委会负责主任、副区长担任副组长。从区领导参与的情况来看，阵容还是很强大的，除区委、区人大、区政府的分管领导外，纪委、公安等部门的主要领导也参与进来，确保工作能强势推动。

领导小组成员单位包括区委办区府办、区委组织部、区委宣传部、区委农办等21个单位，基本包括了所有涉及外嫁女相关工作的区级职能部门，具体的单位及责任分工见表2-2。

表2-2　三水区解决农村外嫁女及其子女权益问题工作领导小组成员单位职责

区委办区府办	负责综合协调，后勤保障
区委组织部	负责把落实外嫁女及其子女合法权益工作纳入各镇（街）干部实绩考核指标进行考核
区委宣传部	负责做好法律和政策宣传以及典型事例的报道
区委农办	作为办公室牵头单位，负责组织协调和工作指导
区监察局、区检察院	负责工作督查和对人员违纪、渎职进行查处
区委维稳办	负责工作过程中的综治和维稳工作
区法院	负责外嫁女及其子女维权诉讼和法院执行工作
区司法局	负责落实外嫁女及其子女合法权益工作相关法律条文的解释和普法工作
区财政局	负责工作经费的落实
区农业局	负责做好农村"两确权"（即农村集体资产产权确认和农村集体经济组织成员身份确认），依法修订农村股份社章程和外嫁女及其子女合法权益的落实

续表 2-2

区人口和计划生育局、区民政局	负责审核外嫁女子女是否为符合计划生育政策所生育或被合法收养的
区公安分局	负责审核外嫁女及其子女的户籍情况，以及安全保障工作
区劳动和社会保障局	负责做好外嫁女及其子女的劳动就业和社会保障工作
区城市管理行政执法局	负责做好工作中的行政执法
区国土资源局分局	负责核实外嫁女所涉农田和宅基地的情况
区妇联	负责运用相关维护妇女儿童权益法律法规，做好落实权益工作
区档案局	负责做好资料的归档工作
区法制局	负责做好相关行政复议工作
区信访局	负责做好相关信访和群体性事件的化解工作

（资料来源：《区领导在领导小组第一次工作会议上的讲话》，2009年4月24日。）

（二）区级办事机构

区级解决农村外嫁女及其子女权益问题工作领导小组下设办公室（以下简称"外嫁女办"）。办公室设在区委农办，由区委区政府分管副秘书长兼任办公室主任，区委农办主任兼任办公室常务副主任，区司法局、区农业局、区妇联分管领导兼任办公室副主任。

区外嫁女办分别从区委宣传部、区委政法委、区法院、区司法局、区农业局、区妇联、区信访局、区法制局等单位各抽调1名人员，作为专职工作人员集中进行办公。除落实人员外，还向区财政申请了奖励经费、办公室日常运作经费、培训班费用、编印材料费及其他宣传费用等作为推进外嫁女工作的专项经费。

（三）镇级组织机构

按照区的统一部署，各镇（街）也相应成立工作领导小组，并从农业、社会事务、维稳、妇联等部门抽调人员组建了临时办公室。虽然区的文件要求各镇（街）外嫁女办专职办公人员不得少于4人，但实际上部分镇街在执行的过程中并未完全按照要求执行，这也对后续工作的开展产生了直接的影响。

此外，各镇（街）和村（居）委、农村股份合作社均按照区文件的精神，成立了《农村集体经济组织股份社章程》合法性和成员资格审定委员会，依法审查《农村集体经济组织股份社章程》，依法审查和监督农村集体经济组织界定农村外嫁女及其子女身份和确认成员资格，督促和保障农村外嫁女及其子女在农村集体经济组织中得到合理配股分红和其他分配。

二、舆论氛围的营造

（一）内部氛围的营造

对内的动员主要通过会议的形式进行。据统计，三水区共召开全区性的重要工作会议 6 次，分别是全区动员大会、培训工作会议，以及第一阶段、第二阶段的转段会和第三阶段的总结会，在以上工作基本结束后进入司法强制执行阶段，又召开了一次总结会议。担任领导小组组长的区委副书记则每一次重要会议都参加，并对前一阶段的工作进行总结，指出优点和不足，对工作不力的镇（街）进行通报。一般来说，区一级召开会议后，各镇（街）也会例行安排类似的会议。

（二）外部氛围的营造

区一级，统一编印了 8 万份通俗易懂的《落实农村出嫁女及其子女合法权益工作 18 问》宣传单张派发给全区农户，印发了《政策法律法规读本》1000 本，每晚在三水电视台播放公益广告，全区共张挂相关宣传横幅 200 多幅，编印《工作简报》60 多期，出动宣传车 70 台次。区司法局连续制作了三期《法制之窗》专题节目，邀请群众演员参演，详细解读外嫁女的范围、维权的手段和程序，以生动活泼的形式逼真地演绎外嫁女维权的实例。全区统一开展了向外嫁女及其子女派发股权证的活动，区委区政府主要领导向部分外嫁女代表派发股权证，引起了较大的社会反响。

镇一级，分别通过召开动员大会、悬挂横幅、张贴标语和播放电视标语等形式开展宣传。有的镇（街）还摘录了与落实农村外嫁女及其子女合法权益工作有关的法律法规条款和政策文件内容，提供给各村（居）委在宣传栏张贴；有的镇（街）将有关法律法规条款和有关政策印制成小册子，进村入户，派发到村民手中，使落实外嫁女及其子女合法权益工作家喻户晓。

通过外部氛围的营造，村民认识到不给外嫁女分红是违反国家法律法规的，原有的"嫁出去的女泼出去的水"等观念已经不合适，加深了村民对落实农村外嫁女及其子女合法权益工作的理解。同时，声势浩大的宣传也让外嫁女对自身的权益有了进一步的认识，并了解到维护自身权益的方法与途径，增强了其维权的信心和主动性。

三、工作进度的督办

(一) 区级建立挂钩联系督办制度

区外嫁女办成立了三个督导小组。其中，第一组由区委区政府副秘书长、区妇联副主席任正副组长，挂钩联系大塘镇、南山镇；第二组由区委农办主任、区农业局党组副书记任正副组长，挂钩联系西南街道、云东海街道、白坭镇；第三小组由区监察局副局长、区司法局副局长任正副组长，挂钩联系乐平镇、芦苞镇。外嫁女办的成员相应分配到各督导小组。

各督导小组的主要职责包括：指导、督促挂钩镇（街）按照区委统一部署，推进落实农村外嫁女及其子女合法权益工作；依照相关法律法规的要求，制定和完善我区一系列政策性文件和工作实施方案；协助镇（街）解决在落实农村外嫁女及其子女合法权益工作中遇到的问题；进行指导、督促、检查和协调；做好上下级沟通联系，总结先进经验，及时发现问题，向区外嫁女办汇报。

(二) 镇级实行干部包村责任制，层层负责，一抓到底

各镇（街）按照验收标准，建立了镇干部包村责任制，具体而言就是要做到五包：一是包村宣传发动、调查摸底；二是包指导村修改股份社章程；三是包村甄别外嫁女及其子女身份，发放股权证；四是包符合条件的外嫁女及其子女分红；五是包上访和社会稳定。通过包村责任制，把问题解决在基层，不至于因互相推诿引起新的上访。同时还规定，对于因工作不力引起越级上访的，要在验收时给予扣分。

四、基本工作的规范化指导

(一) 统一编印宣传资料

除前文提及的统一编印《落实农村出嫁女及其子女合法权益工作18问》和《政策法律法规读本》外，在《关于当前落实出嫁女及其子女合法权益工作有关事宜的通知》（三嫁领〔2009〕3号）文件中，还为各镇（街）统一提供了落实外嫁女及其子女合法权益宣传标语。

(二) 统一编制相关表格和文书

根据工作的需要，及时编制相关的表格和文书。在第一阶段，统一编制了

"农村出嫁女及其子女情况登记表""农村出嫁女情况汇总表""农村出嫁女子女情况汇总表"等表格。在第二阶段,统一编制了"股份合作社章程修正公告审批表""农村出嫁女及其子女成员资格审批表"等表格,编发了《股份合作社章程修正公告》《股份合作社符合成员资格的农村出嫁女及其子女名单公告》《股份合作社农村出嫁女及其子女配股公告》《股份合作社配股通知》等文书。

(三)及时针对相关问题进行规范性解释

区外嫁女办组织到各镇(街)进行调研,在听取基础意见的基础上,发文对一些问题进行规范。例如:《关于落实农村出嫁女及其子女合法权益工作有关问题的通知》(三嫁领〔2009〕4号),对镇(街)、村(居)委成立"两审委员会"在人数的要求及人员的构成,以及农村外嫁女工作有关公章的确定和使用范围进行了明确的规定。此外,《关于做好落实农村出嫁女及其子女合法权益工作资料收集与归档的意见》(三嫁领〔2010〕6号)还对归档工作做了详细的规定和指引。

五、应急处理机制

(一)及时对执行过程中出现的各种问题进行解释工作

在实际执行过程中,会碰到各种各样的疑问,例如散队村是否纳入本次落实工作范围、以前通过书面承诺不分红而入户的外嫁女子女是否受限制、外嫁女本人违反计划生育政策如何处理、外嫁女子女去外地读大学时将户口短期迁出毕业后迁回的是否丧失成员资格等等。这些问题上级政策法规和本次三水区委制定的意见均未明确。对此,以区外嫁女工作领导小组的名义发文进行解释,及时解决基层的疑问。

(二)及时对执行过程中一些不良的苗头予以制止

在执行过程中还会发现一些不良的苗头,一定要及时予以制止。如部分股份社提出要提前分红,一旦有个别村实行了突击分红而区又没有进行严肃处理,其他村很可能会效仿,造成更多突击分红问题,对整个工作将产生不利影响。对此,区外嫁女办专门印发了《关于未完成第二阶段工作任务的村股份合作社不得进行分红的通知》(三嫁领〔2009〕10号),对上述问题及时予以规范。

（三）及时答复各种渠道转来的群众咨询和投诉

外嫁女工作铺开后，由于各人情况不同，外嫁女会通过多种渠道反映问题或进行咨询，对于这些问题要及时予以处理。例如，有外嫁女通过投诉：其儿子是非婚所生，因为不符合计划生育条例，所以不具备农村集体经济组织成员资格，从而无法享受到分红，对此她表示非常不理解。对此，区外嫁女办及时进行了答复和解释：根据三委发〔2009〕10号文第三条第（二）项第3点的规定，农村外嫁女的子女属于违反计划生育政策所生育的，该子女不具备农村集体经济组织成员资格。

第四节　外嫁女工作效果的评估

一、调查摸底阶段（2009年4月至2009年7月）

调查摸底的登记工作是做好落实农村外嫁女及其子女合法权益工作的基础。在操作过程中，为尽量扩大调查面，只要是本人认为自己属于农村外嫁女的，都予以登记。为了确保摸底结果的全面性和可靠性，各镇（街）通过挂钩干部、村委干部和村民小组长将调查摸底表格发放至外嫁女及其子女手中，对于长期在外工作、生活的外嫁女及其子女则均对照人口花名册，通过打电话、寄挂号信、通知近亲属、张贴书面公告、播放电视公告等方式通知，确保尽量不遗漏。据统计，调查摸底阶段，全区共登记外嫁女及其子女8904人，其中外嫁女5360人、外嫁女子女3544人。

二、依法甄别合理配股阶段（2009年8月至2009年11月）

经过第二阶段的仔细甄别，确定纳入本次工作范围的外嫁女及其子女有8753人；通过第二阶段说服教育和调解，已经落实合法权益的达8543人，尚未落实合法权益的只有210人，完成率达到97.6%。在全区736个股份合作社（包括未股改的村、一社多队等）中，已经完成此项工作的有719个，没有完成的只有17个，完成率达到97.7%。全区7个镇（街）均通过了区外嫁女工作办公室的初步验收，完成了"到11月底，用7个多月的时间，主要采用依法教育调解的办法使全区90%以上的村得到基本解决"的既定目标。其中，西南街道、大塘镇、南山镇通过行政调控和说服教育方式全面完成了落实农村外嫁女及其子女合法权益工作，达到了100%修正章程、100%确权配股和100%落实分红的目标。

三、行政监督和司法执行阶段（2009年12月至2010年3月）

除西南街道、大塘镇、南山镇外，其他各镇（街）根据实际情况通过行政和司法手段进行了处理。云东海、白坭、乐平、芦苞镇政府（街道办事处）共对14个股份社发出了行政处理决定书，确定所涉及的187人应具有股份社成员资格。另有24个股份社（涉及83人，全部为外嫁女子女）在完成确权的情况下，不给予外嫁女子女分红。另有2个股份社（涉及35人）在完成确权的情况下，故意不进行股份分红，且对其他村民进行土地承包和实物（粮、油等）分配时不分给外嫁女及其子女。

对于政府发出行政处理决定书的14个股份社，由于都没有提请行政复议，因而外嫁女工作直接进入司法强制执行阶段，由司法部门负责落实外嫁女的权益。对于已确权但不进行分红的股份社，由镇政府（街道办事处）通知外嫁女可通过民事诉讼维护自身的合法权益，同时由镇（街）司法所对这部分人的民事诉讼给予指导。

四、效果评估小结

总体而言，三水区仅用了7个月就基本解决了97.7%的外嫁女权益保护的问题，效果相当不错。能取得这样的效果，主要取决于以下几个方面的因素：一是介入的时机好，问题已经出现，但矛盾相对温和；二是政策制定合理，基本参照南海模式，同时针对实际情况有一定的创新；三是政策执行有力，各级党委政府都非常重视，并将解决外嫁女问题作为重要工作来抓，每一个阶段都能及时进行总结，针对存在的问题进行督办，确保了工作的进展。

第三章 佛山市三水区解决外嫁女问题的启示

第一节 解决外嫁女问题政策模式的比较

一、司法介入的政策模式

司法介入是解决农村外嫁女及其子女权益纠纷的最终途径。所谓最终的意思，指对一些调处难度大、时间跨度长的案例，行政手段已经难以协调，或者经过行政手段协调无效的情况下，只能通过法律途径进行解决。一方面，市场经济是法治经济，和谐社会也必定是法治社会，随着社会的发展，法律的调整范围日益扩大，以法律手段解决一些社会问题已是大势所趋。另一方面，广州、珠海等地方法院受理农村外嫁女及其子女权益纠纷诉讼案件，无论是外嫁女状告村委会、外嫁女状告政府，还是村委会部分行政裁定状告政府，在任何一种情况下，外嫁女的合法权益都能得到很好的保护，为其他地区提供了有益的借鉴。

相比其他模式，司法介入的优势在于可采取一些强制措施：一是可以依法对所在村集体实行封账，冻结其银行资金，按外嫁女及其子女应享有股数、分配金额，强制从村集体银行账户划款至外嫁女及其子女银行账户名下；二是对顽固不化、带头阻挠或拒不执行发生法律效力的法院判决的村负责人，可以采取拘留等强制措施依法处理，构成犯罪的可以依法追究其刑事责任，对于村集体和村民有更强的威慑力。

司法介入的模式也有着明显的不足：一是被动型较强，法院需要有人提起诉讼才能介入，不能主动进行执法；二是只能解决个案，难以推广，不能全面解决外嫁女问题；三是成本高昂，无论是时间成本、经济成本，还是所消耗的公共资源都比较大，经济性较差。

二、以股份制改革为主导的政策模式

村规民约是绝大部分农村外嫁女及其子女合法权益受到侵害的源头，而股份章程则是村规民约最直观、最具体、最普遍的代表。目前，各地农村股份章程中普遍含有对农村外嫁女及其子女等歧视和不平等条款，侵害了他们的合法权益。如果政府能在股份章程制定、修正、表决上预先介入，依照国家法规，全面、彻底地清理不符合法规的股份章程和村规民约，则可以从源头上解决农村外嫁女及其子女合法权益的问题。

从东莞的实践来看，该市通过制定统一的示范章程样本，对镇（街）、村、组三级拟订的股份章程层层把关、备案，凡存在侵害外嫁女及其子女合法权益的条款的股份章程，不予核准；在工作指导中，严禁村、组撇开法规，对外嫁女及其子女配股问题进行"自治"表决，以多数人表决通过来剥夺少数人的合法权益，这样的做法的确收到了良好的效果。

同时，我们也需要看到以股份制改革为主导政策模式的局限性：一方面，很多地方已经完成了农村股份合作制改革，错失了这个良机，必须要采取新的政策手段进行重新的认定和确权；另一方面，对于一些拒不执行的村集体，缺乏足够的威慑力,行政权力不能完全解决问题,必须引入司法手段。

三、行政处理为主、行政诉讼为辅的政策模式

充分发挥政府积极作用,以行政处理为主、行政诉讼为辅的政策模式是佛山市南海区在吸收解决东莞、广州、珠海等地经验的基础上,通过大沥镇开展试点工作(其中,平地村开展以行政手段调处权益争议为主的试点,横江村开展以行政诉讼调处权益争议为主的试点)而建立起来的。该种模式提出了妥善调处外嫁女权益纠纷的"三步走"意见,即"要求镇政府干预—向区政府申请行政复议—向法院提起行政诉讼"的司法解决思路。南海区的实践也证明了该种模式的确能有效解决外嫁女问题,因而三水区在政策的制定方面基本上沿袭了南海模式。

行政处理为主、行政诉讼为辅的政策模式兼具上述两种模式的优势。一方面,在农村股份合作制改革的基础上,开展农村集体资产产权确认和农村集体经济组织成员身份确认,在确认过程中运用行政权力对外嫁女问题进行干预,如不按要求进行确权的村集体在经济发展、土地开发、项目审批等方面加以限制,在年终绩效考核中根据实际情况扣减村组干部报酬,从而全面推动外嫁女问题的解决。另一方面,对于一些行政处理手段解决不了的案例,则引导外嫁女提起行政诉讼。在纠纷进入司法救济途径之后,法院需要对政府做出的行政处理决定的合法性进行审查,对合法的行政处理决定及时做出维持判决;同时还要受理、审查和执行由政府或外嫁女提出申请的行政非诉执行案件,使生效的行政处理决定得到及时有效执行。

第二节 影响外嫁女问题执行效果的因素分析

一、影响区一级的因素——三水区与南海区的比较

(一)外嫁女问题的背景

相比而言,南海区外嫁女的问题显得更尖锐,已到了必须解决的时候;而三水区外嫁女问题相对比较温和,所涉及的利益相对较小,争夺也没那么激烈。根据2007年的统计数据显示,南海区农村居民人均股份分红有2124元,而三水区仅为853元。

相比而言,南海区外嫁女问题,特别是股权结构更复杂,这也给工作的开展带来了很大的难度。南海区此前曾采取无偿配股、无偿配置部分股权、出资

购股、优惠购股、一次性补偿等政策措施调处农村外嫁女及其子女股权争议，这些解决政策措施与现行的法律法规部分条款有抵触，存在不平等待遇的现象，使矛盾进一步复杂化；而三水区从1997年起，已积极推行农村股份合作制改革，至外嫁女工作启动的2009年，股份制改革工作完满完成，在工作中不存在外嫁女出资购股的情况，章程修改、股份确权的问题相对简单，在此背景下，村民相对能接受政府的处理方式，减少了政策推行阻力。

（二）解决外嫁女问题的历程

长期以来，南海区一直尝试通过各种方法解决外嫁女问题。1998年下发了《南海区落实农村出嫁女及其子女权益的意见》（南府〔1998〕133号）文件，对"农嫁居"的农村妇女提出处理意见；2003年下发了《南海区深化农村股份合作制改革指导意见》（南发〔2003〕30号）的文件，提出用"无偿配股、出资购股或一次性补偿"的办法来解决权益争议问题；2006年开展农村集体资产产权和集体经济组织成员的确权试点工作；2007年开展农村外嫁女全面摸底工作，建立了管理台账；2008年上半年在大沥镇平地村和横江村分别以行政调解和行政诉讼的手段开展试点，7月下发了《关于推进农村"两确权"，落实农村"出嫁女"及其子女合法权益的意见》（南发〔2008〕11号），全面铺开外嫁女工作。在开展外嫁女工作的过程中，一般都是由区委书记（兼中共佛山市委常委）亲自担任领导小组组长，南海区对外嫁女问题的重视程度可见一斑。

三水区外嫁女工作虽然提出较早，但真正摆上党委政府的议事日程较晚，第一次调研是2008年12月到南海区学习经验。事实上，由于南海区通过多次试点，已经形成了一套比较成熟的方案，也给三水区工作很大的启示。与南海区不同，三水区外嫁女工作领导小组组长由区委副书记担任。

（三）外嫁女问题中的法制介入

与南海区的一个重要区别是，三水区始终注重法制对解决外嫁女问题的介入。在建立领导小组时，已将区检察院、区司法局、区法制局列入成员单位，其后抽调了司法局、法制局各1名人员与其他工作人员组成外嫁女工作办公室，专职负责外嫁女工作，以保证政府在该问题的执行上始终依法依规，同时保障外嫁女及其子女的权益能充分受到法律保护。

例如，在修改章程过程中，区司法局、区法制局就提出"只修改不表决"的意见，以村规民约中歧视外嫁女及其子女的条例明显触犯《中华人民共和国未成年人保护法》《中华人民共和国妇女权益保障法》为由，要求镇政府

（街道办事处）督促村民小组对有关条例进行修改并公示。这一举措，一是保证行政行为符合国家法制要求；二是避免了表决过程中由于"多数人暴政"而侵犯了外嫁女及其子女的合法权益；三是加快了工作进度，规章修改公示后，如没有有效的反对意见，即能按照新的规章条例对外嫁女及其子女进行配股分红。

（四）解决外嫁女问题的效果

2008 年 7 月，南海区全面铺开外嫁女工作前，农村外嫁女及其子女人数有 35430 人，其中农村外嫁女 20855 人、外嫁女的子女 14575 人。已落实权益农村外嫁女及其子女人数总数为 24141，占比 69.2%。其中，农村外嫁女人数为 15539 人，占总数的 74.5%；农村外嫁女的子女人数为 8602 人，占总数的 59.0%。据了解，目前已落实权益的农村外嫁女及其子女人数的比例在 90% 左右。

2009 年 7 月，摸底调查的结果显示，三水区纳入此次工作范围的外嫁女及其子女人数总计 8940 人，其中外嫁女 5388 人、外嫁女子女 3552 人。已经落实了权益的外嫁女及其子女总数 611 人，占比 6.8%。其中，外嫁女为 534 人，占比 9.9%；外嫁女子女 79 人，占比 2.2%。通过第二阶段的说服教育和调解，截至 2010 年 1 月，经初步审核确定纳入本次工作范围的外嫁女及其子女有 8753 人，确认不符合农村集体经济组织成员资格的 1274 人，已经落实合法权益的达 7272 人，尚未落实合法权益的只有 207 人，完成率达到 97.7%。

表 3-1 为三水区各镇（街）未落实外嫁女及其子女权益的股份社。

表 3-1　三水区各镇（街）未落实外嫁女及其子女权益的股份社　　单位：人

镇（街）	村（居）委会	未落实的股份社	未落实的外嫁女数	未落实的外嫁女子女数	各镇人数
云东海	联合社区	基塘	49	31	97
	杨梅	福田	7	2	
		徐局	5	1	
		小塘	1	1	
白坭	周村	龙池	9	11	36
	岗头	新庄	2	2	
		角里	8	4	

续表 3-1

镇（街）	村（居）委会	未落实的股份社	未落实的外嫁女数	未落实的外嫁女子女数	各镇人数
乐平	南联	清湖	6	0	54
	三溪	小迳	12	3	
		田东	9	2	
	源潭	衙前	2	3	
		南岗	9	4	
		碧湖	2	2	
芦苞	四联	君荣	7	3	20
	四合	陈联	2	1	
	独树岗	桂南	5	2	
合计					207

（资料来源：三水区外嫁女办统计数据，截至 2010 年 1 月 15 日。）

从解决外嫁女及其子女权益的比例及所用的时间来看，三水区耗时更短，解决的效果更好。此外，三水区在发出行政决定书后，未有村集体提出行政复议的情况，因而直接进入法院强制执行阶段；而南海区则有较多的村提起行政复议和行政诉讼，这也从客观上对有效解决外嫁女问题起到了一定的阻碍作用。

通过上面的对比可以看出，无论南海区想了多少办法，进行了多少次的试点，花了多长时间，外嫁女问题解决的效果还是不太理想。究其原因，主要是三水区在问题相对简单、矛盾还不尖锐的时候，配合有效的政策，动用合适的人力物力，从而有效解决了外嫁女的问题；除了时机方面的选择，还在于三水区在南海区政策执行的基础上，进行了优化创新，促进了工作的快速落实。

二、三水区各镇（街）的比较

从各镇（街）的情况来看，西南、大塘、南山三个镇（街）通过行政调控和说服教育方式，全面完成了落实农村外嫁女及其子女合法权益工作，达到了 100% 修正章程、100% 确权配股和 100% 落实分红的工作目标。而云东海、白坭、乐平、芦苞则不同程度地存在着未完成的情况，通过对比分析可以发现以下一些因素对执行效果有着较大的影响。

（一）领导重视的程度

实践证明，在我国现有的政治体制下，领导重视始终是解决一些民生问题，包括外嫁女问题最重要的因素。西南街道是三水区当之无愧的中心城区，无论是经济总量、人口都占有全区1/3以上的比重，外嫁女的数量也是最多的，解决外嫁女问题的任务也是最重的。由于西南街道党工委书记十分重视该项工作，点名督办，工作进展一直都比较顺利。大塘镇、南山镇的主管领导十分重视外嫁女工作，每次督导组下基层检查，只要有时间一定出席并汇报工作，在镇主管领导头脑中关于外嫁女的方方面面都有一本清晰的账。

（二）专职机构运作的情况

领导小组下设的办公室在整个外嫁女工作推进的过程中起着至关重要的作用。在领导重视的同时，必须要有人去执行。做得比较好的镇（街）都有共同的特点：一是人员到位，抽调了专职人员负责该项工作；二是由农办的同志承担主要任务，对农村的情况比较熟悉，与村干部和村民的关系比较好；三是有专项的资金保障。而未完成的镇（街）往往存在这样或那样的情况。例如，个别镇街外嫁女办平时只有1个工作人员，而且还兼顾其他工作；有的镇（街）没有建立部门之间的协作机制，遇到问题，民政推妇联，妇联推司法，各部门都不肯承担责任；等等。

（三）宣传发动的效果

从了解的情况来看，外嫁女工作完成较好的镇（街），宣传工作都做得很扎实。例如，南山镇面积最小人数最少，但仍制作了标语400多张，印制横幅10条，并通过有线电视进行了宣传发动；西南街道将区委的文件汇编成册发给参与该项工作的全体干部，将区编写的政策法规读本发到村小组，将区统一编写的《18问》发到各家各户，还统一制作宣传横幅62条，在各村委会、村小组和人流密集的地方悬挂。而做得不太好的镇（街）在宣传方面存在着很多不到位的地方，有个别镇甚至在收到外嫁女的相关宣传资料近1个月后，还堆在办公室，宣传工作严重滞后。

（四）奖惩政策配合

在实际执行的过程中，部分镇（街）对区的文件关于奖惩方面的规定进行了进一步的细化。例如，大塘镇提出没有完成外嫁女工作的村组，将停止对该村的一些支持和奖励，包括道路建设、文明村建设、卫生村建设、社会主义新农村建设等。西南街道要求参与该项的干部立下军令状，完不成任务坚决予以处罚。个别镇（街）之所以存在工作推诿等现象，也与奖惩不明有关系。

三、三水区各村（组）的比较

（一）经济利益的驱使

经济利益是解决外嫁女问题最关键的因素，未能通过行政调解解决外嫁女问题的村组很多都是因为经济利益过大。例如，云东海的基塘、福田等村，在解决外嫁女的过程中，政府也在进行征地工作，新的利益冲突不断涌现，直接影响到外嫁女工作的解决；芦苞的独树岗村由于有砂石资源的存在，每年的分红比较多，利益之争也比较大。

（二）村（组）干部的作用

在未能通过行政调解手段解决的村（组）中，部分村由于宗族势力比较强，村组长威信不够，不配合镇政府的工作。例如，乐平的A村和B村，村主任不敢得罪村民，也不愿意得罪政府，每次镇政府工作人员找他们谈话时都借故不去，见到政府工作人员下村马上躲开，村民也不配合，导致问题长期拖着没办法解决。也有一些村由于村干部支持，问题很快解决。六和村委会原来是六和镇，后并入大塘，随后又划入南山，村委会的干部很多都是原六和镇的工作人员，政治觉悟高，对政府的工作比较支持，同时威信也比较高，且很认真地执行镇政府的决策，也使得外嫁女问题很快解决。

（三）人际关系的影响

人际关系的影响主要表现在两个方面：一方面，因权益纠纷时间拖得越久，部分农村外嫁女心理不平衡，甚至出现逆反心理和对抗情绪，不相信政府，专门与政府、村组干部唱反调、搞对抗；另一方面，部分外嫁女不依照法律程序反映利益诉求，而是出于个人目的将问题搞大搞复杂，进行秘密串联、聚会，跨区域串联，挑拨、教唆和煽动不明真相的外嫁女上访或群体性上访，导致外嫁女与村民之间结怨较深。个别外嫁女由于长期不在本村居住，索性与村民撕破脸皮、搞对立，使外嫁女权益保护的问题，由单纯的利益之争转化成意气之争。如芦苞镇×××村有个别外嫁女长期上访，并经常越级上访，其通过政府的工作领到股权证后采取放鞭炮的方式进行庆祝，致使村民咽不下这口气，也给后续的工作带来了很坏的影响。

第三节　三水区带来的启示

一、时机选择方面的启示

无论是从三水区和南海区的对比，还是其他地区的经验来看，外嫁女问题早抓早主动，迟抓就被动。一方面，农村外嫁女及其子女权益争议由来已久，因权益争议导致农村外嫁女经常群访、越访问题一直牵扯各地党政领导的精力，长期困扰各级部门的正常行政运作，已成为损害地区形象的一大斑点。另一方面，随着各地工业化、城镇化的快速提升，以及"三旧"改造进程的加快，村（组）可支配收入必定大幅攀升，股份分红必然水涨船高。事实证明，股份分配越高，权益争议越尖锐，调处争议的难度就越大。倘若不主动出击，不采取措施加以应对和强势解决，建设和谐社会也成为一句空话。因此，外嫁女问题必须尽早解决，且越早越好。

而且解决的时机与农村股份合作制改革的进程密切相关，农村股份合作制改革是否贯彻落实完成，是外嫁女问题能否顺利解决的关键。南海区正是由于股份制改革得不彻底、不完整，导致在外嫁女问题上受到诸多历史因素的牵绊；而三水区启动外嫁女工作时，股份制改革正圆满结束，全区除几个自然村外，全部完成了农村股份合作制改革，因而在外嫁女问题的章程修改、股权确认方面得到了很大便利。因而外嫁女工作结合农村股份合作制改革同步进行，能达到事半功倍效果。

二、政策制定方面的启示

（一）要明确解决外嫁女问题的总原则

三水区和南海区的模式是由政府集中解决外嫁女问题，两地在制定政策的总原则是一样的，即通过开展农村经济组织"两确权"（农村集体资产产权确认和农村集体经济组织成员身份确认），以行政处理为主、行政诉讼为辅，切实维护农村外嫁女及其子女的合法权益。

上述原则表达了三个要点：一是要开展外嫁女的身份确认工作，这是维护外嫁女权益的第一步，在身份确认的同时将外嫁女由村民的身份变成股民的身份，确保外嫁女权益问题彻底得到解决；二是要由政府主导，行政权力要介入外嫁女维权的问题，而且作为主要的解决手段；三是在行政处理无法解决问题的情况下，要进行行政诉讼，通过司法的手段确保问题全部解决。

（二）要明确界定一些基本要素

基本要素包括几个方面：一是基本概念的界定，如外嫁女、外嫁女子女以及例外的情况等；二是基本职责的界定，如农村集体经济组织成员资格审定委员会、农村集体经济组织股份章程合法性审核委员会等组织的基本职责；三是基本原则的界定，如对股份社章程内容的合法性审核的原则、对符合条件的外嫁女及其子女的配股原则等。此外，还要制定兜底条款，规定有疑问和发生争议时指定专门的机构对文件精神进行解释。

（三）要明确划分工作阶段，并提出工作目标

政府集中解决某种问题这种"运动式"的做法，在我国比较常见。这样的做法也决定了必须在明确总体目标后，将之分解为多个分段目标，根据分段目标划分工作阶段。一般而言，解决外嫁女问题可分为四个阶段：第一阶段主要是成立组织架构，宣传发动和摸底调查，了解整体的情况；第二阶段是行政监督阶段，利用行政手段以期基本解决外嫁女问题；第三阶段是司法强制执行阶段，对行政手段无法解决的问题，通过诉讼的手段进行判决，然后利用法院的力量进行强制执行；第四阶段是总结验收阶段，主要是对前期的工作进行总结和巩固，对一些出现反复的案例及时予以查处和纠正，切实落实外嫁女权益。

（四）要明确工作流程

行政手段的强力推进，必须以合理的标准化工作流程为基础，如果工作流程有缺陷，或者规定不明确，会影响到行政权力的公信力，也会直接影响执行的效果。一般而言，行政手段解决外嫁女问题的流程为：对股份社章程内容的合法性进行审核，对违法条款进行修订；甄别农村外嫁女及其子女成员资格；农村外嫁女及其子女的成员资格公示；从身份确认日起对外嫁女及其子女进行合理配股。至于司法强制手段，由于本身有一套规范的操作流程，不必在制定政策时予以明确。

（五）要明确奖惩措施

只有奖惩分明，才能调动各级干部工作的积极性和各村集体解决问题的主动性。一方面，要明确规定，各级部门及镇、村把落实农村外嫁女及其子女权益工作纳入领导成员的工作绩效专项考核内容，年终进行考核时增设专项奖励，但对工作不力或工作失职导致矛盾激化升级、引发越级上访或群体性事件

的，扣减相关责任人的财政补贴或绩效考核报酬。另一方面，要对在解决农村外嫁女及其子女权益方面成绩突出的村（组），优先支持其发展集体经济、优先支持其基础设施建设、优先安排其招商引资项目等。

三、政策执行方面的启示

（一）领导重视，奠定成功的基础

领导重视体现在三个方面：一是体现在领导小组的组成，问题复杂、矛盾尖锐的地区必须要由党政一把手担任组长，矛盾相对温和的地区可以由专职副书记担任组长；二是必须在机构、人员、经费三个方面予以保障，县（区）一级一定要抽调专门的人员推动外嫁女工作；三是领导要亲自抓，重要会议、工作检查时要尽量参与。

（二）加强宣传，营造良好的舆论氛围

外嫁女问题，说到底还是思想观念的问题。一方面，个别干部对外嫁女工作不重视，觉得是麻烦事，不愿意蹚这趟浑水，能避则避、能推则推；另一方面，村民中普遍存在重男轻女、"嫁出去的女泼出去的水"等传统观念，这些都会严重阻碍外嫁女问题的解决。因此，必须利用各种媒体、公益广告、宣传标语充分地做好宣传发动工作，统一各级工作人员尤其是村组干部的思想认识，传达党委政府解决外嫁女权益问题的工作意图和政策，明确落实外嫁女及其子女权益是执行法律、落实政策的举措，纠正村民传统错误思想，树立大局观念，统一对落实农村外嫁女及其子女合法权益工作重要意义的认识。

（三）加强指导督查，确保工作有序推动

一方面，要根据工作具体阶段，及时印发相应的规范性文件，提供统一的表格、文书、操作的方法等；对于一些复杂的问题，要及时组织做好培训工作，提升基层干部应对问题的能力。另一方面，要落实挂钩联系制度，多下基层检查和指导工作，对好的经验和做法及时进行总结和推广，对做得不好的及时予以通报并提出限期整改要求。

（四）建立应急处理机制，及时化解矛盾

要将农村外嫁女上访纳入预警机制中，对一些外嫁女及其子女因股权分配问题而经常上访的重点地区实行挂牌预警，督促镇（街）、村做好落实农村外嫁女及其子女的权益工作，力求把问题解决在萌芽状态，解决在基层，化解在

基层。要做好不稳定因素的排查工作，全面掌握外嫁女问题发展动态；特别是对重点人员加强稳控，密切注视其动态，对排查出来的不稳定的因素，明确分工，落实调处责任。要及时做好信访复查工作，对来电、来访和来信的农村外嫁女，按程序给予调处答复，主动介入调处，正确引导疏理。经常下村约访，对反复缠访者、老上访户、上访带头人做好说服教育工作，耐心地解释政策，理顺诉求者情绪。

（五）积极利用行政手段

虽然在管理本村事务方面，村民享有自治的权力，但政府的行政权力仍能对村集体产生巨大的影响。外嫁女问题往往在发达地区比较难以解决。而越是发达的地区政府所掌握的资源越丰富，如新农村建设的专项补贴与道路的建设、文明村与卫生村的评比等等，这些都是村集体所希望政府能予以支持的项目，可以成为政府与村民博弈的筹码。当然，这种博弈要合理利用好，运用不善可能会适得其反。除此之外，政府还可以通过行政手段，寻找与村集体双赢的解决思路。例如，可以通过大力发展村集体经济的方式，把村集体的蛋糕做大，这样虽然分的人多了，实际每人分得的部分也会增加，从而解决村民与外嫁女之间的利益冲突。

（六）紧紧依靠村干部

村组干部是党在农村工作的基础和重要依靠力量，是贯彻执行党在农村各项方针政策的骨干。政府在开展外嫁女工作的过程中，要紧紧依靠村党总支，与村组干部打成一片、扭成一股绳，建立密切融洽的关系，然后通过村组干部自身影响辐射群众。要充分调动村组干部积极性，发挥他们的主观能动性；倘若村干部能为工作组成员做参谋、做助手、做后盾，工作推进起来则能化被动为主动，得心应手。要加强宣传教育，通过动员大会、村（组）干部座谈会、个别谈话等形式，加强沟通，宣传法律，讲清政策，表明决心，引导村干部理解法律、政策，统一思想认识；特别是做通村（组）干部，尤其是村（组）一把手干部的思想工作，使之在处理落实农村外嫁女及其子女合法权益问题上不要有思想包袱，使之认识到这不是个人行为而是依法依规办事。

结　语

本文对佛山市三水区落实农村外嫁女及其子女权益保护工作进行了研究，并据此提出了一些初步的建议。文章对外嫁女问题产生的背景、特点及解决的必要性进行了阐述，从理论的角度探索了外嫁女权益受侵害的具体表现、解决外嫁女问题的主要障碍和基本思路，介绍了实践中解决外嫁女问题的几种主要模式。文章从政策的制定、执行以及效果评估等多个角度，详细分析了佛山市三水区采用政府集中解决外嫁女问题的整个过程。文章的最后通过不同政策模式优劣势的对比，以及同种模式下区、镇、村三级执行情况的对比，提出了解决外嫁女问题在介入时机的选择、政策制定和政策执行等方面的建议。本文将理论与实际相结合，重点通过实例的分析，对解决外嫁女问题提出了相当具体的解决思路，对今后各地的工作有一定的借鉴意义。

由于外嫁女问题纷繁复杂，各地的情况千差万别，本文所研究的佛山市三水区属于珠三角的边缘地带，大型的规模企业刚开始进驻，土地出让逐渐呈现面积大、价格高的趋势；同时，由于股份制改革在土地价格飙升前完成，外嫁女问题出现的时间较短、类型集中，在这样相对缓和及简单的背景下提出的解决思路如推广到各地，可能存在适应性的问题。相比而言，佛山市南海区外嫁女问题更尖锐、更突出，在解决的过程中遇到的各种问题也更多，而政府集中处理外嫁女问题的模式也是南海首创；从某种意义上说，佛山市南海区的实践更具研究价值，但由于工作角色所限，无法拿到更详尽的资料，很令人遗憾。非常希望各位老师和同学能进行这方面的研究，特别是南海的同事可以将自己的做法和经验进行总结，提供更多的借鉴，为早日解决外嫁女及其子女权益保护问题、构建和谐社会贡献一分力量。

参 考 文 献

[1] 张开泽. 从制度视角看农村外嫁女权益纠纷 [J]. 中山大学学报论丛, 2007, 27 (12).

[2] 杨兢, 徐锋. 农民土地权益的性质及分配——以外嫁女土地权益保护为视角 [J]. 农村经济, 2006 (9).

[3] 郭建梅, 李莹. 关于妇女土地权益保护公益诉讼的探索与实践 [C] // 2006年《乡镇论坛》杂志社建设社会主义新农村论坛会议论文：第三部分. 2006 (12).

[4] 广东省广州市中级人民法院课题组. 农村外嫁女纠纷若干问题研究——从法院审判的视角解读农村外嫁女权益纠纷 [C] //全国法院第十五届学术讨论会论文：第五章. 2003 (12).

[5] 广州市人大常委会. 关于公布施行《广州市妇女权益保障若干规定》的通知（穗常发〔1996〕8号）[S]. 1996.

[6] 中山大学妇女与性别研究中心法援部. 广东农村外嫁女问卷调查报告 [R/OL]. http://www.wwrp.net/news_view.asp?newsid=249. 2006.6.18.

[7] 熊谱龙. 权利, 抑或法益？——一般人格权本质的再讨论 [J]. 比较法研究, 2005 (2).

[8] 张开泽. 农村外嫁女权益纠纷及其成因分析——以广东部分地区为例 [J]. 中华女子学院山东分院学报, 2009 (5).

[9] 东莞市人民政府. 东莞市农村股份合作经济组织股东资格界定若干规定（东府〔2004〕158号）[S]. 2004.

[10] 广东省人民政府. 广东省农村集体经济组织管理规定（粤府会第109号）[S]. 2006.

[11] 中共佛山市南海区委员会, 佛山市南海区人民政府. 中共佛山市南海区委员会 佛山市南海区人民政府关于推进农村"两确权"，落实农村"外嫁女"及其子女合法权益的意见（南发〔2008〕11号）[S]. 2008.

[12] 中共佛山市三水区委员会, 佛山市三水区人民政府. 关于落实农村外嫁女及其子女合法权益的意见（三委发〔2009〕10号）[S]. 2009.

[13] 张国庆. 公共政策分析 [M]. 上海：复旦大学出版社, 2007.

[14] 陈振明. 政策科学——公共政策分析导论 [M]. 北京：中国人民大学出版社, 2003.

[15] 张骏生. 公共政策的有效执行 [M]. 北京：清华大学出版社，2006.

[16] 李允杰，丘昌泰. 政策执行与评估 [M]. 北京：北京大学出版社，2008.

[17] 谢庆奎. 政府学概论 [M]. 北京：中国社会科学出版社，2005.

[18] 郑毅. 探析政府的发展——从消极政府到积极政府的转变 [J]. 商情，2010（18）.

[19] 丹彤. 和谐社会和积极政府 [J]. 理论界，2006（8）.

[20] 许宏刚. 积极政府：中国现阶段政府模式的现实选择 [D]. 武汉：华中师范大学，2008.

[21] 左停，徐秀丽，唐丽霞. 农村公共政策与分析 [M]. 北京：中国农业大学出版社，2009.

[22] 吴仲斌. 农村公共政策形成机制——农村经济市场化问题研究 [M]. 北京：中国农业出版社，2005.

[23] 吴新叶. 农村基层非政府公共组织研究 [M]. 北京：北京大学出版社，2006.

[24] 罗莹，戴天放，余艳锋. 中国农村政策对新农村建设的影响研究 [M]. 南昌：江西科学技术出版社，2008.

[25] 韩俊. 中国农村政策报告调查Ⅱ [M]. 上海：上海远东出版社，2008.

[26] 杨雪燕，李树茁. 社会性别量表的开发与应用——中国农村生殖健康领域研究 [M]. 北京：社会科学文献出版社，2008.

[27] 刘炜辉. 村规民约"农嫁女"征地补偿的困境与出路——以人权保障为视角 [J]. 湖南公安高等专科学校学报，2008，20（5）.

[28] 李延舜，曹婧. 村规民约的男权视角分析——以农村"外嫁女"的土地承包经营权侵害案为例 [J]. 山西高等学校社会科学学报，2008，12（20）.

[29] 姚立峰. 乡规民约形式、内容与效力的调查与分析——以章丘向高村、聊城姚庄等村为例 [D]. 济南：山东大学，2008.

[30] 莫小云. 广州市白云区农村外嫁女经济权益保护的思考 [J]. 南方经济，2003（7）.

[31] 何立荣. "出嫁女"土地权益保护的困境与出路——从民间法角度切入 [J]. 河北法学，2008，26（9）.

[32] 冯燕. 村规民约与相关法律规定冲突之思考——以农村出嫁女的土地权益受侵犯为视角 [J]. 西安文理学院学报：社会科学版，2010，13（1）.

[33] 丁剑. "出嫁女"土地承包经营权纠纷仲裁案例 [J]. 农村经营管理, 2010 (1).

[34] 田文淀,张峻峰. 村规民约的男权视角分析——以农村"出嫁女"的土地承包经营权侵害案为例 [J]. 山西高等学校社会科学学报, 2008, 20 (12).

[35] 徐力英. 构建和谐社会中积极司法之探讨——以农嫁女土地征用费分配纠纷为切入点 [C] //全国法院第十八届学术讨论会论文集. 2006.

[36] 张佩国. 近代江南乡村妇女的财产权 [J]. 史学月刊, 2007 (1).

[37] 杜平. 农村妇女土地承包权及相关经济利益实现状况分析 [J]. 哈尔滨学院学报, 2009, 30 (2).

[38] 张开泽. 农村外嫁女权益保障的三大思路 [J]. 中华女子学院山东分院学报, 2008 (1).

[39] 陈端洪. 排他性与他者化中国农村外嫁女案件的财产权分析 [C]. 第三届北大论坛. 2004.

[40] 王宏旺,刘杰,潘小洁,蒋晓敏,张恺. 法院拘押村长为外嫁女维权 [N]. 南方农村报, 2009 (5000).

[41] 冯兴元. 化解"外嫁女"纠纷需法律保障 [N]. 南方农村报, 2009 (5001).

(本文定稿于 2010 年 12 月)

MPA学位论文范例三

广东省行业协会发展研究
——以广东省锁具维修行业协会为例

作　者　陈林铭
点评老师　张紧跟

点评

张紧跟

　　进入21世纪以来，中国的 MPA 教育发展极为壮观，已经生产出数量奇高无比的"产品"。但是，在众多 MPA 学员的学位论文中，工作报告、领导讲话、策论等占据绝大多数，少有将公共管理价值关怀、课程学习与理论训练真正融为一体的论文。更多的时候，如我这等教书匠也不得不反思和批评自己：你的课程训练给 MPA 学员带来了什么？什么是你的贡献？

　　在一大堆了无趣味的 MPA 论文中，陈林铭这篇以广东省锁具维修行业协会为例的学位论文相对值得肯定。

　　一是有明确的问题意识。作者敏锐地抓住当前各地方政府正在大力培育和发展社会组织以推进社会治理创新这一时代背景，来提醒我们注意真正需要得到政府大力扶持和培育的不是那些由于"久经考验"而已经确保"政治绝对正确"的"行政化"的"官办行业协会"和"强势群体"的行业协会，而是那些"自下而上"的"民间行业协会"。作者的困惑在于：既然广东省已经优化了行业协会的生存环境，这些弱势行业协会为什么还会出现发展缓慢或停滞的现象？具体是什么因素在限制行业协会的进一步发展？这些行业协会是如何运作的？政府应该如何调整行业政策才能有效促进弱势行业协会的发展？

　　二是有合适的研究方法。作者主要使用案例研究方法，采用参与式观察和访谈来收集相关资料。

　　三是基本思路清晰。论文首先从分析广东省锁具维修行业协会的生存与发展入手，在梳理其内部治理结构以及协会与外部主体间关系的基础上，揭示了类似如广东省锁具维修行业协会这一类民间行业协会相对艰难的实际生存际遇，并对其产生的原因进行了学理分析，最后，对于如何促进民间行业协会发展提出了相应的对策。论文从现状描述入手，以揭示问题与原因为核心，最终有针对性地提出了解决问题的对策。从研究设计而言，基本的论文要素完全具备，各部分之间逻辑联系紧密。

四是基本结论合理。作者通过研究广东省锁具维修行业协会的发展状况后认为，解决行业协会的发展问题必须从政府管理和行业协会自身建设两方面入手：①对于政府部门而言，首先，要明确自身职能定位，落实政府职能转移的相关规定。在实际操作中，要根据不同行业协会的能力合理地授权或实施职能转移，同时做好监督工作。其次，要改变大而笼统的扶持办法，对不同类型的行业采取有针对性的扶持和培育政策，才能有效促进行业协会的发展。最后，政府职能部门必须转变观念，搭建与行业协会沟通和协调的平台。②对于行业协会而言，必须完善自身功能，提高自身的服务能力，增加收入来源，扩大会员的覆盖率，才能提高行业协会的代表性和能力，真正发挥行业利益代表的功能。同时也要积极承接政府职能转移，发挥其应有的社会公益能力。最终，结论也强调培育和发展社会组织成长不应该也不可能是政府单中心的事情。论文结论合理，从策论角度而言也具有可操作性。

当然，论文最大的问题主要还在于：①规范性程度不够，如文献综述的聚焦度与着力点等不够；②研究方法的科学化程度不够；③缺乏和既有研究结论的对话，缺乏必要的理论深度等。

尽管如此，作为一个在职学习的公职人员，能够在相对有限而紧张的工作时间之余完成这样一篇学位论文，并尝试使用案例研究方法，有这样那样的不足应该可以理解，能达到这样的水准已经相当不易。

广东省行业协会发展研究
——以广东省锁具维修行业协会为例

陈林铭

摘要：行业协会是介于政府与企业之间的一种社会中介组织，也是社会自治主体的一种。目前，我国正处于经济转轨和社会转型的特殊时期。因此，更好地发挥行业协会的作用，对于构建社会主义和谐社会和完善市场经济体制有着重要的作用。

广东省行业协会体制改革后，行业协会整体发展水平取得了很大的进步。与此同时，行业协会发展也出现了分化。除了区域发展不平衡外，还出现行业发展不平衡的情况。本文以广东省锁具维修行业协会为例，采取实地研究的方法来研究发展较弱的行业协会的发展状况。笔者研究发现，广东省锁具维修行业协会发展中存在以下几个问题：一是政府职能转移和购买服务进程缓慢；二是缺乏与政府沟通的渠道；三是经费来源不足，服务能力不强；四是会员覆盖程度低。基于存在的问题，论文在最后提出了促进行业协会发展的政策建议。

关键词：行业协会；锁具；发展

目　录

导　论
　第一节　问题的提出与研究意义
　第二节　文献综述
　第三节　研究方法及基本思路

第一章　广东省行业协会的发展概况
　第一节　广东省行业协会的发展背景
　第二节　广东省行业协会的产生路径
　第三节　广东省行业协会的基本状态

第二章　广东省锁具维修行业协会的产生与运作
　第一节　广东省锁具维修行业协会的产生
　第二节　广东省锁具维修行业协会的内部治理
　第三节　广东省锁具维修行业协会的外部治理
　第四节　广东省锁具维修行业协会的运作情况

第三章　广东省锁具维修行业协会发展中存在的主要问题及原因
　第一节　政府职能转移、购买服务的进程缓慢
　第二节　缺乏与政府沟通和表达诉求的渠道
　第三节　经费来源不足，服务性收入过少
　第四节　会员覆盖面不足，社会知名度不高

第四章　促进广东省锁具维修行业协会发展的建议
　第一节　理顺政府与行业协会的关系
　第二节　建立稳定的沟通渠道
　第三节　增强行业协会自身功能，提高服务性收入比重

结　语

参考文献

导 论

第一节 问题的提出与研究意义

一、研究背景

作为社会自治主体的一种,行业协会是弥补政府治理和市场调节的重要治理主体。从1990年开始,行业协会弥补政府管理能力不足的作用开始引起中央和地方政府的重视,人们开始越来越多地关注这类组织的存在,希望它们能承担更多的职能,提供更多的服务,发挥更加有效的作用。[①] 政府开始考虑从某些经济管理领域退出来,而将相关的某些经济管理权限让权于行业协会。[②] 虽然国家层面暂时还未出台专门的法律促进行业协会的发展,但各地政府已纷纷进行大胆的尝试,开始调整相关的政策促进行业协会的发展,为行业协会发挥作用创造更好的环境。

2005年12月,广东省通过了全国第一个专门适用于行业协会的地方性法规——《广东省行业协会条例》。在之后的几年,广东省政府还陆续出台了其他政策,使行业协会的生存和发展空间进一步扩大,行业协会发展取得一定进步。具体表现有:①脱离政府行政体系,行业协会自筹经费、自主运营,行业协会独立性获得提高;②登记门槛降低,行业协会覆盖面扩大、数量快速上升;③服务能力提高,服务性收入比重增加;④行业协会规模迅速扩大,行业管理能力得到提升;⑤行业协会内部结构逐步完善,运作日趋规范。

二、问题的提出

为行业协会制定专门法规及优化行业协会发展的政策环境,这一举措促进了广东省行业协会发展水平的整体性提高。然而,在行业协会数量显著提升的

---

① 参见王名、贾西津《行业协会论纲》,《经济界》2004年第1期。
② 参见余晖等《行业协会及其在中国的发展:理论与案例》,经济管理出版社2002年版。

同时，各行业协会内部发展质量却出现明显分化，行业协会间发展极不平衡。市场活跃、经济规模较大的行业产生的行业协会，即强势行业协会，发展迅速，在会员数量、资金规模、服务能力上都达到很高的发展程度；而行业规模较小、经营主体经济水平整体较弱的行业产生的行业协会，即弱势行业协会，发展则较为缓慢，甚至出现了发展停滞的现象。

既然广东省已经优化了行业协会生存环境，这些弱势行业协会为什么还会出现发展缓慢或停滞的现象？具体是什么因素在限制行业协会进一步发展？这些行业协会是如何运作的？政府应该如何调整行业政策才能有效促进弱势行业协会的发展？本文将以广东省锁具维修行业协会（简称"省锁协"）为例，对上述问题进行探讨。

三、核心概念界定

1. 行业协会

行业协会是社会组织的一种，在不同的国家有不同的称谓。英语中对行业协会就有 Trade Promotion Association、Trade Association、Business Association、Employer Association 等表述方式。在国内，行业协会也被称为行业性社会团体、行业商协会等。

在英国，行业协会被定义为由独立的经营单位组成，用以保护和促进全体成员既定利益的非营利组织。[①] 在我国，虽然政府和学界对行业协会的关注很多，但目前对其仍然没有统一的定义。国家经济贸易委员会（简称"国家经贸委"）在 1997 年印发的《关于选择若干城市进行行业协会试点》的方案中将行业协会定义为社会中介组织和自律性行业管理组织，同时指出行业协会的基本职能是服务。[②] 而作为全国工业行业联合组织的中国工业经济联合会则认为：行业协会是同行业内的企事业单位为增进共同利益、维护合法权益，在自愿基础上依法组织起来的非营利性、自律性的社会经济团体。《广东省行业协会条例》对行业协会的定义是："从事相同性质经济活动的经济组织，为维护共同的合法经济利益而自愿组织的非营利性社会团体。"

由于强调的重点不同，学术界对行业协会的定义则有一定的差异。目前，学界比较认同的是贾西津等学者的观点。他们对行业协会的定义为："一种主要由会员自发成立的、会员制的、在市场中开展活动的、以行业为标识的、非

[①] 参见贾西津、沈恒超、胡文安等《转型时期的行业协会——角色、功能与管理体制》，社会科学文献出版社 2004 年版。

[②] 国家经济贸易委员会办公厅《关于选择若干城市进行行业协会试点的方案》，1997 年 3 月。

营利的、非政府的、互益性的社会组织。"①

尽管行业协会在学术界和政府层面没有统一的定义,我们仍然可以清楚地看到行业协会所拥有的一些特性,如行业性、自律性、非营利性、非政府性和互益性等。本文研究的是广东省的锁具维修行业协会,因此采用《广东省行业协会条例》对行业协会的定义。

2. 行业协会发展

根据《辞海》中的释义,"发展"是指"事物从小到大、由简到繁、由低级到高级、由旧质到新质的变化过程"。因此,行业协会发展可以理解如下:行业协会从诞生到逐步壮大,从初级阶段向高级阶段,内部结构和社会功能逐步扩展的变化过程。一个发展状况良好的行业协会,必须具备以下一些条件:第一,运作良好的内部结构和较高的会员覆盖率,这是行业协会存在的基础;第二,有一定的行业管理能力,这是行业协会维护行业发展秩序的必要条件;第三,有能力举行各种服务活动促进会员单位的成长,增加会员单位的利益,这是行业协会吸引会员加入的根本所在;第四,行业协会自身具备一定的自我提升能力。

由于发展本身就是一个动态的过程,行业协会发展也不能例外。它受到政治、经济、文化等社会因素的影响,处于不断的变化之中。目前,学者对于行业协会发展的研究,有整体性研究也有个案式研究。整体性研究通过纵观某个国家、地区行业协会发展的状况,分析其中影响行业协会发展的各种变量,得出促进行业协会发展的条件。个案式研究通常会选取某个具体的案例,做切片式检查,反映出特定环境下特定类型研究对象的状态。本文采取的是个案式研究,以此反映出广东省行业协会进行体制改革后弱势行业协会的发展状况。

四、研究的意义

1. 理论意义

行业协会在完善的市场经济体系中具有重要作用。但是,由于我国现代意义上的行业协会起步较晚,对于行业协会的研究也不够完善。目前,国内对行业协会的研究多数集中在发展状况较好的行业协会,对发展状况较差的行业协会则缺乏关注。本文通过搜集广东省行业协会进行体制改革后行业协会发展现状的第一手资料,研究了特定政策、经济环境下广东省行业协会的发展状况,对发展程度不尽如人意的行业协会进行了具体分析,对于丰富行业协会研究、

---

① 贾西津、沈恒超、胡文安等:《转型时期的行业协会——角色、功能与管理体制》,社会科学文献出版社2004年版。

探索促进行业协会发展的相关政策有一定的理论意义。

2. 现实意义

促进行业协会的健康发展,是政府改革的需要,也是行业协会自身发展的要求,更是有效满足社会公众利益需求的手段。由于政府管理的缺位,锁具行业的混乱状况已经给社会治安带来巨大的压力。本文通过探讨广东省锁具维修行业协会的生存现状,分析影响其发展的因素,提出促进行业协会发展的对策建议。对于政府制定政策、促进行业协会发展和发挥作用、弥补政府管理缺位、减少社会治安隐患有着一定的现实意义。

第二节 文献综述

一、已有研究的基本状况

1. 国外学者对行业协会的研究情况

行业协会在国外尤其是发达的资本主义国家发展已经较为成熟,国外的学者对行业协会的研究也取得了较多的成果。

目前,国外对行业协会的研究主要集中在两个方向:一是关于行业协会的发生学理论,用以解释行业协会本质、如何出现及持续发展等;二是关于行业协会的职能学理论,评判行业协会的作用或职能以及发挥条件。此外,还有一些学者从外部视角对行业协会进行了一些研究,如行业协会对社会经济的影响等。

行业协会发生学理论主要是从交易成本经济学和基于治理的理论来解释行业协会的性质与生成。早期基于行业协会职能的研究则倾向于将行业协会并行于政府和市场以研究其功能。研究者以现代信息经济学的博弈论理论等作为工具,通过案例进行实证研究,揭示行业协会的职能及其发挥功能的条件。而后期的学者则倾向于将行业协会放到整个社会系统中进行分析。他们认为,行业协会是并列于政府与市场的第三大部门,具有弥补政府失灵和市场失灵的能力。[①]

2. 国内学者对行业协会的研究情况

国内学者对行业协会的研究虽然起步较晚,但随着市场经济的发展及政府职能转移的需要,行业协会的相关研究也取得了一定的成果。就目前而言,国内的学者主要从以下几个方面对行业协会进行研究。

---

① 参见余晖等《行业协会及其在中国的发展:理论与案例》,经济管理出版社2002年版。

（1）行业协会历史的研究。曲彦斌的《行会史》（1999年）讨论了行会的发展历史，并论述了经济政治背景、体制、习俗对行业协会的影响。朱英的《中国近代同业公会与当代行业协会》（2004年）详细论述了中国近代同业公会向行业协会演变的历程，并讨论了近代同业公会的组织体系与治理结构和经济、社会功能等。

（2）行业协会特性的研究。这类研究包括对行业协会的组织特性、经济特性、法律特性等的研究。余晖（2002年）从经济学的角度讨论了行业协会的功能、体制及改革的路径。黎军（2002年）从行政法的角度讨论了行业协会在行政法律关系中的地位和作用。

（3）行业协会功能的研究。康晓光（2001年）认为，行业协会的职能包括代表、沟通、协调、监督、公证、统计、研究和狭义的服务职能。余晖在《行业协会——政府与企业的润滑剂》（2001年）中提出，行业协会的两大功能是信息提供与协调行动。贾西津等（2004年）以经济转型过程中的行业协会作为研究对象，对不同经济条件下的地区行业协会进行了实证分析。

（4）行业协会内部治理机制的研究。朱耀垠（2002年）认为，行业协会的内部治理困境制约了行业协会的发展。李丹（2007年）认为，行业协会应具备会员大会、理事会、秘书处、监事会这四种机构才能形成正常的行业协会内部治理结构，维持行业协会的正常功能。任一（2007年）认为，行业协会内部治理存在着正式规则和非正式规则，而当前行业协会内部治理失效是因为行业协会内的非正式规则在起作用。徐晞（2009年）认为，行业协会内部治理必须权责分明，要有必要的激励和约束措施。

（5）行业协会外部管理机制的研究。贾西津等在《转型时期的行业协会——角色、功能与管理体制》（2004年）中提出，行业协会管理模式的实现，必须放之于国家与社会关系的变迁趋势之中，顺势而为。余晖在《转型期行业组织管理体制改革和发展之实践及评价》（2005年）中认为，中国行业协会多元化和联邦化的特征是"由乱到治"的必经之路。他认为，行业协会最终会由下至上地推动金字塔塔中和塔尖的重组，并逐步形成纵横协调、上下联动的行业组织运作体系。

（6）行业协会存在问题的研究。余晖认为，我国的行业协会存在以下问题：行业覆盖面过窄；协会组织内部管理有缺陷，协会领导都是由政府主管部门任命的；功能不齐全并依赖政府的支持。盛春梅、胡丹婷（2009年）认为，我国行业协会发展存在两个主要问题：一是发展存在结构性不平衡；二是定位不清晰导致的地位不明确。

（7）行业协会对策的研究。国内学者对行业协会解决问题的对策主要集中在三个方面：一是政府加快完善行业协会的相关立法工作，为行业协会的生存和发展创造良好的法律和政策环境。二是政府职能的转移和政府管理机制的改变，主张政府退出行业协会，减少对行业协会内部运作的干预；同时完善对行业协会的监督和审查机制，避免行业协会成为"第二个政府"。三是提高行业协会自身的内部治理能力。

（8）关于广东省行业协会的研究情况。目前，学界关于广东省行业协会的研究情况较少。王名（2003年）以转型期行业协会在中国的发展为主题，探讨了广东省行业协会发展所遇到的问题。袁友军（2009年）认为，广东省行业协会在推动经济、社会发展中发挥了积极作用，但目前发展程度仍然较低，在观念、体制、机制、政策、法制及人员素质等方面都有一些亟待解决的问题。孙春苗（2009年）认为，广东省行业协会改革后，为行业协会的发展注入新的动力，初步建立起行业协会与企业、政府的新型关系，激发了行业协会发挥治理作用的积极性和创造性。

二、对既有研究的评论

综上所述，关于行业协会的研究成果比较多，但这些研究也存在不足。多数学者的研究都是围绕发展状况较好的行业协会开展的，对于发展状况较差的行业协会则相对缺乏关注。然而，在中国特定的政治和经济环境下，目前发展状况较好的行业协会基本都是与政府关系密切、得到较多扶持的行业协会。这些行业协会集中在经济规模较大的行业，行业协会的经济规模和社会地位处于强势的地位。而为数众多、发展状况欠佳的行业协会，则主要集中在中小型行业。这些行业经济地位不显、影响程度也不突出，由此产生的行业协会多数缺乏政府背景和资源，社会和经济地位也相对弱势。因此，仅仅研究发展状况良好的行业协会，一是难以完整体现我国行业协会发展的实质面貌；二是由于资源的差异，强势行业协会总结得出的经验难以推广到弱势行业协会。

第三节 研究方法及基本思路

一、研究方法

1. 案例研究方法

一般认为，定量研究多用于确认性研究；定性研究适合在微观层面对个别事物进行细致、动态的描述和分析，有利于对特殊现象进行探讨，以求发现问题或提出新的看问题的视角。① 本文以案例研究为主，首先描绘广东省行业协会发展的整体状况，从中选取一个行业协会进行具体刻画；其次详细描述该行业协会发展中所遇到的问题；最终尝试提出解决这些问题的对策和建议。

2. 资料收集方法

（1）文献法。本文通过中山大学图书馆、中国知网、万方学术文献数据库等收集和查阅行业协会相关研究，掌握目前学界对行业协会发展所遇到的问题及所采取对策的研究情况；同时，借鉴广东省民间组织管理局关于行业协会发展的有关资料，分析广东省行业协会的发展情况。

（2）访谈法。访谈法是调查研究的一种，属于经验研究方法。行业协会的工作人员和会员都是行业协会运作的直接体验者。本文直接对其进行访谈以获取第一现场的资料，了解实施体制改革后行业协会运作过程的真实情况。访谈的过程包括访谈、资料转录、资料整理、资料应用等四个阶段。

二、研究对象的选择

本研究选取的研究对象是广东省锁具维修行业协会，理由如下：

（1）1980年前后，国家把锁具行业从特种行业中剔除；之后的政府管理也未将开锁技术的应用和传授、开锁器材的生产和销售作为特殊事项进行管理。随着广东省锁具行业的生产规模、技术水平、经营方式、从业人数的发展，锁具行业逐渐出现各种问题，包括：从业行为监管程度低、开锁技术随意传授、开锁器材任意销售、行业公信力遭到破坏等。这些问题的出现给行业发展和社会治安带来了巨大的压力。广东省锁具维修行业协会正是基于这样的行业背景而组建成立的。该行业协会成立的目的是为了维护行业利益，也是为了补充政府管理和市场调节功能的不足。因此，广东省锁具维修行业协会的案例具有一定的代表性。

（2）广东省实行行业协会体制改革后，行业协会进入了快速发展时期。截至2012年底，全省各级民政部门登记在册的行业协会共有2103个，其中全省性行业协会有219个。② 广东省锁具维修行业协会是广东省行业协会体制改革后自下而上成立的全省性行业协会，会员人数和收入水平处于中等位置，较建立之初其提高程度不够明显。对其开展研究，能够发现广东省行业协会体制改革后，限制行业协会发展和发挥作用的可能因素。

---

① 参见陈向明《质的研究方法与社会科学研究》，教育科学出版社2000年版。
② 据广东省民间组织管理局内部资料。

三、论文基本思路

论文共有六个部分，各个部分具体内容如下：

导论部分，提出研究背景和意义，界定核心概念，回顾国内外的研究现状，并介绍本文的研究思路。

第一章，对行业协会的生成途径进行分析，并介绍广东省行业协会的发展现状。

第二章，从行业协会的内部结构、外部关系、运作等方面进行分析，具体描述广东省锁具维修行业协会的发展情况。

第三章，从外部环境和内部因素出发，探讨了承接政府职能、政会（政府与协会）沟通、经费来源和会员覆盖程度等问题，分析限制广东省锁具维修行业协会发展和发挥作用的可能因素。

第四章，针对第三章中探讨的问题，提出促进广东省锁具维修行业协会发展的建议。

结语部分，在以上各章的基础上，对全文的研究做出总结，并指出本研究中存在的局限和不足之处。

第一章 广东省行业协会的发展概况

行业协会发展与经济发展水平和政治体制息息相关。自改革开放以来，广东省的行业协会发展经过了四个阶段：①起步阶段，即广东省政府按照国务院"按行业组织、按行业管理、按行业起步"的要求组建行业协会的阶段；②初步发展阶段，指1997年国家经贸委确定广州等四个城市进行行业协会试点后的发展阶段；③高速发展阶段，即1999年以后，广东省政府开始进行政府机构改革和职能转移的发展阶段；④改革创新阶段，即2006年广东省颁布《广东省行业协会条例》和《关于充分发挥行业协会商会作用的决定》后的发展阶段。在高速发展阶段，随着政策环境的改善和市场经济发展水平的提高，行业协会在数量、经济规模、服务能力等方面都获得了大幅度的提升，在经济建设和社会管理中体现的作用也更加明显。

第一节　广东省行业协会的发展背景

一、市场化改革的日益深入

改革开放前，我国实行的是计划经济体制，国家控制了全部的资源，并以行政化的方式统一进行资源的配置。1978年以后，我国开始进行以市场为导向的市场化改革，将原本单一的集体和国家所有制结构转变为国有、集体、个人独资、合资和外资等多元的所有制形式。经过30年的发展，多元的所有制结构已经取得了极大的成功。在这其中，个体、私营经济形成了巨大的市场主体，逐渐成为我国社会主义市场经济的重要组成部分，亦是促进社会经济发展的重要驱动力之一。

个体、私营经济的活跃不仅促进了国家经济发展水平的提高，也加剧了市场竞争的激烈程度。行业内竞争的加剧则促进了产业分工的进一步细化和生产水平的提高，但同时也导致市场内开始出现无序竞争或过度竞争等损害企业自身利益的现象。另一方面，随着我国对外开放程度的不断扩大，外资不断进入中国市场，国内的企业开始面对全球性的竞争。仅仅依靠政府职能部门进行行业管理已经无法满足企业和行业的发展需求。在"内外交困"的情况下，市场中的企业开始进行联合，组建起行业协会。希望通过行业自律来减少企业间的无序竞争，同时，从行业发展的角度进行谋划，促进行业的产业结构优化升级，增强行业的核心竞争力，以应对国内外市场的变化。在市场需求的推动下，行业协会的产生和发展成为中国发展社会主义市场经济的必然。

二、政府职能不断转变

随着改革开放进程不断推进，国内市场活跃程度进一步加大，市场经济体制进一步在国内确立了主导地位。在市场经济日益发达的同时，传统的政府管理模式弊端渐显，如政企不分、政事不分、政社不分等。这些由于政府管理模式不当带来的弊端开始束缚经济和社会的进一步发展，"全能型"政府面临着严峻的挑战，政府机构改革已经难以避免。为了提高行政效率、降低行政成本，国务院从1978年到2013年共进行了6次机构改革。组成机构从1982年的100个削减为2008年的27个，再到2013年的25个。

政府机构数量减少的直接影响是社会管理能力和公共服务职能的削弱。政府部门越来越难以对推动经济发展的各种民营经济进行直接引导，或者通过行政性干预进行调控。对此，政府在机构改革的同时进行职能转变，对社会和市场放权，将原本控制在政府职能部门手中的部分经济管理职能和公共服务职能转移给社会，在实际意义上退出微观领域，专注于宏观调控工作。至此，国家对于市场经济管理方式逐渐从直接管理转为间接管理，政府的角色从市场参与者转变为市场秩序维护者。在政府机构改革、政府职能转移和市场经济发展的多重压力下，行业协会应运而生。

第二节 广东省行业协会的产生路径

本文结合贾西津（2004年）、余晖（2002年）等人关于行业协会生成途径的分类方式，将我国行业协会按生成途径分成自上而下型（体制内生成）、自下而上型（体制外生成）。2006年以前，广东省行业协会的生成方式以自上而下型为主，自下而上型为辅。2006年，广东省对行业协会进行重新登记，由政府职能部门对口组建的行业协会实行去行政化，广东省的行业协会生成方式转为自下而上型为主。但受到我国经济发展程度、政策和制度等因素影响，即使行业协会实施了去行政化工作，其中具有官方背景的行业协会仍然具有其他行业协会难以比拟的优势。

一、自上而下型

自上而下生成的行业协会，也称为体制内行业协会。国内学者的普遍观点认为，这类行业协会主要是政府部门在实现职能转移的过程中，由政府部门中的行业主管部门对口组建形成，在后续的运转过程中，政府占据主导地位。这类行业协会依托政府职能部门而存在，接受政府职能部门的授权或委托，承担行业的部分管理职能，可以看作政府管理部门的延伸机构。由于行业协会的财务、人事基本上都掌握在相关政府职能部门的手中，行业协会的自主权并不大，导致其往往成为政府职能部门工作人员的后备岗位。

一般而言，自上而下型行业协会拥有政府职能部门的授权或定向委托，掌握了部分行政权力。这类行业协会在财务上有政府专门拨款，组建则完全由政府部门负责，组织架构也基本沿袭了政府部门的设置，在发展上较体制外生成模式更为顺利。但由于对政府的依赖程度很高，对行业主要行使管理职能，失去了行业协会服务行业的本质，一般难以成为行业会员的利益代表。

二、自下而上型

自下而上生成的行业协会，也称为体制外行业协会，最初产生于20世纪90年代前后，主要集中在市场经济较为活跃的城市如广州、深圳、温州等地。与自上而下型行业协会不同，自下而上型行业协会是行业自身发展以后，由企业间自发组建而形成的。这类行业协会一般出现在市场化程度较高的行业。其人事、财务均由行业协会自身掌握，对政府的依赖程度较小，独立性强，政府在行业协会的组建和运转过程中所占地位较体制内型行业协会低。这类行业协会虽然能够代表行业内企业的利益，但行业协会在组建和运转过程中容易出现资金匮乏、人才不足、缺乏合法性等问题。此外，这类行业协会受行业性质影响，不同领域的行业协会在发展规模上有很大的区别，不同地区的行业协会在行业治理能力上也有很大的不同。但整体看来，这类行业协会对经济发展的促进能力很强，在行业内的认同程度较高。

由于这类行业协会完全是行业自主成立，很少有政府行政部门授权或委托。因此，行业协会对业内企业的控制能力、管理能力不强，基本只能依靠行业自律规范。实际情况中，这类行业协会可能会出现两种极端：一是行业协会通过制定价格联盟，侵害消费者利益；二是当行业协会内部决策机制缺乏民主时，其内部形成寡头控制，导致行业协会偏离建立的目标，沦为某些大企业敛财、打击其他业内企业的工具，从而破坏行业内的合理竞争秩序。因此，这类行业协会的监督机制在行业协会的运作中有重要的意义。

表1-1为不同生成途径的行业协会的比较。

表1-1 不同生成途径的行业协会的比较

协会内部情况 \ 生成途径	自上而下型	自下而上型
组建中的地位	政府职能部门主导	行业内企业主导
协会定位	辅助政府职能部门管理	服务企业
决策机构	政府主管部门及其任命的工作人员	会员大会、协会理事会
专职工作人员	政府退休或分流人员	协会自聘
经费来源	财政拨款	协会自理
政府部门行政授权或委托	有一定的行政授权或委托	基本没有行政授权或委托

第三节 广东省行业协会的基本状态[①]

一、法律与政策环境

目前，我国的法律体系并没有专门的全国性行业协会法律法规。与行业协会相关的法规也只有1998年国务院颁布的《社会团体登记管理条例》。其他涉及行业协会的规定只是零散地出现在各部委出台的政策文件中。如1997年国家经济贸易委员会发布的《关于选择若干城市进行行业协会试点的方案》。该方案以广州、上海、厦门、温州等四个市场经济较为活跃的城市作为试点，尝试将部门管理转向行业管理。又如，1999年国家经济贸易委员会颁布的《关于加快培育和发展工商领域行业协会的若干意见（试行）》。该意见指出工商领域行业协会具有三项职能，一是企业服务；二是自律、协调、监督和维护企业合法权益；三是协助政府进行行业管理。

2005年12月，广东省人民代表大会常务委员会通过了《广东省行业协会条例》（以下简称《条例》），成为全国第一部调整行业协会法律关系的地方性法规。2006年2月，广东省委、省政府出台了《关于发挥行业协会商会作用的决定》（以下简称《决定》）。《条例》和《决定》的出台，为广东省保障行业协会的法律环境、协调行业协会与政府的关系、规范行业协会的内部治理等提供了法律和政策依据。

在《条例》和《决定》出台后，广东省取消了对省内行业协会的双重管理体制，行业协会可直接向登记机关申请登记。行业协会登记时，无须寻找业务主管部门，而是开展业务活动涉及哪个部门，就接受哪个部门的业务指导。业务指导部门不允许干预行业协会的人事、财务、固定资产等。除涉及行业内评比、达标、表彰及社会公信力的活动以外，行业协会开展其他类型的活动只需在事后向业务指导部门备案。广东省在2006年成立了广东省民间组织管理局，加强对社会组织的引导、扶持、监督管理工作。在随后的几年中，广东省政府、广东省民间组织管理局前后共出台了包括《关于发挥行业协会商会作用的决定》《关于进一步培育发展和规范管理社会组织的方案》《关于进一步培育和发展行业协会商会的实施意见》等七个配套文件和十项行业协会管理制度。

在行业协会与政府的关系上，《条例》和《决定》规定了政府向行业协会

---

① 如无特别说明，本节数据来自广东省民政厅统计数据。

转移职能和购买服务的要求及机制。广东省政府随后出台《关于发展和规范我省社会中介组织的意见》，该意见明确规定可以实施广东省政府转移职能的事项。2009年起，广东省民间组织管理局开始按照"依法办会、规范动作、能力建设、发挥作用、社会评价"等五个方面对省内的社会组织进行评估，从而确定行业协会转移政府职能和购买服务的资质。这五个方面的细化评估指标满分为100分，最高等级为5A级，最低等级为1A级。得分为3A级以上的行业协会则具备转移政府职能和购买服务的资质。评估结果有效期为3年[①]。

在行业协会的内部治理上，广东省民间组织管理局出台了《广东省社团组织行业协会自律工作实施意见》和《全省性行业协会商会管理制度示范文本》，用于提供行业协会的治理原则，加强行业协会治理。《广东省社团组织行业协会自律工作实施意见》强调完善行业协会开展自律的六个方面，即规范运作、诚信执业、公平竞争、信息公开、奖励惩戒和自律保障。《全省性行业协会商会管理制度示范文本》明确了行业协会内部治理民主化、自主运作的规则，包括理事会、监事会、会长、秘书长与法人治理的互相监督机制，以及单位会员制等。

操作层面上，广东省从2006年起对行业协会实施"政会分开"，在行业协会中进行"五自四无"的改革，破除行业协会发展及发挥作用的阻碍。"五自四无"是指：行业协会"自愿发起、自选会长、自筹经费、自聘人员、自主会务""无行政级别、无行政事业编制、无行政业务主管部门、无现职国家机关工作人员兼职"。

二、数量与分布

截至2012年6月30日，全省各级民政部门登记在册的行业协会共有2100个，其中省本级的231个、地市级的1180个、县区级的691个。在区域分布上，行业协会的分布与市场经济活跃程度基本对应。在市场经济较为活跃的珠江三角洲[②]（含省本级）共有各种级别的行业协会1510个，占全省行业协会总数的71.9%；粤东地区162个，占全省行业协会总数的7.7%；粤西地区185个，占全省行业协会总数的8.8%；粤北地区243个，占全省行业协会总

[①]《广东省民政厅关于社会组织评估管理的暂行办法》第二十一条规定：3A级以上的社会组织具有接受政府职能转移、政府购买服务和享受公益性捐赠税前扣除优惠政策，以及开展评比、达标、表彰活动的资格。无3A级以上等级的社会组织不具有以上资格。

[②] 珠江三角洲包括省本级和广州、深圳、佛山、东莞、中山、珠海、惠州、江门、肇庆等9个城市，粤东地区包括汕头、潮州、汕尾、揭阳等四市，粤西地区包括茂名、阳江、湛江等三市，粤北地区包括韶关、清远、梅州、河源、云浮等五市。

数的 11.6%。（见图 1-1）本章以下讨论的行业协会发展情况均是指省本级行业协会。另外，2012 年度应参加广东省民间组织管理局年度检查的省本级行业协会有 219 个，实际参加数为 214 个。

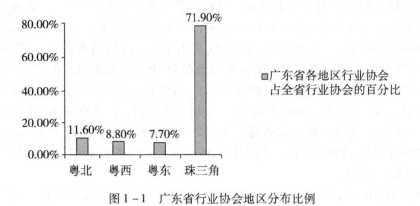

图 1-1　广东省行业协会地区分布比例

三、内部治理情况

在组织规模上，省本级行业协会覆盖了全省 51429 家企事业单位。最大会员数达到 1700 个。214 个行业协会共有理事单位 13925 个，占会员总数的 27%。这些行业协会的负责人基本来自省内各行业的知名企业。行业协会中专职工作人员共有 1437 名。

在自身治理机制上，参加年检的行业协会全部建立行业法人治理机制，并参照《全省性行业协会商会管理制度示范文本》和《广东省社团组织行业协会自律工作实施意见》，建立内部治理机制和自律规范，共设立监事职数 507 名，90 个行业协会设有监事会。参检的行业协会全年共开展标准制定 126 次。

在近年的改革过程中，广东省基本上实现了行业协会的民间化，100% 的行业协会实现自选会长，并建立现代行业协会制度，使行业协会具备民主运行的能力。而作为行业协会治理规则的制定者和监督员，政府行政部门开始转变角色，从主导为主转为引导、扶持为主，保障行业协会自治机制。在政府职能转移及向行业协会购买服务中，政府部门通过建立自然竞争的机制，从而促使行业协会优胜劣汰；同时，允许工作范围和能力接近的行业协会进行合并，健全行业协会的准入和退出机制，提高政府资源配置的效率，降低企业的经营成本。

四、财务状况

在经济实力上,2012年度参检行业协会总资产合计39622.5万元,平均每个行业协会的资产为185.2万元,总资产最多的达2295.1万元。在收入上参检行业协会年度总收入为34397.1万元,收入来源中的前三位分别是提供服务(16062.6万元)、会费收入(13205.7万元)、商品销售收入(3768万元)。年度总收入超过500万元的行业协会有15个,占参检总数的7%;年度总收入50万元以下的行业协会共有82个,占参检总数的38.3%。收入最高的行业协会收入达到3868.7万元。参加年检的行业协会全年总支出为32173.4万元。其中,业务活动成本支出为16420.8万元,占总支出的51%;管理费用支出为13287万元,占总支出的43%。年度支出最多的行业协会总支出为3862.9万元。

值得指出的是,广东省民间组织管理局2012年统计的省本级行业协会收入中,年收入最多的15家行业协会收入总数占全省行业协会总收入的比例超过36%,收入最少的38.3%的行业协会收入占全省行业协会总收入的比例低于12.5%。(见图1-2)

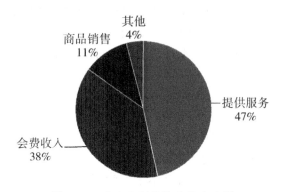

图1-2 广东省行业协会收入比例

在服务能力上,参加年检的行业协会全年共开展各类日常性业务活动9872次。开展的活动包括咨询服务、组织展览、招商引资、交流合作、开拓市场等。参检的行业协会共设立技术创新中心或产业研究机构12个,分支代表机构241个。全年开展社会公益活动75次。截至2012年6月,全省共有147个行业协会在广东省社会组织评估中被评为3A级以上,占参与年检的行业协会总数的68.7%。以2012年为例,这些具备政府职能转移资质的行业协会中,有60个行业协会共承接了179项政府职能,从中共获取政府补助

1031.9万元。具体内容包括标准制定、行业统计、行业培训、资格评审、规划制定、招商引资、行业调研、评比推荐、证书年检、可行性评估、公共服务平台建设、技能竞赛、鉴定评审、等级考核等。单个协会承接政府职能最多的为20项，单个协会接受政府购买服务最多的为134万元。

第二章 广东省锁具维修行业协会的产生与运作

广东省对全省行业协会实施体制改革后的几年间，行业协会的生存空间得到优化，行业协会获得了发展。然而，在行业协会数量显著提升的同时，行业协会内部发展质量也开始出现明显分化。正如第一章中提到的，有部分强势行业产生的行业协会成为整个队伍中的"巨无霸"，在会员人数、运作资金、服务能力等方面都已经达到很高的发展水平。而部分弱势行业产生的行业协会发展则相对迟缓，不仅服务和代表功能相对不足，甚至运作资金也难以满足正常需求。如锁具维修行业协会成立后，虽然采取了一系列发展措施，但发展的速度仍然相对迟缓。

第一节 广东省锁具维修行业协会的产生

一、锁具维修行业协会产生的背景

随着我国市场经济的发展和社会财富的积累，市场对锁具的需求量越来越大，对锁具性能的要求也趋向多样化。在市场需求的推动下，改革开放后的30多年间，锁具行业得到了巨大的发展。如今，锁具的生产不仅引入了声、光、电、电子等元素，锁具的种类也从传统的机械型锁具扩大到成套的门户、系统门禁、车辆船舶、仪器设备锁等领域，生产经营方式则从传统的作坊式生产向规模化、技术化的现代化经营方式转变。在这一快速发展过程中，锁具行业进一步与多个行业对接，从业人数也大大增加。2004年7月，劳动部将"锁具修理工"列入国家职业大典时，登记在册的从业人员数已超过20万。

然而，20世纪80年代，国家把锁具行业从特种行业管理名单中剔除，将其作为普通行业进行管理。随着行业的迅速发展，出现了不少问题，如开锁行为缺乏监管、开锁工具随处买卖、开锁技术随意传授等。这些问题的出现给行业信誉造成了许多不良的影响，也对社会治安产生了巨大的压力。

锁具维修市场的混乱局面引发了部分从业人员的不安。他们希望政府能够采取合适的管理或监督措施以规范行业的经营行为。他们通过各种渠道向政府职能部门递交了关于锁具维修行业混乱经营局面的报告以及整治锁具维修行业混乱经营状况的建议，但这些报告并未引起职能部门的重视。

二、产生过程

多方努力未果后，广东省内一批从事锁具生产及维修工作、持有经营执照，希望实现行业内规范经营并提供良好社会服务的锁具从业人员开始谋求行业自治。他们希望通过组建行业协会，约束从业企业的经营行为，实现行业自律，控制行业的混乱经营局面，促进行业的良性发展。但由于无法确认业务主管部门，该行业协会一直不能合法成立。《广东省行业协会管理条例》颁布以后，行业协会再也无须确认业务主管部门，锁具维修行业协会合法登记的最后一道障碍被清除了。在锁具行业热心人士的共同努力下，广东省锁具维修行业协会于 2006 年 3 月获得广东省民政厅民间组织管理局同意，成为全国第一个合法成立的省级锁具维修行业协会。

第二节 广东省锁具维修行业协会的内部治理

行业协会的内部治理，包括内部治理结构和治理机制。完整的治理机制通常包括完善的章程、理事会和监事会的地位、领导人的选举办法、秘书长的职权、会员的义务与权利等。

一、组织结构

广东省锁具维修行业协会的最高权力机构是会员大会。会员大会的执行机构是理事会，每届 5 年，负责闭会期间领导协会开展日常工作，对会员大会负责。常务理事会由理事会选举产生，人数不超过理事人数的 1/3。常务理事会对理事会负责，由会长负责召集、主持。秘书长负责领导办事机构开展日常工作，决定办事机构、代表机构专职人员的聘用。监事会监事由会员大会选举产生，负责监督协会日常运作，对会员大会负责。协会还设置了技术委员会，由业内资历较深、技术水平较高的人员担任，负责协会技术创新和技术交流工作的开展。

广东省锁具维修行业协会下有 4 个实体机构，分别是广州市锁具维修行业协会、广东省锁具维修行业协会深圳办事处、广东省锁具维修行业协会中山办事处、广东省锁具维修行业协会清远办事处。（见图2-1）

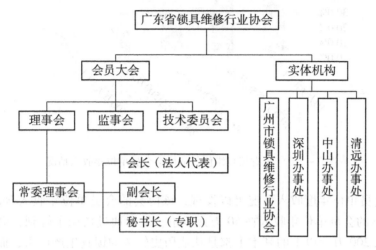

图2-1　广东省锁具维修行业协会组织结构

二、领导和会员

广东省锁具维修行业协会是广东省内从事锁具生产、维修、研究、咨询的经营单位和个人按照自愿原则组成的具有法人资格的行业协会，是全省性、自律性的非营利组织。

《广东省锁具维修行业协会章程》第四章规定，协会的会长、副会长、秘书长由"在本行业内有较大影响、未受过剥夺政治权利的刑事处罚"的会员担任，经理事会选举产生。

协会的会员分为单位会员和个人会员。单位会员必须是合法经营、具有法人资格的商户。后经会员大会讨论通过，允许具有法人资格的经营单位介绍其下属员工参加协会。协会现有会员单位近200个，会员共400人且覆盖全省21个地级市。会员单位中，3.3%的会员单位年营业收入在500万元以上，6.7%的会员单位年营业收入在200万至500万元间，16.7%的会员单位年营业收入在50万至200万元间，43.3%的会员单位年营业收入在10万至50万元间，30.0%的会员单位年营业收入在10万元以下。①（见图2-2）

该行业协会的会员单位包括锁具生产厂家和普通的锁具维修、销售的个体

---

① 该数据根据对行业协会会员资料实地调研整理。

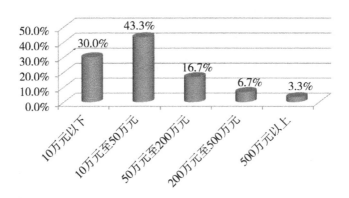

图 2-2 广东省锁具维修行业协会会员单位年收入情况

户。从会员单位年度收入情况可以发现,该协会的会员单位年收入普遍不高,有73.3%的会员单位年收入在50万元以下。笔者通过访谈了解到,会员单位中年收入200万元以上的基本上都是从业历史较久的锁具生产厂家,而一般的会员单位(个体经营为主)经营规模普遍较小、收入较低。

协会现有专职工作人员3名,分别是秘书长、会计、出纳。

三、办公经费

广东省锁具维修行业协会是《广东省行业协会管理条例》实施后自下而上生成的行业协会,在经费收支方面与自上而下生成的行业协会完全不同。协会自身基本没有政府拨款,完全依靠自身解决。

以2012年财务状况为例,协会收到的捐赠收入共为63000元,会费收入为223380元,提供服务收入为37690元,其他收入为8676元,合计收入为332646元。[①](见表2-1)

表 2-1 广东省锁具维修行业协会 2012 年度财务收入情况

收入途径	金额(元)	在总收入中所占比例(%)
捐赠	63000	18.9
会费	223380	67.2
提供服务	37690	11.3

---

① 数据来源广东省锁具维修行业协会2013年度财务报表。

续表 2-1

收入途径	金额（元）	在总收入中所占比例（%）
其他	8676	2.6
总收入	332646	

在 2012 年，广东省锁具维修行业协会用于业务活动的支出为 35860 元，用于管理费用的支出为 310092 元，合计支出为 345952 元。（见表 2-2）

表 2-2 广东省锁具维修行业协会 2012 年度财务收支情况

收入（元）	支出（元）	结余（元）
332646	345952	-13306

从协会的财务收支上看，协会的收入渠道较为匮乏，收入总数不高，收支不抵，这些对于行业协会的健康发展十分不利。另外，协会面向社会提供服务的收入较少，说明协会面向社会提供服务的能力较弱。这种状况，既不利于行业协会扩大自身收入能力，也不利于提高行业协会公信力。

第三节 广东省锁具维修行业协会的外部治理

一、锁具维修行业协会与政府的关系

广东省锁具维修行业协会在组建和发展运作的过程中，接触到的政府部门涉及登记机关、业务指导部门，具体有民间组织管理局、公安、劳动、工商等职能部门。由于民政部门并不具备涉及行业协会相关业务的，因此对行业协会的培育工作主要体现在制定政策规范、提出指导意见、协调政府相关部门间的工作等。如广东省民政厅出台了《关于印发全省性行业协会、商会管理制度示范文本的通知》，为规范行业协会内部管理制度提供了参考，对行业协会的发展起到一定的推动作用。

广东省锁具维修行业协会自从依照 2005 年 12 月第十届广东省人民代表大会常务委员会颁布的《广东省行业协会条例》和省政府颁布的《关于发挥行业协会商会作用的决定》申请成立后，就一直依照政府部门的各项规定进行运作。由于该行业协会中的会员单位规模普遍较小，在经济发展中所占地位并

不突出，在实际运作中以接受政府的监督为主，并严格依照"五自四无"[①]的要求，保持协会的民间性和自治性，同时接受广东省民间组织管理局每年对其进行年检。年检的内容包括执行法规有关政策、开展业务活动、开展经营活动、财务、办事机构和分支机构设置、负责人及专职工作人员等情况。广东省锁具维修行业协会成立以来，每年都按时按要求参加年检，并且顺利通过。

协会与公安部门的接触主要有三个方面：一是主动将其会员资料（包括指纹）在公安机关备案；二是协助公安部门开展特警培训；三是配合广州市110报警台开展联动，为有开锁、修锁需求的市民提供服务。与劳动部门的联系只有一项内容，即配合劳动部门开展锁具修理工的培训及职称考核工作。

二、锁具维修行业协会与消费者的关系

广东省锁具维修行业协会由锁具生产厂家、锁具维修从业人员组成。行业协会透过会员单位间接影响消费者。会员单位以锁具生产者和维修服务提供者的身份出现，而作为产品、服务的购买者，即消费者，在这种消费关系中处于一种弱势的地位。虽然锁具维修行业协会不一定有足够能力左右产品或服务的价格，但如果锁具行业长期不能提供符合消费者需求的产品，则可能会导致经营单位的营利能力下降；在消费者情绪积累到一定程度时必然导致政府介入，最终致使整个行业都会受到政府处罚和法律制裁。因此，作为行业代表的锁具维修行业协会和消费者间是存在着一定的合作空间的。

（1）行业协会可以提供行业各种产品的信息，包括锁具的种类、适应性、维修服务标准等，消费者通过对比，更容易获取适合自身需求的产品。由于消费者可以用自身的行动投票，无形中增加了行业内不同经营主体的竞争，促进了服务质量的提升。

（2）行业协会可以通过制定标准，规范会员的生产和经营，从而对消费者产生有利的影响。虽然行业协会代表着会员的利益，但如果不对会员的违规行为进行监管，不仅会影响行业协会的公信力，也会影响行业内其他会员的利益。因此，行业协会有足够的动力督促会员进行守法经营，从而满足消费者的需求。

三、锁具维修行业协会与非会员单位的关系

广东省锁具维修行业协会所有会员均是自愿入会。会员自愿接受行业协会

---

① 中共广东省委、省政府《关于发挥行业协会商会作用的决定》中规定，行业协会"自愿发起、自选会长、自筹经费、自聘人员、自主会务""无行政级别、无行政事业编制、无行政业务主管部门、无现职国家机关工作人员兼职"。

的管理，遵守行业协会的规章制度，对外可以使用"广东省锁具维修行业协会会员"的名称。另外，行业协会提供技术更新、信息、产品等资源给会员。尽管在协会成立后也发现多起冒用行业协会名义的例子，但对于非会员企业而言，行业协会对其基本没有约束力。由于我国缺乏相关的法规，行业协会遇到这些非会员单位"搭便车"、侵权时，基本没有较好的应对措施。

在访谈中，广东省锁具维修行业协会的秘书长感叹道："对这些冒用省锁协（头衔）的商家，我们实在没有办法。"

第四节 广东省锁具维修行业协会的运作情况

一、为政府制定行业政策提供建议

由于信息的局限性，政府部门不可能掌握所有的情况，行业协会代表了社会某一群体的利益。他们专注于某一领域，是社会管理政策的直接承受者，对从事领域的理解程度与政府管理部门不同。行政管理部门在制定有关行业的政策或者应对亟须解决的问题时，行业协会能够提供专业的知识和建议。因此，行业协会经常能够为政府部门的决策提供十分有用的信息；在某些情况下，行业协会甚至是政府部门唯一的咨询对象。

广东省锁具维修行业协会中某位理事会员为地方政协委员，协会也因此得以通过该会员向政府提供建议和意见。如 2010 年国务院办公厅在京召开的"加强开锁业管理问题座谈会"中，锁具维修行业协会通过会员提供"关于加强和完善锁具维修行业管理的意见"，向广东省公安厅提交《关于广东省锁具维修行业的现状及其亟待规范与管理的情况报告》等。

2007 年 4 月，公安部和国家工商行政管理总局联合发出《关于规范开锁经营单位经营行为 加强开锁行业管理的通知》（公通字〔2007〕17 号），在全国范围内统一开展对开锁行业的整顿治理工作。广东省锁具维修行业协会在整治活动中主动向各主管部门反映情况，积极为规范行业管理提供建议。具体包括：①向公安部门反映广东省开锁行业从业人员、职业技术发展等基本情况，提供规范广东省开锁行业的具体管理措施和建议，包括对申请开锁或设置防盗工程对象的审查、进行服务作业的登记制度、开锁专用工具的生产及流通、开锁技术的传授等。②向工商部门反映广东省开锁、售锁行业基本情况，包括对企业和从业人员执业资格、经营情况审核等，提供开锁、售锁经营单位开业条件设置的建议。

二、职业技能培训与职业资格考核

《中华人民共和国就业促进法》第五十一条规定:"国家对从事涉及公共安全、人身健康、生命财产安全等特殊工种的劳动者,实行职业资格证书制度,具体办法由国务院规定。"公安部、国家工商行政管理总局颁布的《关于规范开锁经营单位经营行为 加强开锁行业管理的通知》(公通字〔2007〕17号)中明确提到:"开锁服务事关人民群众的生命财产安全,如果对其缺乏严格、规范的管理,极易被违法犯罪分子利用。"开锁服务人员,必须实行就业准入制度,必须持证上岗。

广东省锁具维修行业协会据此认为,锁具维修行业必须实行职业资格证书制度,从业单位经营范围必须与资格证书相匹配才能减少行业的混乱和社会安全隐患。因此,协会成立后积极与劳动部门联系,推动锁具维修工的等级考核工作。2008年开始,广东省按国家规定组织、开展"锁具维修工"职业资格的培训和考核鉴定工作,于同年完成了中级、高级锁具维修工职业资格的培训和考核鉴定试点工作,为政府部门实现对开锁行业的执业管理、营业许可、就业准入打下了基础。截至2012年12月,省内共有133名从业人员获得了锁具维修工中级和高级职业资格的认证。

此外,应广东省公安厅邀请,广东省锁具维修行业协会于2010年对深圳市特警队进行了开锁特别培训,为深圳公安和消防部门研制了多款锁具强开工具,为公安、消防部门执行特殊任务时提供了器材服务和技术指导。

三、提供社会服务

广东省锁具维修行业协会成立后,在技术人员较为集中的广州市成立了锁具快速开启服务中心,目前,该中心在全市已拥有50个会员单位。该中心设置了24小时值班电话,与110报警台共同搭建了联动平台,直接接受市民的求助,提供包括各种门锁、汽车锁、保险锁的开锁服务及维修服务。该中心技术人员由锁具协会从正式会员中进行筛选,全部进行了指纹备案。此外,中心制定了技术人员上门服务制度,有统一的工作服、收费标准。在提供开锁或修锁服务前,技术人员会提供服务中心制作的工作证、派工单,并对顾客资料进行确认和备案。确认和备案的资料会在当月月底统一交给公安局。

2012年,广东省锁具维修行业协会在广州市锁具快速开启服务中心的基础上筹建全省统一服务热线(热线电话:400-022-2110),加入了省内其他地区成员,并将协会成员位置分布制成广东省开锁服务电子地图,提供全省范围内的开锁、修锁服务。

此外，广东省锁具维修行业协会还积极组织会员开展公益活动。2008年汶川大地震后，协会组织会员开展捐款活动，及时将筹得款项送往灾区。在2011年至2012年间，该协会共配合社区派出所组织10次社区公益活动，组织会员进入社区宣传锁具安全知识，免费为市民配制钥匙、安装安全性能更高的锁具。

四、制定行业标准

行业服务标准的来源有两种：一种是官方的标准，由政府部门发布强制性的要求，对行业的产品质量或服务标准做出规定；另一种是非官方的标准，通常是行业内约定俗成的，并没有明文规定或政府文件的支持。由政府部门发布的标准，一般情况下行业协会都会参与制定标准的过程；或者行业协会游说政府接受他们提出的建议，最后以政府的名义公布标准。但是，由于行业种类的繁多，性质和发展水平也各不相同，并不是每个行业协会都有能力游说政府部门接受其提出的建议或方案。而行政部门也不可能针对每个行业一一制定标准，因此大而笼统的标准也未必就能完全符合行业的实际情况。

与行政部门制定的强制性标准相比，行业协会能够根据自身的专业优势，制定相对符合行业特点的产品或服务标准，促进行业的产品质量或服务水平的提高。

广东省锁具维修行业协会成立后，先后制定了《广东省锁具维修行业自律规范》《广东省锁具维修业经营服务规范》，对全省锁具从业人员自律、从业行为规范提出了相应的建议，同时，也为公安、工商、经贸等部门进行行业规范管理提供了专业的参考。

五、提供会员专供产品

广东省锁具维修行业协会会员专供产品来源于两个渠道：一是利用协会下属的广东省锁具维修行业协会技术委员会（简称"技委会"）开展技术研究，开发新型的安防产品，再由行业协会联系生产厂家生产，最终提供给会员销售。目前，协会已经取得多项专利，并已经陆续投产。二是由行业协会牵头，联系专业厂家共同开发、生产会员专供产品，实行统购统销，为会员提供价格更为优惠的产品。目前，行业协会已为会员提供10个以上的专供产品。

此外，广东省锁具维修行业协会还以"省锁协"的名义，联系了省内较为大型的锁具生产厂家，建立了商用锁具、安防项目承接部门，负责进行业务洽谈、项目审批、资质审查、投标申报、工程设计、产品安装、售后服务等环节的一条龙服务的牵头工作。在获得商业项目后，协会的任何一个会员均可参与承接、安装服务等工作环节，从而增加了会员单位的业务量。

六、技术交流

广东省锁具维修行业协会成立后，在会员中选取从业经验丰富、技术水平较高的会员组建了广东省锁具维修行业协会技术委员会。技委会定期组织会员开展技术交流，并利用全省开锁服务平台为全省各地的会员提供在线技术支持。一旦会员在服务中遇到疑难问题，可通过会员网络平台迅速得到远程技术支援，或通过平台由技委会安排附近获得高级技术职称的协会成员直接支援。

此外，广东省锁具维修行业协会不定期组织会员与北京、天津、福建和香港等地的锁具维修行业协会开展行业文化、技术、产品和行业规范管理等方面的交流活动。

第三章 广东省锁具维修行业协会发展中存在的主要问题及原因

《广东省行业协会管理条例》和《关于发挥行业协会商会作用的决定》颁布后的5年间，中共广东省委省政府、民政厅及其他一些职能部门陆续出台了一系列的法规和政策，内容涉及行业协会和商会的改革政策、扶持培育、管理、党建等内容。这些政策致力于厘清制约行业协会发展、发挥作用的体制障碍，也希望解决行业协会自身结构设置、能力不强等限制行业协会发展的问题，促进行业协会和商会的改革发展。值得指出的是，在不断改善的政策环境下，广东省的行业协会取得了一定的发展，在政府职能转移、促进行业发展乃至社会公益事业中发挥了不小的作用。但自从2006年广东省所有行业协会实行重新登记以来，由于不同行业协会掌握的资源不同，广东省内诸多的行业协会发展水平出现很大的差别。这些差别不仅体现在行业协会的规模、工作人员的素质上，也体现在行业协会的服务能力和收入等方面。而这些存在的问题，在自下而上生成、会员单位营利能力普遍较弱的行业协会上体现得更为突出。

根据笔者的调研，2012年广东省有39.7%的省本级行业协会年度支出大于收入，38.3%的行业协会年收入在50万元以下。在参加2012年年检的214

个行业协会中,仅有 60 个协会承接了政府转移的职能。① 广东省锁具维修行业协会从 2006 年建立到现在,虽然比建会之初略有发展,但并没有明显地扩大规模,也没有增加如承接政府职能部门的职能转移或服务购买等内容。那么,是什么问题制约了行业协会的进一步发展及发挥作用呢?

第一节 政府职能转移、购买服务的进程缓慢

政府职能转移,不仅可以有效地减少政府的社会管理成本,也可以提高社会管理效率。对行业协会而言,承接政府职能可以有效地增加收入,也可以充分参与社会事务管理和提供公共服务,更能扩大行业协会的权威性和影响力。广东省锁具维修行业协会希望获得政府职能转移的原因也在于此,但实际上行业协会获取政府职能转移的道路却十分曲折。

一、行业协会评级标准设置不合理

广东省民政厅 2009 年开始实施社会组织评估工作。该评估标准明确规定:3A 级以上的社会组织具有接受政府职能转移、政府购买服务和享受公益性捐赠税前扣除优惠政策,以及开展评比、达标、表彰活动的资格。无 3A 及以上等级的社会组织不具有以上资格。②

然而,大而笼统的行业协会评级标准导致许多情况和锁具维修行业协会类似的行业协会评级不达标。行业协会的发展程度与行业本身的规模、行业协会自身的资源、政府的重视程度等因素直接相关。但是,广东省的行业协会评估标准并没有根据不同类型的行业协会进行分类评估,在体制上造成像锁具维修行业协会这一类相对弱势的行业协会等级评估的难度。到 2012 年,广东省具有政府职能转移资质的行业协会共有 147 个,仅占全部省本级行业协会的 68.7%。③

访谈中,广东省锁具维修行业协会的工作人员谈道:"在 2009 年,我们也曾积极进行基础调研及评级准备工作,但因为自身规模小,经费、人力不足,评级工作进行缓慢。这几年又看到那些 3A 的行业协会评估前后一个样,工作做了,政府也没有增加转移的职能。文件规定的职能,像行业技术职称评定、行业准入资格审核、执业资格评定等都还掌握在政府手里。现在申请评级的动力就没那么强了。"

---

① 据广东省民政厅内部资料。
② 参见广东省民政厅《广东省社会组织评估管理的暂行办法》第二十一条,2009 年。
③ 数据来自《广东省民政厅关于 2012 年度全省性行业协会年检情况的通报》。

政府出台评级政策后,和许多行业协会一样,锁具维修行业协会投入了相当的资源进行评级工作。但由于诸如专职工作人员人数有限、学历水平不高、培训条件有限等一些硬件不达标,锁具维修行业协会并没有获得政府职能转移资质。

二、职能转移方式、转移内容单一

按照规定,广东省在政府职能转移中可以采取三种转移形式,分别是"委托—购买""移交—替代"和"授权—补助"。目前采用较多的是"委托—购买"模式。但从调研的结果来看,行业协会对于"移交—替代"和"授权—补助"模式的呼声更为高涨。

锁具维修行业协会的工作人员坦言:行业协会发展的初期,无论是"移交—替代"还是"授权—补助",只要能够获取一定的法定权力,就能够快速地发展行业协会;但实际情况中这两种转移方式都难以获取。

至于行业协会工作人员希望承接而政府职能部门没有转移的职能在广东省制定的法规中也有明确规定。《关于发挥行业协会商会作用的决定》第九条规定:"建立委托授权机制。"该规定明确了政府可依法赋予行业协会的职能:"行规行约制定,行内企业资质认定及等级评定,专业技术职称,执业资格评定,行检行评等方面职能。"该条规定还明确了政府可依法授权行业协会开展并进行相应的购买服务内容,包括行业调查、统计、规划、培训、考核等工作,行业内重大的投资、改造、开发项目可行性的前期论证,以及对项目的责任监督。为了增强《关于发挥行业协会商会作用的决定》的可操作性,2009年,广东省机构编制委员会办公室、广东省民政厅、广东省工商行政管理局联合印发了《贯彻落实〈中共广东省委办公厅、广东省人民政府办公厅关于发展和规范我省社会组织的建议〉的分工方案》的通知,明确了各个部门转移哪些职能以及如何转移职能。

但是,在实际操作中,这些规定和指引的效果并不理想。虽然中共广东省委省政府明确规定了各个政府职能部门可以转移的政府职能,并将责任落实到具体的部门,但目前多数仍然停留于政府的文书中,能够落到实处的并不多。广东省锁具维修行业协会提到的从业资格审核、行业技术职称评定等职能,至今仍被相关职能部门牢牢把持,甚至出现了"有些政府部门不仅不放权,反而把过去已下放给民间组织做的事还收了上去"[1]。

---

[1] 参见王建国、黎建波《提高广东省行业协会商会参政议政地位和能力的调研报告》,《社团管理研究》,2011年第2期。

三、购买服务费用不足

从笔者获取的数据来看，2010年广东省省本级共有60家行业协会承接了政府职能，占当年参检行业协会的29%；接受政府补助收入为1467.3万元[①]，平均每个行业协会24.5万元。2011年广东省省本级共有66家行业协会承接了政府职能，占当年参检行业协会的31%；接受政府补助收入为764.8万元[②]，平均每个行业协会11.6万元。2012年，广东省省本级共有60家行业协会承接了政府职能，占当年参检行业协会的28%；接受政府补助收入为1031.9万元[③]，平均每个行业协会17.2万元。

图3-1为广东省2010—2012年承接政府职能转移的行业协会比例及政府购买服务的费用总和。

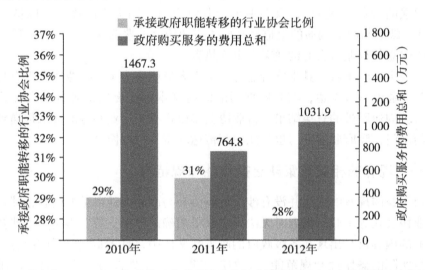

图3-1 广东省2010—2012年承接政府职能转移的行业协会比例及政府购买服务的费用总和

调查中，一家被广东省民政厅评为"5A"级并且已承接了政府部分职能转移的协会表示，政府部门转移的职能都是政府做不好或者是没什么油水的，比如行业调研、信息收集等，这些需要大量时间和资源；而像专业技术职称评定、企业资质认定等都没有转移给行业协会，并且用于购买服务的经费还是太少，甚至连支付调研成本都不够。

---

① 数据来自《广东省民政厅关于2010年度全省性行业协会年检情况的通报》。
② 数据来自《广东省民政厅关于2011年度全省性行业协会年检情况的通报》。
③ 数据来自《广东省民政厅关于2012年度全省性行业协会年检情况的通报》。

评级前和评级后一个样，行业协会进行评级的动力受到严重打击。即使获取了转移职能的资质，但政府出让的职能并不是行业协会最希望得到的，能得到转移的职能对行业协会运作产生过高负担，出于成本的考虑，主动承接职能的行业协会也不多。由于这些原因，使得锁具维修行业协会申请评级的动力不足，也减缓了广东省政府向行业协会进行职能转移的脚步。

第二节 缺乏与政府沟通和表达诉求的渠道

虽然广东省内自上而下生成的行业协会已经实施去行政化工作，但由于具有天生的优势，这类行业协会在寻求与政府部门沟通时具有别的行业协会难以企及的优势。相比之下，在自下而上建立的行业协会中，除非是"地位显赫、实力超强的行业'老大'，众多中小行业协会商会则无人问津，难以被'惠及'"[1]。缺乏与政府沟通的渠道已经成为行业协会的普遍状态。而政府职能部门对于建立与行业协会的沟通渠道也不热衷。

访谈中，广东省锁具维修行业协会工作人员明确表示，行业协会没有与政府部门沟通的直接渠道，与政府部门的沟通基本都需要借助各种私人关系进行。这种沟通困难的直接结果是行业协会难以将维护行业利益的诉求传递到政府职能部门，政府职能部门也不能顺利传达政策到行业协会。

一、现有的相关政策缺乏操作性和规范力

由于我国现有的法规并没有涉及行业协会与政府沟通渠道的内容，锁具维修行业协会在寻求政府沟通时无法确定获得明确的政策支持。事实上，涉及政会沟通的内容仅是出现在各级政府的政策性文件中，且多是宽而泛的内容，往往缺少实际的操作性和规范能力。如广东省《关于发挥行业协会商会作用的决定》第十一条就明确规定："政府部门应当构建与行业协会长期稳定的联系对话平台。"但该决定出台后，落实情况却不尽如人意，而政府职能部门也没有后续的跟进措施。一方面，行业协会申请与政府沟通时没有明确的操作指引程序；另一方面，政府部门即使不建立与行业协会的沟通渠道也显得无关痛痒，结果就是省政府、民政厅等支持政会沟通的政策只能停留在文件中。

---

[1] 参见王建国、黎建波《提高广东省行业协会商会参政议政地位和能力的调研报告》，《社团管理研究》2011年第2期。

二、政府职能部门观念未转变

在政会沟通的过程中,政府职能部门扮演着一个重要的角色。虽然广东省有相应的政策支持政府职能部门与行业协会建立征询机制,但在实际情况中能够建立稳定的政会征询渠道的案例并不多。多数政府职能部门仍然停留在"大权一把抓"的时代,认为政府部门是高高在上的管理者,并不习惯将行业协会看成分担政府职能的合作伙伴。有的职能部门在行业协会需要支持时并不怎么合作;也有的职能部门不仅不愿将广东省《关于发挥行业协会商会作用的决定》中规定政府职能转移的事项转移给行业协会,甚至还将已经由行业协会承担的工作收回。锁具维修行业协会开展业务工作中涉及工商、公安部门,行业基础数据也都在这两个部门,锁具维修行业协会在基础调研中也曾希望获得工商等部门的支持,但实际情况却很难令人满意。

三、行业协会缺乏应有的身份和地位

社会团体中呼声很高的增设行业协会和商会人大、政协代表的问题一直没有解决。虽然现有的人大或政协代表中确实有一部分人有行业协会背景,但他们工作的重心在企业而不在行业协会,能够以行业协会自身利益和发展需求出发的代表基本没有。行业协会在向政府职能部门表达诉求时,缺乏话语权,更缺乏与政府部门议价的能力,而只能以调研报告或政策建议的形式向有关职能部门提出建议,在受重视程度、影响程度上大打折扣。锁具维修行业协会的工作人员表示,协会曾就广东省锁具维修市场的混乱状况向工商和公安管理部门提出建议。但就目前而言,职能部门并没有进行合适的反馈,也未出台新的政策或管理措施。

四、行业协会自身缺乏足够的资金和人力支持

强大的经济实力是行业协会开展工作的基础。广东省民间组织管理局2012年对行业协会的年审结果显示,39.7%的行业协会收入水平难以满足日常支出需求。而锁具维修行业协会2012年财务报表显示,2012年度支出345952元,结余为 -13306元。支出的费用主要用于支付3名专职工作人员工资、办公场所房租、水电等。从收入情况看来,锁具维修行业协会的收入只能基本满足开展协会日常管理和提供一些相对较为简单的会员服务的要求,不可能有多余的人力和物力建立沟通政府部门的渠道,因此,实践中需要寻求政府支持时就只能临时性地通过私人关系,再寻找相关部门解决问题。

第三节　经费来源不足，服务性收入过少

国务院国有资产监督管理委员会（简称"国资委"）在《我国工商领域行业协会政策环境研究》的报告中指出，全国仅靠会费收入就能满足60%以上经费需求的行业协会不足18%，而我国绝大多数的行业协会会费收入都不能满足正常运作所需经费的30%。[1] 广东省锁具维修行业协会2012年财务报表显示，2012年度会费收入为223380元，管理费支出为309892元。这说明，如果仅靠会费，行业协会根本就无法进行正常运作，更不可能深入开展或开拓功能性业务。由于没有政府补贴这个经费来源，广东省锁具维修行业协会只能面向社会提供有偿服务，以弥补协会收支不足的问题。

一、经费来源单一

行业协会的经费来源主要有三类。

第一类来自会员，主要有会员的会费、捐赠资金或赞助费。2006年广东省出台《转发民政部关于进一步明确社会团体会费政策的通知》，进一步明确了行业协会会费标准由会员（代表）大会以无记名投票表决通过，取消了自1992年以来延续的行业协会会费统一标准、会费标准过低的问题。该政策使会费成为众多行业协会的主要收入之一。

第二类来自政府，主要有政府财政拨款和补贴。这类收入是自上而下生成的行业协会的主要收入来源。但对于自下而上生成的行业协会而言，这类经费来源通常很少甚至基本没有。

第三类来自行业协会获得的营业性收入，主要是行业协会向会员、政府、社会上的其他消费者提供有偿服务从而获得的收入。这类收入是行业协会功能全面程度的标志之一，也是体现行业协会发展水平的指标之一。在发展水平较高的行业协会中，这类收入通常是主要收入来源。

在广东省锁具维修行业协会2012年总收入中，67.2%是会费收入，而提供服务收入所占的比例仅有11.3%。目前，行业协会提供的服务主要有两项，一是以锁具快速开启服务中心为基础，配合广州市"110报警台"，将市民的开锁、修锁需求转达服务中心的会员；由会员向市民提供开锁、修锁服务，会员再向协会支付服务费用。另一项是向会员提供专供产品，会员售出产品后向协会支付提成。访谈中，协会工作人员表示，在实际工作中，这两项工作增加

---

[1] 参见国务院国有资产监督管理委员会《我国工商领域行业协会政策环境研究》，2008年6月。

的收入并不明显。虽然"110报警台"每天收到的开锁需求很多①，但由于省锁协获得的业务量并没有占主要地位，因此增加的收入并不高。而配合劳动部门开展技术培训和职业资格考核、评审则基本没有收入。该工作人员同时还表示："我们不会因为亏钱就不做，因为做这个对我们行业的发展有利！"

二、专职工作人员不足

专职工作人员的缺乏也是行业协会服务性收入不足的原因之一。广东省锁具维修行业协会专职工作人员只有3人，除了秘书长、财会人员外并没有其他的专职人员。这种情况使行业协会只能提供简单的信息服务，而像其他一些较为大型或对会员更加有利的调研或服务活动则难以开展。

会费收入不够用，提供服务的收入又不能有效弥补资金缺口，资金周转状况严重限制了行业协会的发展和壮大。

第四节　会员覆盖面不足，社会知名度不高

《广东省行业协会条例》第十条对于成立行业协会的人数条件规定如下：有50个以上的同行业经济组织申请入会。成立至今，广东省锁具维修行业协会已有会员单位近200家，并在广州、深圳、中山和清远设有实体机构，但仍然存在会员覆盖面不足、社会认可程度不高的问题。

在访谈中，行业协会的工作人员表示，即使是会员最集中的地区广州市，参加行业协会的从业人员比例仍然不足一成。这个比例在省内的其他地市还要更低。

笔者从广东省民间组织管理局了解到，除了广东省锁具维修行业协会，广东省本级并没有其他涉及锁具的行业协会。因此，不存在因竞争导致广东省锁具维修行业协会会员增长缓慢的可能。

广东省锁具维修行业协会是由业内人士发起、自下而上生成的行业协会，具备行业代表的基础。但如果会员覆盖率持续不高、社会认同度低，则会导致行业协会不足以代表整个行业利益，更难以代表本行业进行行业管理。出现会员增长缓慢、社会认可程度不高的情况，主要有三大原因。

一、行业协会自身服务功能的缺失

行业协会自身服务功能的缺失，造成对企业的服务能力不强，导致行业协

---

① 据广东省锁具维修行业协会工作人员称日均有100起左右。

会对企业吸引力不足。由于缺乏足够的人力和物力，锁具维修行业协会只能通过协会下设的技术委员会为会员提供信息咨询、业务培训和技术指导等较为有限的服务，对于会员利益提升能力不够强。虽然技术委员会中的委员技术水平很高，但是技术委员会并不是专职机构，因此行业协会难以通过技术委员会提供更深层次的服务。行业内经营主体在考虑入会成本和收益后往往放弃加入行业协会。

二、行业协会对自身的宣传不足，社会知名度不高

锁具维修行业是一门技术性比较强但又相对冷门的行业。消费者如果对开锁与修锁服务质量、收费标准有异议时，即使投诉到消费者协会也难以得到有效评定。但广东省锁具维修行业协会可以妥善地解决这一问题。遗憾的是，锁具维修行业协会虽然有一批技术水平很高、在业内颇有名气的会员，但由于没有足够的宣传，行业协会在社会普通民众中的知名度很低，导致行业协会虽然有为社会提供服务的中介功能和监督会员服务质量的功能，却很少有民众知道。例如，广东省锁具维修行业协会下设的锁具快速开启服务中心。该中心对于开锁、修锁都有标准流程和收费明细，技术人员全部在公安局进行了指纹备案；与市场上随处可见的"锁王"等相比，该中心可以为市民提供更安全、技术性更高、收费更合理的开锁或修锁服务，但却鲜有市民拨打该中心的服务电话。

三、行业本身混乱的经营和管理状况

1980年前后，国家把锁具行业从特种行业中剔除，将其列为普通行业进行管理。值得指出的是，虽然锁具行业不直接涉及人身安全，但开锁技术、开锁专用器材都是直接涉及社会和个人财产安全的。而国家并没有把开锁技术的传授、开锁器材的生产和销售作为特殊事项进行管理，造成目前市场上开锁技术随意传授、开锁器材随意销售的局面。其次，广东省锁类经营单位申请开业时，并不需要通过行业协会进行执业资格评定。据行业协会的工作人员表示，"开锁"业务不仅需要一定的技术水平，更需要有一定的职业道德要求和政府监管力度，否则容易导致社会治安问题。因此，对从事"开锁"业务的经营主体进行强制性的从业资格审核和业务监管就显得十分必要。但在实际市场中涉及锁类的经营单位，除了需要在公安部门进行简单的备案以外，政府职能部门并没有其他监管行为。"开锁"的安全性完全靠锁匠们自身的道德约束。

广州市公安局不完全统计的数据显示，广州市约有4000人在从事与锁具相关的工作。但由于政府职能部门监管的缺位，这4000人中有相当一部分是

无证或证照不全的"黑户"。锁具维修行业协会的工作人员表示,这些从业人员中虽然有部分人员有加入行业协会的意愿,但由于不具备合法身份,只能被协会"拒之门外"。

第四章 促进广东省锁具维修行业协会发展的建议

行业协会的发展过程,既是行业协会本身获取权力和资源的过程,也是社会自治水平提高的过程。可以说,行业协会是社会经济高度发展的产物之一,也是促进社会经济有序发展的动力之一。促进行业协会的健康发展,不仅是政府管理和市场调节机制的有力补充,也是我国深化社会管理改革的现实需要。对于广东省锁具维修行业协会而言,良好的发展不仅有利于行业协会实施自律、促进行业的经营规范,也有利于更好地为会员提供服务、促进行业整体发展。对政府而言,广东省锁具维修行业协会的发展壮大,最现实的意义则在于弥补政府管理的不足,消除社会的安全隐患。本章针对第三章中所分析的问题,从政府和行业协会两个角度出发,结合广东省锁具维修行业协会的具体情况,探讨促进行业协会发展的可能对策。

第一节 理顺政府与行业协会的关系

政府职能转移,有利于理顺政府职能部门、行业协会和企业之间的关系。政府职能部门利用行业协会的专业性,可以更准确、高效地治理行业;行业协会通过政府购买服务,可以进一步拓展资金来源,在行业管理上也能拥有主动权和更高的权威性。

一、明确政府和行业协会的职能定位

在全能型政府的时代,政府掌握着全部的社会资源,市场和社会基本没有资源配置的能力。政府职能转移,在某种意义上就是让资源和权力回归市场、回归社会,形成政府、市场以及社会既在各自能力范围内实施资源的优化配置,又互相弥补,最终实现三者协调发展的局面。因此,必须首先明确政府、

市场和社会各自的职能范围与权力空间，才能使三者的边界有效地衔接，以较低的管理成本获取更高的管理效果。

对于政府而言，管理的重心在于宏观经济和社会发展的整体协调上，而不是事必躬亲，将所有事务都揽在身上。行业层面中事务性、操作性的工作完全可以交给符合资质要求的行业协会做。行业协会成为这些事务性工作的实际执行者后，政府则从执行者转变为行业协会执行工作的监督者。从政府管理的角度来看，有利于减少政府的行政成本，提高行政管理的效率。

从行业协会的角度来看，行业协会的职能定位既是服务行业内的企业，也是管理行业内的企业，可通过促进行业自律最终实现行业的健康发展。政府在行业层面的适当放权，有利于树立行业协会的权威性，也有利于提高行业协会对于行业的管理能力。

二、落实政府职能转移的相关规定

广东省《关于发展和规范我省社会组织的意见》中按照行业管理与协调、社会管理与服务、技术服务与市场监督三大类，将政府职能转移事项分成17小类。① 落实政府职能转移，每个政府职能部门要依照这三大类17小类，列出职能转移的具体项目，并由省政府、国家发展和改革委员会（简称"国家发改委"）以及法制办按照文件规定进行审查，严格实施，避免出现"该放的不放，不该放的乱放"的局面。在政府购买服务中，政府职能部门必须明确向行业协会购买的服务项目，将每项服务的质量要求、检验标准、购买价格等向社会公布，做到公平、公开。

同时，也要防止某些政府部门出于既得利益的考虑，保留实质性的职能事项，在职能转移的过程中仅仅将"不想管、不愿管"的事交给协会。

三、根据行业性质分类扶持和培育行业协会

行业协会的能力是影响政府职能转移的另一个重要因素。不同性质的行业、不同层级的行业协会在资源、执行能力上有很大的不同。各级政府对行业协会的发展虽然有一定的扶持政策，但"一刀切"的扶持政策难以解决不同行业协会的实际需求。有些行业由于自身资源较多，经费较为充足，所缺的只

---

① 三大类17小类职能是：第一类，行业管理与协调包括行规行约制定、行业准入审核、等级评定、公信证明、行业标准、行业评比、行业领域学术和科研成果评审；第二类，社会管理与服务包括法律服务、宣传培训、社区事务、公益服务；第三类，技术服务与市场监督包括业务咨询、行业调研和统计分析、决策论证、资产项目评估。

是政策支持或政府适当的授权；而有些行业因为市场需求较低，会员普遍是小规模经营，所缺的可能是行业协会运营的经费等。因此，必须针对不同类型的行业协会制定不同的扶持和培育政策，才能有效地提高行业协会的能力。

四、强化行业协会承接政府职能的监管体系

强化行业协会承接政府职能的监管，必须"有一定的规则对其加以监督，以帮助它们高效益、高效率和负责任地完成自己的社会使命"[①]。具体到我国行业协会承接政府职能转移的监管，主要有三个方面的工作。一是强化对政府职能部门职能转移的监督，确保职能转移的落实情况，避免由于政府职能部门自主性过大造成职能转移时避重就轻、流于形式。同时，加强对职能转移过程的监督，做到公开透明，避免出现暗箱操作的情况。二是强化对行业协会承接政府职能转移的监督。行业协会在进行政府职能转移时，必须对行业协会的资质、能力范围进行严格把关，避免出现不符合条件的行业协会承接政府职能，也要防止行业协会承接政府职能时"大包大揽"，形成新的垄断局面。可以成立由政府部门、行业协会和专家学者联合组成评估机构，在行业协会承接政府职能前对行业协会的能力进行适当地评估。三是加强政府职能转移的绩效考核工作。明确政府职能转移事项的质量要求、检验标准和评估办法，建立合理的绩效考核体系，积极利用外部评价渠道对政府职能转移的作用效果进行评价，将承接的作用效果作为行业协会今后能否继续承接政府职能转移、承接费用的重要依据。

五、细化"一刀切"的政府职能承接标准

目前，广东省实行了行业协会商会评级标准，从1A级到5A级共五个等级，以3A级作为行业协会承接政府职能转移的最低要求。但是，行业协会的发展水平受到诸多因素的影响。有些行业协会受行业性质的影响，在发展规模和能力水平上是不可能与其他规模较大或政府背景深厚的行业协会相提并论的。用统一标准对所有行业协会和商会进行评级，虽然在"公开性、公平性"方面已经是一种进步，但对于弱势行业协会必然会造成门槛过高的困难。结果往往导致弱势行业协会与政府职能转移无缘。因此，对于不同性质、不同规模的行业协会评级必须有不同的评级标准。在实施职能转移时，根据不同政府职能的执行要求，设置相应的资质等级，再由获得不同资质等级的行业协会分别承接。

---

① （美）里贾纳·E.赫兹琳杰：《非营利组织管理》，中国人民大学出版社2002年版。

第二节 建立稳定的沟通渠道

搭建长期、良好的政府与行业协会的沟通平台，是实现政府与行业协会功能互补的前提条件。政府职能部门通过沟通渠道可以有效获取行业的专业意见，从而准确制定政策，促进经济的发展；行业协会通过沟通渠道表达诉求或提供参考，直接或间接影响政府的政策制定，从而使政府对行业的政策更加有利，同时也可增强行业协会的影响力和权威性。

一、明确沟通的法律地位

目前，我国并没有法规可以保证政府与行业协会沟通的渠道，与此相关的内容仅是零散地出现在各级政府的政策性文件中。在《关于发挥行业协会商会作用的决定》中虽然明确要求建立政府职能部门与行业协会沟通协调和征询机制，但具体的落实情况也不尽如人意。因此，必须明确政会沟通的作用和地位，将各级政府政策性的意见提升到法律的高度，才能减少政策性文件因时境或领导人的更换产生的不稳定性和随意性。

二、落实沟通协调与征询机制的具体内容和范围

搭建政会沟通的平台，必须细化、落实政会沟通协调和征询机制的具体内容。政府要明确规定，哪些决策必须事先向行业协会征询，哪些可以协商征询或无须征询。在政府部门制定涉及行业的政策时，必须有行业协会出席或者列席会议，确保行业协会提出意见或建议的资格。政府部门可以牵头成立包括政府职能部门、行业协会代表、专家联合组成的咨询委员会，在政府施政或决策过程中独立提供意见，以促进决策的科学和民主程度。除此之外，鉴于目前行业协会与政府职能部门沟通中依靠私人关系、各显神通的情况，一方面，政府职能部门必须转变观念，重视行业协会的作用，将行业协会看作分担政府职能、平等的合作伙伴；另一方面，必须建立行业协会重要情况的绿色直通车制度，保障中小行业协会与政府职能部门的沟通渠道。

三、增设行业协会在人大、政协代表中名额

在人大或政协代表中增加行业协会的名额对于增加行业协会的影响力、促进行业协会与政府部门沟通有积极的意义。过往的经验表明，选人大、政协代表往往变成了"选老板、选明星"。虽然"老板""明星"是从分配的界别中选出，但他们的身份和地位使其自身工作的重点并不在所属界别的公共利益

上，自然难以真正代表该界别发出声音。应该把那些真正拥有政治智慧和政治技能的人选入人大、政协，把那些虽有财但无才、有能但无仁或没有政治智慧的人"拒之门外"，才能真正发挥每一个代表的作用。在实际的操作上可以参考经济界的做法，分配代表名额给行业协会后，由社会组织管理机关负责代表的选举与推荐。

第三节 增强行业协会自身功能，提高服务性收入比重

广东省锁具维修行业协会属于行业协会中较为弱势者，其自身没有良好的政府背景，会员单位也属于经济地位较为弱势的群体。客观上行业协会的经费来源受到一定的限制，而经费不足则会导致其日常运作中产生诸多问题，影响行业协会作用的发挥。因此，必须通过拓宽行业协会的经费来源，增加弱势行业协会的资金量。

民政部、国家工商行政管理总局于1995年颁发的《关于社会团体开展经营活动有关问题的通知》规定，具有社团法人资格的社会团体可以在国家有关规定的范围内开展经营活动。对于行业协会来说，可以创办经营实体单位，从事与行业协会业务相关的有偿服务活动，所得的资金再用于促进行业协会的发展，从而更好地发挥其作为行业互益性组织的功能。

广东省锁具维修行业协会的经费来源以会费为主，提供社会服务的收入比例并不高。由于会费的收入受到会员数量和收缴水平的影响，较为稳定。因此，行业协会可以以现有的服务为基础，进一步扩大服务性收入的比例，解决自身经费缺乏的困境。

一、利用技术优势增加服务性收入

广东省锁具维修行业协会设有技术委员会。该技委会集中了省内一批技术水平很高的锁匠，他们在国内也享有很高声誉。因此，广东省锁具维修行业协会可以发挥技委会的技术优势，通过技委会开展有偿技术培训和技术交流，一方面可以为行业协会增加收入；另一方面也可以改变锁具行业传统的"以师傅带徒弟"的作坊式培训，对于促进行业整体技术水平的提高也有不少益处。具体的操作上，广东省锁具维修行业协会可以从自身的技术优势出发，开展有偿技术培训、技术交流座谈会、出版刊物向会员介绍行业内新技术、新产品开发情况等自身优势较强的经营项目。

二、加强行业协会的功能宣传

广东省锁具维修行业协会代表了行业内经营单位的利益,但同时也具有行业管理和服务社会的能力。例如,行业协会有向社会提供安防工程、安防信息、锁具安全等方面咨询服务。又例如,协会下设的快速开启服务中心,在为市民提供开锁中介服务时具有自身独特的优势,即技术水平高、技术全面、操作流程规范、安全性高。这些优点是街头巷尾的"开锁大王"不具备的。因此,行业协会可以通过一定的宣传,让社会了解他们能做些什么,提高行业协会在社会中的知名度,打造自身的品牌,改变广东省锁具维修行业协会"养在深闺无人识"的局面,逐步扩大行业协会在社会的知名度,从而增加锁具快速开启服务中心的业务量。

三、引进人才,提高行业协会的服务品质

珠江三角洲的锁具生产厂家比较集中,产品远销全国各地,并具有一定的技术优势和声誉。但由于广东省锁具维修行业协会专职工作人员不多,能够将行业协会作为一个非营利组织进行运营、规划的专业人才更是缺乏。在过往的发展历程中,行业协会难以有足够的力量组织开展大型的行业活动。因此,引进专业的人才,组织开展行业产品展销会、技术设备及发展趋势研讨、行业推广、招商引资等活动,可以有效地发挥广东省锁具维修行业协会的技术优势和地理优势,实现行业协会的健康发展。

四、加强与企业合作,开拓市场

行业协会除了搭建生产厂商与销售单位的信息沟通平台外,还可以通过加强与企业的合作,积极为会员提供专供产品,提高会员的营利能力。广东省锁具维修行业协会可以利用自身的专业优势,通过建立行业协会的品牌效应,逐步积累产品和社会资源。

广东省锁具行业的经营单位一般规模较小,吸引社会资本扩大经营能力的力量较弱,也不具备单独承接大中型项目的能力。行业协会与企业合作,有利于行业内中小型经营单位集中力量,面向社会招商引资或承接大中型项目,而行业协会在更好地为会员提供服务的同时也可以进一步增加收入。

五、积极申请政府职能转移

尽管政府职能转移工作进程仍然不尽如人意,但承接政府职能转移,可以为行业协会提供一定的资金收入,也可以提高行业协会在行业内的权威性,对

于行业协会扩大社会影响力、形成品牌效应也有积极的意义。因此，积极申请行业协会评级，通过后申请政府职能转移对广东省锁具维修行业协会有积极的促进作用。在协助劳动部门开展职业技术等级考核和鉴定中，锁具维修行业协会可以争取改变无偿为政府提供服务的状态，获取适当的政府的服务费用以减轻行业协会的经济压力。

结　　语

随着市场经济和民主化进程的发展，行业协会的作用越来越受到人们的重视。2006年3月，广东省正式实施专门为行业协会制定的地方性法规，并对全省的行业协会实施了体制改革，率先优化了广东省行业协会发展的政策环境。时至今日，广东省的行业协会在数量、规模、服务能力等方面都取得了很大的发展。但不可否认的是，广东省行业协会的发展状况依然存在一些不足，部分情况下行业协会在实践中没有发挥应有的作用。

本文的研究发现，广东省虽然出台了不少有利于行业协会发展的政策，但是，由于政府职能部门没有完全落实相关规定，行业协会仍然受限于一些体制性因素，未能完全享受行业协会政策带来的发展空间。具体而言，行业协会受到政府职能转移缓慢、缺乏与政府职能部门的沟通渠道等影响，导致行业协会发展缓慢，规范行业经营的能力不足；另外，行业协会自身功能不全、会员覆盖面不够大也是阻碍行业协会发展的重要原因。

本文通过研究广东省锁具维修行业协会的发展状况后认为，解决行业协会的发展问题必须从政府管理和行业协会自身建设两个方面入手。

（1）对于政府部门而言，首先要明确自身的职能定位，落实政府职能转移的相关规定。在实际操作中，要根据不同行业协会的能力，合理地授权或实施职能转移，同时做好监督工作。其次是要改变大而笼统的扶持办法，对不同类型的行业采取有针对性的扶持和培育政策，才能有效促进行业协会的发展。最后是政府职能部门必须转变观念，搭建与行业协会沟通和协调的平台。

（2）对于行业协会而言，必须完善自身功能，提高自身的服务能力，增加收入来源，扩大会员的覆盖率，才能提高行业协会的代表性和能力，真正发挥其行业利益代表的功能。同时，也要积极承接政府职能转移，发挥其应有的社会公益能力。

囿于笔者的能力，本文不可避免地存在不足。

第一，研究资料的局限。本文采取访谈和文献研究的方法收集了一部分资料，但是，由于笔者并未真正参与到行业协会的日常运作中，因此对广东省锁具维修行业协会的了解程度较为粗浅。对于一些深层次的情况，如行业协会运营中关于私人与政府职能部门官员沟通的情况、行业协会的财政支出明细等情况则难以知悉。

第二，个案研究代表性不足的局限。广东省锁具维修行业协会的经费来源、实际运作情况、与政府部门的关系和其他行业协会存在着一定的差异，因此限制了本文研究的借鉴意义。

笔者在资料收集过程中发现，广东省锁具维修行业为了实现行业的健康发展付出了很多的努力，其中包括为行业协会争取合法身份、主动寻找劳动部门开展锁具从业职称等级考核、配合广州"110报警台"开展联动工作等。据协会的工作人员介绍，由于缺乏与政府职能部门直接沟通的渠道，这些由锁具协会主动发起的工作都须依靠协会领导、会员与政府官员间的私人关系进行。

那么，在缺乏正式沟通渠道的条件下，这种非正式的沟通渠道是否起到了代替的作用？这些私人关系对广东省锁具维修行业协会的发展起到什么样的作用？这些都是可以继续深入研究的问题。

参 考 文 献

[1] 王名，贾西津．行业协会论纲［J］．经济界，2004（1）．

[2] 余晖，等．行业协会及其在中国的发展：理论与案例［M］．北京：经济管理出版社，2002．

[3] 刘洪．在全省性行业协会商会和基金会评估授牌大会上的讲话［R］．广州：广东省民政厅，2010．

[4] 贾西津，沈恒超，胡文安，等．转型时期的行业协会——角色、功能与管理体制［M］．北京：社会科学文献出版社，2004．

[5] 国家经济贸易委员会．关于选择若干城市进行行业协会试点的方案［R］，1997（3）．

[6] 陈向明．质的研究方法与社会科学研究［M］．北京：教育科学出版社，2000．

[7] 孙春苗．广东省行业协会体制改革调研报告［J］．学会，2009（1）．

[8] 广东省锁具维修行业协会2013年度财务报表［R］．2013．

[9] 广东省民政厅关于2010年度全省性行业协会年检情况的通报［R］．

[10] 广东省民政厅关于2011年度全省性行业协会年检情况的通报［R］．

[11] 广东省民政厅关于2012年度全省性行业协会年检情况的通报［R］．

[12] 王建国，黎建波．提高广东省行业协会商会参政议政地位和能力的调研报告［J］．社团管理研究，2011（2）．

[13] 国务院国有资产监督管理委员会．我国工商领域行业协会政策环境研究［R］．2008（6）．

[14]（美）里贾纳·E．赫兹琳杰，等．非营利组织管理［M］．北京：中国人民大学出版社，2002．

[15]（美）莱斯特·M．萨拉蒙．全球公民社会：非营利部门视界［M］．贾西津，译．北京：社会科学出版社，2007．

[16] 朱英．中国近代同业公会与当代行业协会［M］．北京：中国人民大学出版社，2004．

[17] 王名．中国非政府公共部门［M］．北京：清华大学出版社，2003．

[18] 王名，刘培峰．民间组织通论［M］．北京：时事出版社，2004．

[19] 孙春苗．各地对行业协会双重管理体制的创新之比较［J］．学会，2008（5）．

[20] 余晖．转型期行业组织管理体制改革和发展之实践及评价［N］．中国经济时报，2005-10-13．

[21] 俞可平. 治理与善治 [M]. 北京：社会科学文献出版社，2000.

[22] 金志霖. 英国行会史 [M]. 上海：上海社会科学院出版社，1996.

[23] 曲彦斌. 行会史 [M]. 上海：上海文艺出版社，1999.

[24] 黎军. 行业组织的行政法问题研究 [M]. 北京：北京大学出版社，2002.

[25] 徐晞. 我国行业协会内部治理问题的博弈分析 [J]. 宁波大学学报，2009（2）.

[26] 康晓光. 行业协会——政府与企业的润滑剂 [J]. 中国经济信息，2001（8）.

[27] 盛春梅，胡丹婷. 行业协会研究综述 [J]. 现代商业，2009（3）.

[28] 任一. 行业协会治理中的正式规则与非正式规则 [J]. 天津市财贸管理干部学院学报，2000（1）.

[29] 郑江淮，江静. 理解行业协会 [J]. 东南大学学报：哲学社会科学版，2007（6）.

[30] 张冉. 我国行业协会组织治理研究 [J]. 华中科技大学学报：社会科学版，2007（6）.

[31] 郁建兴. 行业协会：寻求与企业、政府之间的良性互动 [J]. 经济社会体制比较，2006（2）.

[32] 康晓光. 行业协会何去何从 [J]. 中国改革，2001（4）.

[33] 孙春苗. 论行业协会——中国行业协会失灵研究 [M]. 北京：中国社会出版社，2010.

[34] 苏振华. 行业协会的性质与治理机制特征：以温州行业协会为例 [J]. 东北财经大学学报，2008（6）.

[35] 史景星，毛林根. 行业协会概论 [M]. 上海：复旦大学出版社，1989.

[36] 石碧涛. 转型时期中国行业协会治理研究 [D]. 广州：暨南大学，2011.

[37] 罗欣贤，杨建梅. 广州市行业协会现状与发展对策——基于抽样调查问卷的分析报告 [J]. 南方经济，2005（3）.

[38] 邓国胜. 非营利组织评估 [M]. 北京：社会科学文献出版社，2001.

[39] 江静. 行业协会会员性质与效率分析 [J]. 现代管理科学，2004（6）.

[40] 余晖，贾西津，潘光军. 行业协会：为何难走到前台 [J]. 中国改革，2002（6）.

[41] 徐建牛，孙沛东. 行业协会：集群企业集体行动的组织基础——基于对温州烟具协会的案例分析 [J]. 浙江学刊，2009（1）.

[42] 才国伟，赵永亮，张捷．政府支持、行政干预与行业协会的发展——基于粤、浙两地问卷调查的实证研究［J］．经济管理，2010（2）．

[43] 孙发锋．我国行业协会"去行政化"改革的成效、问题和对策［J］．河北青年管理干部学院学报，2013（4）．

[44] 袁友军．广东省行业协会（商会）发展的现状、问题与对策［J］．学理论，2009（27）．

（本文定稿于 2014 年 4 月）

MPA学位论文范例四

广州市白云区无证生产查处的问题与对策研究

作　者　梁　芳
点评老师　刘亚平

点评

刘亚平

中国在现代国家建构的过程中，模仿美国模式建立了现代监管制度。然而，以生产为中心的监管模式在面对中国产业的小、散、乱时，不可避免地遭遇了尴尬，这在监管部门的无证查处工作中突出地表现出来，从而在相当大程度上建构了一种中国式的监管路径。

白云区是广州市无证生产经营现象尤为突出的地方，被戏称为"企业的摇篮"，是大量小企业甚至是无证生产经营最密集的地方。对于负责企业监管的政府部门而言，白云区的监管相当困难。从这个意义上来看，梁芳同学的论文选题具有相当的理论与现实意义。

梁芳同学论文的结构比较标准地体现了MPA论文的结构：现状、问题、原因分析与对策。由于该同学多年来在一线从事监管工作，对无证查处有着较深刻的体会，这使得她的论文写作几乎是一气呵成。作者平时就爱思考，一直希望改进自己的工作。在中大的MPA学习过程中，她一直希望将学到的知识用于自己的工作改进中。这种愿望在她的论文中清楚地表现了出来。她对白云区无证生产的基本情况的分析，都是在平时工作中收集的数据的基础上进行的，既有量的分析又有质的分析。同时，该论文特别深入和细致地描绘了监管方在查处无证生产时所面临的困境，引用了大量的第一手材料，从而特别有现实感。作者为本研究做了大量的访谈，发放了多份问卷，这使得她的研究结论能够建立在较为坚实的资料基础之上，而不是流于一般性的论述或评论。

在论文写作过程中，梁芳同学遇到的主要阻力在于如何用学术的语言对她朴素的工作经验进行包装，并在一定程度上进行理论对话。我们看到，她尝试对论文的核心概念进行界定，特别是"无证生产"。在工作实践中，由于她所在的工作部门是主管生产的质监部门，因此，需要清晰地将无证生产与无照经营区分开来——后者是由工商部门负责的。在论文行文过程中，她也将很多精力用于界定无证查处的法律和政策依据。同时，在研究意义上，她的着力点在于分析为什么"无证查处"这项工作是有意义的，而不是为什么"无证查处的研究"是有意义的。这种区分或界定在实际工作中可能是有意义的，但是，从学术讨论的角度来看，很多细节性知识似乎显得累赘，视角也显得过于狭隘。比如，区分无证查处和无照经营可能只是实际工作中的部门职能划分和厘清责任的需要，事实上，这两项工作往往交织在一起，在处理时的工作方式上往往没有明显区别，监管的理念和方式甚至高度雷同。事实上，如果上升到中国特有的监管理念和模式的角度来看，只关注无证查处而忽略无照经营是有一定局限性的。同样，因为作者长期从事监管工作，这是她从事这项研究的优势，也同时构成劣势。比如，她倾向于从监管者的立场去思考问题，特别是一线监管者的角度，而从无证生产者、普通消费者甚至是更高层级的监管者的角度的思考则不够到位。比如，她提到广州市对监管资源的配置方面，未能针对监管任务和监管对象本身的不同而配置监管资源，而是"一刀切"平均分，这直接导致白云区这个无证生产经营的大区在查处无证生产上资源严重不足。而监管资源为什么会采用这种分配方式，她却没有进一步去探讨。再者，对于无证生产者，她的论文突出反映了监管者的态度——如何除之而后快。事实上，可能由于白云区在无证监管上的一些"疏漏"，一些企业才有"发芽"从而成长成大企业的空间等。她的论文点出了很多有意思的问题，但是却只集中于对基层监管者如何完成无证查处的任务这一个关注点展开，因此，具有一定的局限性。

不过，从作者所提出的三个研究问题来看，她努力超越实践的局限并尝试回答：为什么质监部门要将工作重心放在查处无证生产？而她的对策建议部分也不仅仅着眼于如何完善无证查处工作，而是着眼于如何提高监管的有效性和针对性。这样，她的论文的深度和层次就超越了一般的工作报告，从而有了一定的"理论对话"的味道在里面。

不管从哪个方面来看，梁芳同学的这篇论文都是一篇较为优秀的 MPA 学位论文。她的论文为之后的拓展研究开启了良好的平台，这在监管领域尤其难能可贵，因为，一个基于广大小散企业的市场在本质上是无法监管的。现代西方监管国家的发展正是企业的规模化、托拉斯化的产物。目前，绝大多数国家关于监管的理解几乎完全是基于发达工业国家的经验。正如Dowdle指出的，经济地理结构使得源自欧美等国的监管模型在应用于具有不同的经济特性的地方时变得特别成问题，这不是建立恰当的制度就能够解决的（Dowdle，2010）。梁芳同学的论文从中国的实践出发，梳理和分析中国的监管者在监管中小企业时所遇到的困境和他们的努力，从而真实地向我们描述了中国监管国家发展的轨迹。

论文

广州市白云区无证生产查处的问题与对策研究

梁 芳

摘要：20世纪80年代以来，我国实施的工业产品生产许可证和强制性产品认证制度，都旨在通过设定市场准入门槛以确保产品质量安全。广州处于改革开放的最前沿，企业成长迅速，但在经济的繁荣之下也寄生着大量的无证生产企业。尽管有关部门不断加大对无证生产的查处力度，但无证生产仍然存在较大的生存空间。本文以广州市无证生产最为严重的白云区为研究对象，进行了调研和分析研究，以期提高无证生产查处的实践成效。

首先，对无证生产查处的现状进行调查和研究，剖析白云区质监局查处无证生产的起源、查处的基本情况、所采取的具体措施。从查阅的客观数据和进行的主观问卷调查结果反映：白云区无证生产的量还比较大。白云区质监局通过建立协管员队伍、设立镇（街）级质监站、监督检查、设置举报专线和奖励等多重立体措施来发现无证生产案源，并依据无证生产的性质采取移交公安机关追刑、行政立案查处、交由镇（街）直接取缔和教育帮扶四种不同的政策工具来应对和处理。

其次，通过查阅有关文献、访谈、问卷调查等方法，发现无证生产查处中存在四个层次的问题和困难：①在行政体制内部，存在着执法资源不足、自上而下的考核机制、"运动式"工作方式、职能部门间扯皮的情况等问题。②在查处前案源获取方面，因为无证生产的场所和行为隐蔽，没有有效发动群众和培育起独立自治的非政府组织，导致无证生产未能得到及时的发现。③在查处过程中，经常会遇到无证生产者抗法，取证处罚难，移交追刑难，镇（街）、村（社）不配合的困难。④在查处后，因为成本低，无证生产往往会反复案发。

再次，总结并探讨了导致上述无证生产中存在问题和困难的深层次原因：

①法制方面存在的法规、上下级规范性文件相冲突；法规规章规定有欠缺，可执行性不强；规定处罚力度不够；是造成有关职能部门扯皮、取证处罚难、移交追刑难的主要原因。②政府职能部门职能设置不合理、重视程度不够、地方保护主义、问责不到位、连带责任未落实是执法部门效率低下、遭到抗法、镇（街）不配合、无证生产多发的主要原因。③无证生产者经济理性和道德缺失，无证生产的产品有市场，白云区位于城乡接合部及交通发达的特殊区位环境，群众自治意识淡薄、维权能力弱等因素，是无证生产得不到积极举报、反复案发根治不了的主要原因。

最后，借用SWOT分析模型提出建议：①从加大对无证生产的惩处力度、清晰界定责任边界及法定职责三个方面健全完善法制规章；②从科学划分职能、确保行政资源、优化考核问责机制、打破地方保护主义等四个方面来提高政府监管的宏观力度和效率；③从质监部门要正确认识和履行职能、职能部门间通力合作、加强产品标识管理、改善信息不对称等四个方面来增强职能部门的微观执行效力；④从加强出租屋管理、建立完善社会经济信用体系、培育现代公民意识、扶持社会组织并发挥应有的作用等四个方面来加强社会建设，发动社会各界力量齐抓共管。通过以上四种途径，加大无证生产的查处力度，最终实现标本兼治。

关键词：政府与市场的关系；政府监管；无证生产

目 录

导　论
 第一节　研究问题的提出与研究意义
 第二节　核心概念的界定
 第三节　文献评估
 第四节　研究方法与论文框架

第一章　无证生产及查处的现状
 第一节　白云区质监局查处无证生产的背景与依据
 第二节　白云区无证生产基本情况
 第三节　白云区质监局查处无证生产的具体措施

第二章　无证生产查处中存在的问题
 第一节　执法资源不足且自主性不强
 第二节　无证生产案源查找难
 第三节　执法阻力大
 第四节　反复案发现象普遍

第三章　无证生产查处难的原因分析
 第一节　法制不完备
 第二节　政府职责定位及认识不明晰
 第三节　盲目追求利润与弱维权能力

第四章　提高无证生产查处成效的对策与建议
 第一节　完善法律制度
 第二节　提高政府监管的宏观力度和效度
 第三节　增强职能部门的微观执行效力
 第四节　动员和争取社会各界力量齐抓共管

结　语	……………………………………………………………
附录一　访谈提纲	…………………………………………………
附录二　调查问卷	…………………………………………………
参考文献	……………………………………………………………

导 论

第一节 研究问题的提出与研究意义

一、无证生产查处问题的提出

随着社会主义市场经济体制的建立,我国告别了以粮票、肉票、布票等为象征的"凭票供应"的短缺经济年代,国民吃饱、穿暖已不成问题。马斯洛的需求层次理论认为,"低层次的需要基本得到满足之后,它的激励作用就会降低,其优势地位将不再保持下去,高层次的需要便会取而代之"①。因此,人们要求吃得放心、穿得放心、用得放心的呼声自然越来越高,我国也越来越重视质量安全问题,并在 2002 年开始正式实施产品强制认证制度和生产许可证制度。但是,近年来,国内消费品的质量安全事件频发,"苏丹红""三聚氰胺""气化炉""冷冻剂"等系列风波,一次次地刺激着消费者脆弱的神经,考量着企业主的道德底线;"三鹿"集团公司在利润和质量之间选择了利润,在风险和标准之间选择了风险,终于在全国人民的一片唾骂声中走向了终点。这样一个拥有"中国名牌"、处于定期监督抽查等严格管理之下的正规获证企业尚且如此,那些大量存在的不具备基本生产条件、申办不到任何证书或根本没想过去办证的无证生产者,其生产出来的东西又怎会有质量与安全可言?与其说是在生产"产品",倒不如说是在生产"毒品"。全国的各级管理部门一直把包括无证生产在内的十九种②假冒伪劣行为列入严打之列,无证生产也像过街老鼠,遭到消费者齐声喊打。既然政府如此高度重视,群众如此痛恨,为什么无证生产却像火后的野草,春风吹又生,有着顽强的生命力呢?

广州是珠江三角洲的龙头城市,是改革开放的前沿阵地,强势的企业群和

---

① (美)马斯洛:《马斯洛的智慧:马斯洛人本哲学解读》,刘烨编译,中国电影出版社 2005 年版,第 19 页。

② 参见广东省人民代表大会常务委员会《广东省查处生产销售假冒伪劣商品违法行为条例》,2010 年。

支柱产业为经济的腾飞奠定了坚实的基础。但是，在高档写字楼、现代化工厂的高大背影之下，鱼目混珠，寄生了大量的无证生产加工行为，无证生产者就像是水蛭，隐藏在不易被发现的出租屋里，时刻在吸吮着广州经济和消费者的血液。在广州市白云区，关于无证生产的投诉不断，"毒腊肉""毒酒"等无证生产案一度闹得沸沸扬扬，白云区质监部门作为查处无证生产的主要职能部门，投入了大量的人力、物力，也在全国率先采取了建立协管员队伍等系列措施，下大力气查处不法行为。但是，无证生产这一"牛皮癣"，查了一批又出一批，屡打屡现。因此，本研究重点关注的问题是：消费者经常抱怨"政府职能部门监管不力，无证生产难查处、难根治"，其中，难在哪里？围绕这一核心问题，本文将从如下几个方面展开：

（1）白云区质监局是如何进行无证查处的？

（2）是什么原因导致了白云区质监局难查处无证生产？"查不完、处不决"的根由在哪？质监部门为什么要将工作重心放在查处无证生产？

（3）根据白云区质监局的实际，应如何进一步健全和完善监管机制，以提高监管的有效性和针对性？

二、研究意义

研究无证生产查处有着十分重要的意义。

1. 有利于提高无证生产查处的行政监管效能

无证生产的查处，不是简单地对某一个无证生产行为进行取缔，而是要制止、消灭无证生产这种违法现象。本文通过对无证生产查处现状的研究，找出质监部门执法中存在的问题、困难，分析原因，摸索对策，有助于政府、质监部门理顺职能、厘清思路，着重治本，采取针对性措施提高监管效能，从源头上防治无证生产行为，切实保障消费者的权益和维护地区乃至国家声誉。

2. 明了无证生产的社会根源，有利于形成无证生产联防联治的多重机制

目前，只要提到查处无证生产，人们就认为是政府及其相关职能部门的事。无证生产直接表现出来的是经济问题和由此带来的执法问题。本文对这些经济和执法问题背后涉及的出租屋、流动人口、道德教育等社会管理问题进行了研究，并剖析缘由，有利于从源头遏制无证生产行为的发生。

3. 有利于引起对问责机制的思考

无证生产引发的重大公共突发事件，不可避免地要启动问责程序并严格追责，但目前的问责机制对于无证生产查处的潜在影响十分有限。质监部门作为执法部门，理所当然要承担监管责任。那么，对于无证生产，质监部门要承担什么样的监管责任，实际的工作效果又如何？是不是只要发现有无证生产行为

的存在，就要担责？抑或是对发现的无证生产查处不力的行为担责？问责的出发点不在于哪个环节最容易"问到责"，而在于哪里问责最有效。本文的研究有利于思考如何在无证生产利益和关系链条上的关键环节，加大追责和处罚力度，以提高监管效能。

第二节 核心概念的界定

一、无证生产的概念

目前，国内外对无证生产均无确切的定义。我国地方法律规定，有下列情形之一的，即为无证生产或按无证生产论处[①]："（一）企业在规定的期限内未申请取得工业产品生产许可证而擅自生产的；（二）正在生产的产品被列入工业产品目录，企业未在规定时间内申请取证而继续生产的；（三）已经被注销产品生产许可证或产品生产许可证超过有效期未办理延期手续仍继续生产加工实行生产许可证管理的产品的；（四）超出许可范围擅自生产实行生产许可证管理的产品的。"

此外，国务院部门规章规定："地方质检两局进行强制性产品认证监督检查时，可以依法进入生产经营场所实施现场检查，查阅、复制有关合同、票据、财簿以及其他资料，查封、扣押未经认证的产品或者不符合认证要求的产品。"[②]

因此，本文研究的无证生产，是指对依法实行国家强制性产品认证制度、工业产品生产许可证制度的产品，行为人在未取得合法证件的情况下进行的生产行为。

工业产品生产许可证，即通常所说的 QS 证，是国家为了保证直接关系公共安全、人体健康、生命财产安全的重要工业产品的质量安全，贯彻国家产业政策，促进社会主义市场经济健康、协调发展[③]，而实施的一项政府行政审批制度。早在 1984 年，国家就出台了《工业产品生产许可证试行条例》；2002 年，首先对米、油、酱油、醋等五类食品实施生产许可证制度；2005 年 9 月 1 日实施的《中华人民共和国工业产品生产许可证管理条例》（简称《工业产品

[①] 参见广东省人民代表大会常务委员会《广东省查处生产销售假冒伪劣商品违法行为条例》，2010 年。
[②] 参见国家质量监督检验检疫总局《强制性产品认证管理规定》，2009 年。
[③] 参见国务院《中华人民共和国工业产品生产许可证管理条例》，2005 年。

生产许可证管理条例》）明确规定"任何企业未取得生产许可证不得生产列入目录的产品"。目前，包括食品、化妆品、眼镜、人造板、制冷设备、危化品等在内的 64 种①产品列入许可证管理目录。

强制性产品认证，即通常所说的 3C 认证，是我国政府按照世界贸易组织有关协议和国际通行规则，为保护广大消费者人身和动植物生命安全、保护环境、保护国家安全②，实施的一种产品合格评定制度。2002 年 5 月，国家质量监督检验检疫总局制定的《强制性产品认证管理规定》正式施行，明确规定"凡列入强制性产品认证目录内的产品，必须经国家指定的认证机构认证合格，取得相关证书并加施认证标志后，方能出厂、进口、销售和在经营服务场所使用"。2003 年 11 月 1 日，《中华人民共和国认证认可条例》正式实施。目前，有玩具、农机产品、音视频、电线电缆等 22 类 159 种产品③列入国家强制性产品认证目录。

二、无证生产与无照经营的主要区别

1. 涉及的领域不同

无证生产只涉及生产领域，无照经营行为是指"未经工商行政管理部门依法核准登记并领取营业执照，或者没有合法、有效的营业执照而从事经营活动的行为"④，这种经营活动既包括生产领域的生产行为，也包括流通领域的销售行为。

2. 造成的危害不同

对无证生产的查处，主要是为了保证产品的质量安全，防止有质量问题的产品危及公共安全、人体健康和安全；无照经营的查处取缔主要是"为了维护社会主义市场经济秩序，促进公平竞争，保护经营者和消费者的合法权益"⑤。从上述意义来看，无证生产造成的危害远比无照经营造成的危害严重得多。正缘于此，在生产领域实施的许可证制度和强制性产品认证制度达到了社会各界的共识；而执照经营，特别是在流域领域是否一定需要申领营业执照则颇存争议。但是，在现实社会中，不论是专家还是消费者，对无照经营查处取缔的关注度远高于对无证生产查处的关注度。截至目前，国内外还没有关于

---

① 参见国家质量监督检验检疫总局《关于公布实行生产许可证制度管理的产品目录的公告》，2010 年。
② 参见国家质量监督检验检疫总局《强制性产品认证管理规定》，2009 年。
③ 参见《访国家认监委副主任车文毅》，《中国质量技术监督》2011 年第 1 期。
④ 参见广东省人民代表大会常务委员会《广东省查处无照经营行为条例》，2002 年。
⑤ 参见广东省人民代表大会常务委员会《广东省查处无照经营行为条例》，2002 年。

无证生产查处的专门研究和论著。由此可见，无证生产查处还未得到应有的重视、关注和研究。

第三节　文献评估

一、政府与市场关系研究

无证生产的查处研究在宏观上就是市场与政府关系的一种表现。在西方，关于市场与政府关系理论的演化路径如下。

一是"守夜型"政府。这种理论认为要尽量避免政府对经济和社会的干预，其核心主张是实行自由放任的经济政策。此理论的主要代表人物是亚当·斯密。他认为，"有一只看不见的手引导着自己去达到一个他无意追求的目的。虽然不是他的本意，可对社会来说并非不好。他追求自己的利益，常常能促进社会的利益，比有意这样去做更加有效"[1]。因此，市场调节的经济就是一种正常的自然秩序。这一理论反映到政府规模定位上就是"守夜型"政府论，即政府不要干预经济，只扮演社会生活的"守夜人"就行了。

二是干预型政府。"守夜型"政府理论在面对1929—1933年间经济大危机时的无能为力，为干预型政府理论的被接受提供了机会。干预型政府理论认为，政府是一种社会发展的积极因素，应充分发挥其对经济和社会发展的干预作用。此理论的主要代表人物是凯恩斯。凯恩斯提出，要全面增强国家的作用，政府不应该仅仅是社会秩序的消极保护人，而应该是社会秩序与经济生活的积极干预者，要"在我们置身于其中的经济制度中，选择出那些政府经济当局能按照意图加以控制或管理的变量"[2]。在危机的沉重打击下，西方各国基本上都抛弃了"守夜型"政府理论，像抓救命稻草似的，从推崇一个否认政府干预经济的小政府一下转型到了推崇几乎全面干预经济的大政府。

三是适度政府论。20世纪70年代后，西方国家在凯恩斯"干预型"政府理论影响下建立起的普遍高福利国家，遇到了该理论自身无法解释的高通货、高失业并存的"滞胀"问题，政府和市场关系的争论再掀高潮。此时，有关政府和市场的争论已经不再是要么否认市场、要么否认政府这两个极端的理论主张。"许多国家开始致力于实施管制改革，部分原因在于，过于具体的控制在某种程度上有悖于民主的价值，部分原因则是由于管制实在太多反而变得越

---

[1] 参见（英）亚当·斯密《国富论》，万卷出版公司2008年版，第289页。
[2] 参见（英）约翰·梅纳德·凯恩斯《就业、利息和货币通论》，高鸿业译，商务印书馆1999年版，第254页。

来越无效了"①。以里根和撒切尔夫人上台为标志,新自由主义政策开始左右国家经济生活,逐渐形成了"强市场、强政府"的均衡局面。

(一)政府介入

20世纪30年代,凯恩斯主义取代了自由放任的主张,承认了市场调节机制作用的局限性,积极主张由一个外部力量——政府,对经济实施目标干预以解决失业和危机。尽管从20世纪70年代以来,新自由主义经济学时常再现,但是国家干预主义仍是国家经济理论和经济政策的主流。发展经济学家一般认为,在早发内生型工业化过程中,需要政府进行的干预较少;而在后发展国家的工业化过程中,对政府干预的需要较多。②除了政府干预的一般性理由外,后发展国家有进行干预的特殊理由。例如,储蓄动机不足,不能将储蓄转化为工业投资;市场形成滞后,需要政府引导资源的配置;缺乏组织能力,需要由政府帮助组建企业。尤其是后一点,即政府代行聚集资源和组织劳动者的职能,直接参与组建企业,为企业与政府间留下了各种人际关系和直接干预企业的理由与渠道。另一方面,由于后发展国家有先行者做"榜样",而政府中的精英们对这些榜样的认识可能较一般民众更为清楚,这就减少了政府在履行"监督私人产业、指导私人产业、使之最适合于社会利益的义务"时陷于错误的可能性。

刘军比较中西方市场与政府关系后,认为东亚国家的政府干预一般强于西方国家。③东亚国家的政府一般较多地直接干预企业;西方国家的政府则更多的是通过市场协调企业,对企业主要是为其划定一定的行动范围,制定一系列的行为规范,除此之外,很少直接干预企业的活动,更少通过企业调节市场。与此相比,东亚国家的政府则既通过市场调节企业行为,也通过干预企业来调节市场。在西方国家,政府需要在市场上显示力量,方能影响企业行为,因而需要掌握较多的财力。而在东亚国家,政府可以直接干预企业行为,引导企业收入的支出方向和数量,因此政府不需要更多地掌握由自己直接支配的收入,政府直接干预企业行为如许可控制、审批手续,即可以间接支配企业的收入。

周志胜认为,相对于发达资本主义国家成熟的市场来说,俄罗斯和中国都是转型中的"弱市场",不同之处在于,俄罗斯是"弱政府"、中国则是"强

---

① 参见(美)查尔斯·沃尔夫《市场或政府——权衡两种不完善的选择》,中国发展出版社1994年版,第17页。
② 参见马颖《关于政府干预理论的结构主义经济发展发展思路》,《国外社会科学》2005年第4期。
③ 参见刘军《东亚与西方的企业、市场及政府关系比较》,《求是学刊》2000年第4期。

政府"。① 苏联解体后，俄罗斯实施了以"自由化、稳定化、私有化"为核心内容的"休克疗法"。中国则在邓小平同志"两种手段"理论指引下开始建立并完善社会主义市场经济体制，② 出现了"兼具三个发展阶段（即政府从市场外部进入到市场内部、政府从辅助功能转变为主导功能、政府的职能从微观层次上升到宏观层次）特征"③ 的特殊现象。这种政府主导下逐渐完善市场机制的特殊模式，使得中国得以实施强有力的国家干预，并推动市场经济体制的完善和市场的成熟。

1. 政府介入的中国模式

在改革初期，为了克服起步阶段的初始障碍和制度供给不足，充分利用后发优势或后发利益，我国选择了"自上而下"的供给主导型制度变迁。政府凭借行政命令、法律规范与利益刺激，在一个金字塔形的行政系统内规划、组织和实施制度变迁。因此，政府是中国制度变迁的第一推动力和实践主体，是中国经济转型的初始条件和逻辑起点。④ 政府往往作为第三方处于界定和行使产权的地位，它有进行制度安排和制度创新的权利与义务。但是，由于受交易费用约束和竞争约束，政府强力意志介入制度安排使得制度均衡往往不是"帕累托最优"均衡。造成有效制度供给不足，这是因为政府作为制度安排主体掌握了大量的社会资源并具有一套强有力的维护手段，制度以主体行为被扭曲为代价仍然有着一定的激励作用。换言之，政府介入制度安排的历史合法性，并不意味着制度安排本身具有公正性和合理性。⑤

中国经济转型以传统体制下国家介入制度安排造成制度畸形化为逻辑起点，在此起点上，政府首要的任务就是提高经济增长速度，改变传统体制下扭曲的产业结构以及资源配置效率低、缺乏竞争和劳动激励不足的状况。为此，需要对传统体制下的权力垄断进行重新配置，形成对市场参与主体有效的激励。相对于激进式转型国家快速但无序地配置权力，我国选择了先易后难、由表及里的渐进式改革路径，从而决定了新旧体制转变必然要以"双轨制"作为自己的过渡形式（如价格和市场的双轨制、所有制的双轨制、部门结构的

---

① 参见周志胜《政府与市场关系演变及应对国际金融危机启示》，《理论视野》2011年第2期。
② 参见徐向艺《从马克思到邓小平：政府与市场关系理论探索》，《当代世界社会主义问题》2003年第2期。
③ 参见桁林《政府与市场关系理论及其发展》，《求是学刊》2003年第3期。
④ 参见扬瑞龙《我国制度变迁方式转换的三阶段论——兼论地方政府的制度创新行为》，《经济研究》1998年第1期。
⑤ 参见王越子《经济转型背景下政府介入制度安排与制度公正》，《福建论坛》（人文社会科学版）2006年第2期。

双轨制、区域结构双轨制等)①。双轨制有利于加强国家对形势的控制能力,可以使受到损失的利益方在比较长的时期内分摊损失,从而缓解改革中的矛盾,减少改革阻力。但是,它本身是一种不公正的制度体系,它保持了计划体制下既得利益群体和弱势群体在权力配置方面的不公正,增加了改革中的摩擦和冲突,引起社会秩序的不稳定,产生了许多消极现象,如权力市场化导致寻租问题等方面。② 随着改革的深入和生产力的发展,我们在对"效率优先、兼顾公平"的政策导向的实践效果做深刻反思时,有必要重新认识政府的目标体系。因此,政府除了要有能够有效有力地承担宏观调控与社会管理、提供公共物品和法制保障等应有的职能外,还必须维护社会公正,并使公正制度化。政府必须平衡各种利益关系,保持权力配置的公正与合理,对权力配置不平等导致的权力垄断也要进行必要的干预。③

2. 中国政府介入的方式

制度和产业条件的差异使得政府介入路径表现出差异化的模式特征。在市场发展的初期,政府介入差异表现得较为显著。根据介入程度的不同,主要分为保护引导、强力主导、中间性演化三类不同强度的介入方式。④

(1) 保护引导式的介入。市场活动主要通过企业的自组织机制完成,政府主要在市场机制缺失的领域介入市场治理。这种模式的优势在于能够迅速形成产业规模与协作网络,企业的根植性与活跃性较高。突出问题则在于政府介入的滞后性,同时还可能导致公共产品和服务的相对不足。1983—1987年,温州市地方政府面对蓬勃发展的非公有制经济,采取"不争论、允许试,政府不随便贴封条、戴帽子、打棍子"的策略,静观产业的发展,为当地产业的发展提供了一个宽松的环境。同时,生产上游供给和下游销售环节的阻塞又使得政府在"马路市场"出现以后因势利导地开展专业市场建设。政府在制度保障和市场完善方面的介入治理形成了有利于市场发展的宽松环境,促进了温州特色经济和私营经济的快速发展。⑤ 但不完善的市场机制使得锁定效应、柠檬市场(The market for Lemons, 也称次品市场)等问题日渐突出,典型表

---

① 参见张宇《过渡之路——中国渐进式改革的政治经济学分析》,中国社会科学出版社1997年版,第94～95页。

② 参见王越子《经济转型背景下政府介入制度安排与制度公正》,《福建论坛》(人文社会科学版)2006年第2期。

③ 参见周冰《转型期的"国家理论"模型》,《江苏社会科学》2005年第1期。

④ 参见安彬、何海燕《地方政府介入集群治理模式研究——基于双重约束框架的视觉》,《经济与管理》2011年第9期。

⑤ 参见陈文理《地方政府管理模式的制度创新及其作用——珠江三角洲模式、苏南模式和温州模式的比较》,《武汉大学学报》2005年第1期。

现为苍南集群的衰落和假冒伪劣的盛行，这也触发了政府发起以质量和品牌为核心的二次创业。需要特别强调的是，基于我国制造业丰富且相对廉价的资源，市场自发的治理容易使其陷入低端锁定陷阱，过度依赖低端要素资源而失去升级的动力和机遇。①

（2）强力主导式的介入。对薄弱的产业基础和约束性的制度环境，地方政府从制度和产业两个层面全面介入市场治理。在产业层面，通过工业园区等载体建设培育和吸引产业主体；在制度层面，则同样注重制度与政策保障。强力主导式介入的优势在于能够迅速形成产业规模，但产业发展的政策或资源依赖程度相对较高，企业根植性相对较差。并且，由于地方政府的地域局限，其对集群发展的引导也具有地域局限性，区域之间缺乏协调，重复建设与区域竞争影响了市场的深度发展。以长三角地区为例，在以上海为中心的产业圈中，六城市高新技术制造业结构雷同，特别是园区间合作和沟通较少，对投资项目竞争激烈。与我国形成显著对比的是日本的产业区域协调，其产业计划强调区域之间的内在联系。②

（3）差异化介入模式的中间性演化。基于制度和产业条件的双重约束，地方政府对市场治理的介入表现出保护引导和强力主导的路径差异。但是，随着市场的发展，政府介入表现出中间性演化的趋势，市场治理结构趋向于多主体协同治理。强力主导式介入的中间性演化是政府逐步淡出的过程。市场持续的竞争优势来自于产业部门，而不是政府。早期政府的强力干预源于薄弱的产业基础，但随着企业、协会等相关行为主体的发展，以及治理能力和意愿的提升，地方政府逐渐从强势的干预者转变成为积极的共同治理者之一。1983年，中国台湾地区新竹园区厂商组成了园区科学工业同业工会，辖有企划、人力资源管理、财务会计、进出口保税作业、环境保护、工业安全卫生等专业委员会、学会以及联谊会。工会配合管理局在相关领域进行业务拓展、信息传递，政府则逐步淡出。保护引导式介入的中间性演化则是政府作用不断强化的过程。依靠市场力量聚集发展到一定阶段后，市场自发机制引发的问题不断暴露，需要政府逐步强化引导和协调。在江苏盛泽丝绸纺织市场，政府通过强化和增设东方丝绸市场内技术和标准机构来促进其技术升级。③

从全世界来看，政府既要弥补自身缺位的问题，又要拯救市场，直接承担了化解危机的责任，这种模式也取得了一定的成功。

---

① 参见王亚晶《温州模式下政府公共供给的困境与新机制探索》（学位论文），浙江大学2008年。
② 参见叶勤良《制度变迁中的政府行为分析——以苏南模式为研究对象》（学位论文），复旦大学2005年。
③ 参见安彬、何海燕《地方政府介入集群治理模式研究——基于双重约束框架的视觉》，《经济与管理》2011年第9期。

(二) 市场自主

自由市场经济，也叫古典市场经济，即完全由市场力量来自发调节的市场经济，一般指20世纪以前存在的市场经济。政府采取的是一种国家不干预经济生活的自由放任政策，整个经济在"一只看不见的手"的支配下自由运作，社会经济运行呈现一种无组织、无计划的自然运行状态。自由市场经济在带来异常可观的经济效益的同时，也出现了生产过剩和经济萧条等令人忧虑的状况。为了弥补自由市场竞争的失灵，西方市场经济国家普遍实行了政府干预，自由市场经济由此发展为现代市场经济。

现代市场经济萌芽于20世纪初，形成于两次世界大战之间，是建立在更加发达的生产力水平基础之上，实行国家宏观调控的市场经济。相对于自由市场经济，现代市场经济制度及其运行更趋完善，表现为市场机制的健全，法律的完备，保障制度的社会化、规范化，宏观调控手段的完善以及调控机制的健全；也更加注重宏观经济效益和社会效应，注重对效率与公平的协调。伴随着市场经济的发展过程，会出现许多理论和实践上需要解决的新情况、新问题，从而进一步推动经济理论的发展。[①] 现代市场自主存在着三个共同特点：一是资源配置的市场化。市场成为整个社会经济联系的纽带，成为资源配置的主要方式。社会各种资源都直接或间接地进入市场，由市场供求形成价格，进而引导资源在各个部门和企业之间自由流动，使社会资源得到合理配置。二是经济行为主体的权、责、利界定分明。市场自主的行为主体如家庭、企业和政府的经济行为，均受市场竞争法则制约和相关法律保障，赋予相应的权、责、利，成为具有明确收益与风险意识的不同利益主体。三是经济运行的基础是市场竞争。从市场自主经济的理念上普遍强调竞争的有效性和公平性。

自1978年实行改革开放、不断发展市场经济以来，我国的市场经济体制发展了30余年，相对于世界主要发达资本主义市场经济国家来说，发展时间还比较短，尚处于由计划体制向市场体制转轨的时期。在我国，实现由计划体制向市场体制的转轨，最重要的条件是：价格放开以形成市场决定价格的机制、政企分开。我国市场的微观主体指的是在我国市场体系之中的竞争主体，即企业及社会团体组织等。市场的微观主体的素质和实力决定了市场经济运行的稳定程度，对经济政策的执行程度和公平竞争程度等，是市场经济发展最重要的因素之一。由于我国市场经济发展时间较短，我国的市场微观主体的实力并不强，且由于发展的不平衡，企业之间的差距较大，对政府的依赖很深。[②]

---

① 参见陈耀庭、雷达《现代市场经济中的国家与市场》，《中国人民大学学报》1994年第3期。
② 参见孙雪峰《我国政府与市场关系存在的问题及其理顺思路》，《东方企业文化》2011年7月。

对于市场自主在实践上的批评主要有两个方面。一是认为市场外部性将会造成大浩劫；二是认为市场自主将会产生垄断，市场最终将会毁灭自身的机制。所以，一些人认为政府应该适度介入市场，以避免市场失灵的产生。米尔顿·佛利民就主张类似污染等问题能够经由"执照"来解决其外部性。他相信，这种政府"管制"能提供资讯更为流动的环境，而不是对市场隐瞒这些资讯。而另一些学者则认为，政府不该减少市场的自由，不同意市场本身存在外部性，认为那其实是政府所制造的，他们也不认为市场上存在着需要政府介入才能解决的问题。米尔顿·佛利民认为，许多市场失灵能够借由情报的公开而解决，而不是透过政府控制的途径；情报的公开并不代表政府会真的去管制商业的运作，而是有助于市场依据消费者所提供的价格决定采取怎样的动作。

（三）监管治理

"治理"是英文"Governance"的翻译，是人类政治生活变革的产物。社会分化出行政性政府组织、营利性企业组织和非政府非营利组织，形成三元结构，这种三元结构是导致形成新的治理模式的重要原因。治理理论更加强调了公民参与政府治理的重要性。龙献忠指出，治理理论的核心内容之一就是要打破政府作为唯一管理主体和单一权力中心的现状，实现管理主体和权力中心的多元化，形成多中心治理体制。[①]

"监管"源自英文"Regulation"。在西方，监管一词的含义还没有达成共识。公共利益理论认为，监管是政府对社会的公正和效率需求所做出的无代价、有效和仁慈的反应。[②] 与公共利益理论相反，施蒂格勒认为，监管主要不是政府对公共需要的一种反应，而是行业中的一部分厂商利用政府权力为自己谋取利益的一种努力。西方权威的《新帕尔格雷夫经济学大辞典》解释："监管，指的是政府为控制企业的价格、销售和生产决策而采取的各种行动，政府公开宣布这些行动是要努力制止不充分重视'社会利益'的私人决策。"中国学者通常认为，监管是政府或其授权的组织为了纠正市场失灵，维护健康、公平、有效率的市场而依据法律对市场配置机制和企业、消费者决策进行直接干预的一般规则和特殊行为。

市场关系结构的复杂化使得治理难以依赖于单一主体，需通过联合治理机制来实现，政府就是联合治理的参与者之一。政府主要通过制度规范、公共服务、资源保障和关系协调等途径介入治理活动，从而避免产业集聚过程中的负

---

① 转引自王兴伦《多中心治理：一种新的公共管理理论》，《江苏行政学院学报》2005年第25期。

② David Levi-Faur. Regulation and Regulatory Governance. *JPRG Paper*, 2010 (1).

外部性，并维护竞争秩序和规则。只有政府与社会良好合作，调动社会，尤其是"第三部门"的积极性，分担政府的责任与负担，让社会参与政府"失灵"的部分，使政府职能逐步回归社会，还权于民，才会提高公民对政府公共服务的认同与信任、提高政府的公信力。也就是说，在适当的领域，政府在一定的时间保持必要的统治外，更需要治理理念的贯彻。经济合作与发展组织（Organization for Economic Cooperation and Development，简称"OECD"）公共管理委员会指出：监管质量对于经济绩效及政府在改善公民生活质量方面所做努力的效果，都至关重要。以 OECD 为代表的发达市场经济国家首次提出了监管治理理念，目前已有一半以上的 OECD 国家在监管治理理念的指导下，确定了不同性质的监管政策质量评估方案及立法。

1. OECD 国家监管政策的演变过程

20 世纪 80 年代以来，OECD 国家监管政策从干预主义到监管治理的演变过程[①]。第一阶段，传统的监管方式是简单的"命令控制"式的直接干预模式。这种监管方式是以政府为主导的直接下达命令、下级直接服从的监管方式，存在许多弊端。私有化和监管放松都是试图改变监管原有的"命令控制"，也就是将直接干预模式"松绑"。第二阶段，"非管制化"和"减少文牍主义"很快让位于监管改革理念。后者是对非管制化、再监管和改善监管效力措施的综合运用。但是，监管改革理念认为，改革是暂时性的，其目的在于通过一系列一次性干预措施使监管体系恢复到某种最优状态。第三阶段，监管质量管理理念。它将改革过程看作一个动态过程，是政府功能的有机组成部分，必须建立在持续推动的基础上，其注重的是监管质量，而不再是监管改革。第四阶段，监管政策理念。它认为监管政策同货币政策、财政政策一样，是动态聚焦的，确保监管体系质量是政府的持久功能。但该理念注重主动的"质量保证"功能，而不是较被动的"质量管理"功能。第五阶段，监管治理理念。监管治理理念植根于更宽泛的民主治理（Democratic Governance）思想。即发挥监管功能所涉及的任务，不仅包括各种工具的设计和实施以及工具之间的协调配合，还包括那些内在于民主治理的更广泛问题，如透明度、可问责性、效率、适应性和一致性等。监管治理涉及的领域也更宽泛，包括与其他监管"角色"（如立法机关、司法机关、国家内部以及超国家层面的政府行动）之间复杂的相互影响。

[①] 参见王蕾《经合组织国家监管治理理念及对我国的启示》，《华东经济管理》2010 年第 24 卷第 2 期。

2. OECD 实现有效监管治理的三要素[①]。

一是监管政策。泛指清晰、灵活、连贯一致并以提高监管质量为目的的政府整体性政策，其中包括与政策目标、政策行动及实施行动相关的法规。OECD 的经验证明，一个有效的监管政策必须由最高政治层级的采用与支持、监管质量标准的建立、监管管理能力这三个相互支撑的部分构成。二是监管工具。OECD 总结其成员国改革监管体制的经验，建议使用六种提高监管质量的工具，包括简化行政管理、监管的影响分析、信息透明与信息沟通、监管措施的替代政策的比较与选择、监管政策的遵守与执行、支持行政公正和责任追究。三是监管机构。OECD 的经验证明，设置相应的监管机构对于保证实施和执行监管政策能起到关键作用。不仅包括内阁、政府和行政部门以及议会内部的管理和监督机构，也包括独立监管者和对监管质量做出重要贡献的其他机构，如专门的法律起草办公室，甚至议会等。①中央监督机构。该机构可确保政策的整体性，为监管工具的使用提供技术支持，保证政策的客观性和有效性。在韩国、墨西哥和美国等三个实行总统制的国家，负责推进、监督监管质量的中央机构最为有力，德国、日本和葡萄牙在内的许多国家也成立了高级别的独立委员会，以帮助制定监管改革政策。②独立管制者。OECD 提倡建立独立的监管者。他们的职责一般包括法规的执行、违规处罚和批准、核发许可证等，致力于提高监管质量，发挥监管的专业知识作用和增强监管的可靠性，保护市场不受那些被"腐蚀"的政客和官僚的不正当干预，促进了监管质量、透明度、稳定性和专业性的提高。

在我国，监管治理的概念近几年才出现，对相关问题的研究尚未取得一致的意见。管制治理（Regulation Governance）源于国家治理的概念，是指国家权力机构的设立及其管理社会公共事务的过程。[②] 上述定义没有有效地界定监管与监管治理的区别，没有清晰地表达监管治理制约监管者行为和监管活动方式的功能。监管是政府管理经济和社会活动的重要手段，是政府行政对经济和社会活动的干预，它以政府、企业、消费者和各种社会组织之间的互动为实施基础。而监管治理的功能则是为监管活动提供"游戏规则"，以保证监管决策的科学化和监管活动的有效性，从而高效实现监管目标，即监管治理是对监管活动方式和监管权力运用方式的规定。充分考虑公众意见，与利益相关者进行广泛、客观、及时的咨询是避免"监管俘虏"，保证产生和顺利实施良好监管政策的重要手段。同行评审和独立政策研究机构的分析拥有更高的专业水准和

---

① 参见经济合作与发展组织著《OECD 公司治理原则（2014 年）》，张政军译，中国财政经济出版社 2005 年版。

② 参见苑春荟《管制治理：中国电信产业改革实证研究》，人民邮电出版社 2009 年版，第 61 页。

更公正的研究立场,是提高监管质量的重要途径;而向公众进行咨询已成为OECD国家政府整个决策过程中不可或缺的一环,是公众参与政府管理活动的一条重要途径。我国社会中缺乏政府咨询的传统,独立的政策研究机构对监管政策的研究也尚未形成,OECD国家相对完善独立的政府监管政策研究机构,对中国相关领域和行业发展具有重要的借鉴作用。总之,监管治理理念在中国应该处于一个循序渐进、因地制宜的发展过程中,逐步成为有效监管体制改革的重要有机部分。①

二、无证生产查处的国内研究

国内有关无证生产查处的文献非常少,基本没有专门论著。但是,执法部门和社会管理部门对打击假冒伪劣给予了高度关注和深入研究。并且,根据《广东省查处生产销售假冒伪劣商品违法行为条例》第七条规定,无证生产的商品属于假冒伪劣商品中的一种。因此,本综述参阅了部分打击假冒伪劣产品方面的文献。关于对无证生产查处的态度,概括起来可以分为三派。

第一派强调强势政府干预。我国有学者积极主张政府实施生产许可证制度,认为该制度发挥了两方面的作用:"一方面,政府通过对企业的生产必备条件审查,并对产品质量进行型式试验和全项目抽样检验,审查企业是否具备连续生产合格产品的能力,对符合条件的企业,由政府颁发证书,准予生产;另一方面,通过执法监督对无证生产、销售无证产品以及有证生产不合格产品等违法行为,依法予以查处。"②另有学者认为,目前无证生产行为未能有效制止的主要原因之一就是政府打击不力、执法不严,像王业松提出,"政府在执法过程的消极作为或不作为,助长了不法商人的违法行为"③;白千文等认为,我国假冒伪劣行为泛滥成灾的主要原因之一是"地方保护伞庇护"④。因此,对于未能申领到或不申领生产许可证而进行的无证生产的产品,绝大多数学者都认为要严厉查处,即要从提高企业违法成本、禁止地方保护主义、加大打击力度等角度开展"严打"工作。

第二派强调还市场活力。对政府全面强力干预的主张,也有一些学者持反对意见,认为这种管制行政造成了政府垄断和政府失灵,亦带来了一系列社会和经济问题。"能力的有限而责任无限必然以降低管理效益和服务水准为代价,造成了管理危机。"⑤ 无证生产查处作为政府的监管内容之一,也会带来

---

① 参见王蕾《经合组织国家监管治理理念及对我国的启示》,《华东经济管理》2010年第2期。
② 参见戚正珏《关于工业产品生产许可证管理的探讨》,《化学分析计量》2010年第4期。
③ 参见王业松《假冒伪劣食品——百姓心中永远的痛》,《化学分析计量》2010年第4期。
④ 参见白千文、景维民《转型期间我国假冒伪劣行为三段论》,《软科学》2009年第11期。
⑤ 参见吴江、马庆钰《25年来国外行政改革分析与评价》,《政府改革与创新》2003年第5期。

政府监管的几类共同成本：一是"固定成本"，也即一次性的费用。二是监管者每年都要"年检"，因此每年都得交"维持成本"，类似于可变成本。三是巨大的反腐败成本，包括事前的防范成本，事中的监督、制约成本和事后的处理成本。四是信誉机制丧失增加了交易成本。如果有信誉，合同可以很简单，而现在的监管破坏了信誉，导致双方不得不签订一个非常复杂的合同，再加上可能发生的法律诉讼成本，交易成本一下子增加不少。例如，宝洁公司的某负责人曾经谈到，他们在其他国家做生意，最重要的事就是开拓市场，但在中国却不得不成立一个非常庞大的"打假队"，由一名副总亲自主管，专门用于查处假冒伪劣。值得警戒的是，监管太多并且消灭了信誉机制后，往往要靠不断地强化监管来维持经济运行，因此监管成本有可能呈现几何级数式的扩大。一个原因是被监管者变成了既得利益者，便会以维护社会利益的名义要求政府不断加强监管来保护自己。这些法定垄断者既没有挑战者也没有监督者，不会受到威胁，尽管他们的利益最大化与社会利益最大化不兼容，但他们会编造多种说辞，证明市场是多么的不完善，监管是多么的好、多么的重要，所以监管的自我膨胀是很自然的。① 一些学者认为包括无证生产在内的"假冒伪劣问题是许多国家市场经济早期发展阶段出现过的一种社会现象"②，因此，认为"严打"只能是暂时性的，最终要放，要让市场有活力，主张"政府部门应该加快职能转变，给经济发展创建更多的流通空间，同时让市场本身来检验产品的有效性，进行自发调节，那些假冒伪劣产品是经不住市场这把'客观尺'的度量的"③。

　　第三派强调联合治理。持这种观点的学者认为，"假冒伪劣商品作为一种经济现象，既有宏观社会原因，又有微观社会原因，它是一个多种因素造成的'综合病症'"④。具体说来，假冒伪劣产品盛行的主要原因有，"市场消费需求量极大，正宗商品的生产销售量难以满足其巨大的市场需求量；消费者的维权意识淡薄；有些假冒伪劣产品的质量虽然达不到标准，但是其在生活中所能达到的效果却和质量合格产品的效果不相上下；价格相对低很多；非常严重的地方保护主义"⑤。因此，在打击包括无证生产在内的假冒伪劣行为方面，应主张不仅仅只依靠政府对市场的控制力量，还要非常重视社会的力量。近年来，社会上"应该成立独立自主的非政府性自治组织，这种自治组织定期或

---

① 参见张维迎《监管越多腐败越严重》，见 http://www.douban.com/group/topic/5964131/，2012年10月14日。
② 高航：《全球假冒伪劣概况及治理措施》，《大众标准化》2008年第7期。
③ 盛楠：《假冒伪劣商品的治理》，《重庆科技学院学报》2008年第11期。
④ 夏有华：《整治"假冒伪劣"须多措并举》，《现代商业》2010年第26期。
⑤ 马晓丹：《浅谈假冒伪劣商品》，《学术探讨》2010年第8期。

不定期地曝光行业内的'黑店',列出假冒伪劣商品,发挥行业监督、社会监督、群众监督的作用"① 等诸如此类应加强社会力量监管的呼声不断。

本次查阅的文献,其局限性在于:一是基本上都是从宏观、理论上对政府与市场的关系进行研究,结合具体实例而进行的研究则较少。二是基本上都是对假冒伪劣进行整体研究,缺少根据成因、特点而进行的分类研究。三是国内外均没有关于无证生产查处的专门文献。本文则以公共管理理论为指导,将成因和查处均有其特殊性的无证生产问题单列出来,从研究无证生产重灾区政府监管的现状出发,剖析查处无证生产的困难和所面临的问题,提出解决建议和对策,具有较强的针对性和实效性。

第四节 研究方法与论文框架

一、研究方法

(一)案例研究

案例研究是一种运用历史数据、档案材料、访谈、观察等方法收集数据,并运用可靠技术对一个事件进行分析,从而得出带有普遍性结论的定性研究方法。应国瑞认为,"当提出的问题是'如何?'和'为什么?'当调查者对事件的发生没有控制能力,当关注的焦点是当代的现象并有着真实生活的背景时,案例研究就成为人们倾向选择的战略"②。

本研究拟采用案例研究作为研究方法,理由有三条。

1. 本文研究"怎么样"和"为什么"类型的问题

本研究以白云区质监局查处无证生产情况为对象,分析在查处过程中存在的问题,研究相应的改进方法和解决措施。首先要调查白云区质监局查处无证生产的现状,即回答查处情况"如何";在"如何"的基础上,发现存在"什么"问题;再进一步分析"为什么"会出现这些问题;最后总结出解决问题的思路和对策。

2. 本文研究主题是发生于当代且不断变化着的真实事情

随着社会主义市场经济体制的建立和商品经济的发展,无证生产者就不断地与执法人员玩着"猫捉老鼠"的游戏。无证生产花样百出,想尽方法逃避监管和逃脱责任;质监部门要根据出现的新情况、新问题,不断调整和优化执

---

① 陈庆苓:《假冒伪劣商品的成因及治理对策》,《商场现代化》2010年9月下旬刊。
② 应国瑞:《案例学习研究——设计与方法》,张梦中译,中山大学出版社2003年版,第1页。

法理念、方式和措施。这就决定了对无证生产的查处是一个不断地发现问题、分析问题、解决问题的动态过程和循环过程。因此，本研究符合案例研究关于"关注的焦点是当代的现象并有着真实生活的背景"的要求。

3. 本研究中调查者不能控制事件的发生

无证生产的查处是整顿和规范市场经济的重要内容之一，其执法主体是政府相关职能部门，其监督主体则更加广泛，查处的对象又是无证生产者。因而，本研究既不能影响政府职能部门和消费者等执法监督主体的查处与监督行为，也不能左右无证生产者的无证生产行为，也就是说，本研究不能控制查处无证生产这一"事件"及其相关因素，所以适合运用案例研究。

（二）案例的选择

本案例研究选取广州市白云区为研究对象，主要是因白云区的无证生产状况在广州市辖区内中最具代表性和典型性，表现在以下三个方面。

1. 案件数量多

仅 2010 年，白云区质监局就查处了 89 例无证生产案件，处置了 155 件有关无证和假冒的投诉①。2011 年上半年，广州市质监局共立案查处了 54 宗强制性认证、无生产许可证和假冒案件，有 34 宗在白云区，占比为 63%，其中 11 宗假冒和无证生产案件全部发生在白云区②。此数据说明，白云区一向是广州市质监局稽查打假的主战区。

2. 大案、要案多

2011 年 8 月，白云区化妆品案被列入全国第二批"双打"（打击侵犯知识产权和制售假冒伪劣产品）十大典型案件③。2011 年，在广州市闹得沸沸扬扬的"毒腊肉""水玻璃"无证制假案也发生在白云区。

3. 长期"戴假帽"

2006 年以来，白云区每年都有镇（街）或市场被省政府列为打假警示区域或打假警示市场④，即俗称的"戴假帽"。

（三）资料收集方法

1. 文献研究法

本研究收集的文献包括以下三个方面：一是有关质监部门查处无证生产的

---

① 参见白云区质监局《2010 年白云区质量技术监督工作统计分析》，2011 年。
② 参见广州市质量技术监督局稽查分局"稽查分局 2011 上半年处罚案件情况表"，2011 年。
③ 参见立凡《国家质检总局公布第二批"双打"十大典型案件》，《质量与市场》2011 年第 8 期。
④ 参见广东省打假办历年《关于确定省打假重点产品重点区域重点市场通知》。

法律法规等，以了解白云区质监局查处无证生产的依据和履行职能的情况。二是广州市出台的关于无证生产查处的文件、打假会议材料等，以了解查处无证生产的重要性和必要性。三是白云区质监局人员的编制文件，包括历年统计分析、打假总结、协管员会议、质监工作站会议材料等，以了解白云区质监局查处无证生产的现状与存在的问题。

2. 访谈法

通过访谈详细了解白云区质监局查处无证生产的现状、困境和问题及原因，采用结构化访谈和开放式访谈相结合的方法。具体访谈内容请参见本文附录一。

本研究的访谈对象，采用目的性抽样方法。包括四个层面：一是通过白云区质监局局领导、稽查科、法制科负责人，以及稽查具体办案人员，详细了解查处无证生产的做法、问题、原因和提高执法成效的对策、建议。二是通过重点镇（街）社经科负责人、质监站负责人，了解打假属地化责任落实情况，政府基层组织人员对无证生产的态度和处理情况，发掘存在的问题及原因。三是通过被查处的无证生产者，了解其从事无证生产的原因。四是通过出租屋管理中心工作人员，了解白云区出租屋数量及出租屋主负连带责任情况。

3. 直接观察法

本文的研究者通过直接参与白云区质监局查处无证生产的执法行动，记录了第一线情况和资料，从而提高了笔者对无证生产查处行为的感性认识，有利于深入分析无证生产查处中存在的问题和原因，形成切合实际、针对性强、操作性强的建议和对策。

4. 问卷调查法

通过调查质监执法人员、获证生产企业和消费者，了解他们对无证生产行为的发现、查处、责任归属等的态度，具体调查内容参见本文附录二。

质监执法人员问卷调查。采取全体抽样的方式抽取样本，置信度100%。白云区质监局的公务员花名册显示该局现有执法人员60人。2012年3月5日至9日，笔者向全体执法人员进行问卷调查，共发出问卷60份，收回60份，全部为有效问卷。

获证食品生产企业问卷调查。采用系统抽样方式抽取样本，在95%的置信水平下，按照10%的抽样误差，需选取100个样本进行问卷调查。[①] 根据白云区局质监局提供的食品生产企业名册，该区现有食品生产加工企业411家，按照k=4的间距进行抽样，共抽取102家进行问卷调查。2012年3月至4月

[①] 参见风笑天《现代社会调查方法》，华中科技大学出版社2001年版，第78页。

期间，笔者利用白云区质监局召开各类有关食品安全会议、企业到该局办事等机会，向样本企业发放问卷进行调查，共发出问卷102份，收回102份，其中有效问卷101份。

消费者问卷调查。由于受抽样框、入户调查、人力及时间等因素的限制，采取偶遇抽样方式获取样本。2012年3月期间，特别是"315"消费者权益日前后，笔者到白云区无证生产比较集中的石井街和太和镇商店、集贸市场门口、公交车站等人群密集处进行调查。共向约400位消费者发出问卷，实际成功发出问卷250份，回收220份，有效问卷203份、无效问卷17份。

问卷调查获得的数据，采用Excel软件进行统计分析，并制作图表。

（四）数据分析

由于本研究在实践前没有任何的理论假设，只是试图研究质监部门查处无证生产的真实情况。因此，本研究采用进行案例描述的数据分析方法：一是运用描述性方法介绍白云区质监局查处无证生产的实际情况；二是对一些定量数据，采用图表的方式，一目了然地展示，避免数据罗列。

此外，借用SWOT分析方法，找出白云区无证生产查处中的优势、劣势、威胁及机遇，并根据分析的结果，提出相应的对策和建议。

二、论文框架

本文正文共分六部分，各部分的论证结构见图1。

"导论"部分，提出了本文研究的问题并阐明研究的意义，对无证生产的概念做出界定，对有关政府与市场关系的文献进行归纳、评估。

第一章"无证生产及查处的现状"，对白云区质监局进行无证生产查处的背景、基本情况和所采取的具体措施进行了详细描述。

第二章"无证生产查处中存在的问题"，对无证生产查处中存在的问题进行深入剖析，指出了无证生产查处中存在的行政体制、案源、执法以及反复案发等方面的问题。

第三章"无证生产查处难的原因分析"，指出无证生产查处难的根源是多方面的，涉及法制、政府内外部原因。

第四章"提高无证生产查处成效的对策与建议"，提出从完善法律制度、提高政府监管的宏观力度和效度、增强职能部门的微观执行效力、加强社会建设四个方面的对策和建议，以期从根本上解决无证生产问题。

"结语"部分，总结全文，并提出有待进一步深入探讨的问题。

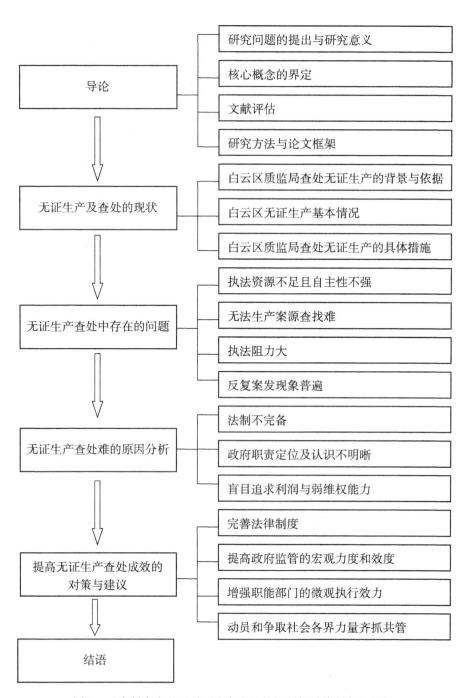

图1 "广州市白云区无证生产查处的问题与对策研究"框架

第一章 无证生产及查处的现状

第一节 白云区质监局查处无证生产的背景与依据

在公共管理理论中，政府与市场关系可分为政府介入、市场自主和监管治理三大类。无证生产的查处是顺应工业产品生产许可证制度和强制性产品认证制度的实施而产生的，是政府为了纠正市场负外部性而介入市场的一种表现。

从新中国成立至1978年，我国均实行计划经济体制，商品短缺，所有产品都是国有企业按国家计划组织生产和分配，不实施生产许可证制度也就不存在无证生产，自然也就无无证查处一说。

1978年，党的十一届三中全会召开以后，我国开始了改革开放，经营主体逐步多元化，企业的自主权得到扩大，企业员工的福利待遇也开始跟企业经营状况挂钩，产品不断丰富起来，经济也开始进入快速发展通道。在这种大环境下，一些不具备基本生产条件的企业争相上马，生产了不少质量低劣的产品。1979年，当时的第一机械工业部对640家生产低压电器的企业进行了调查，其中产品的合格率仅为10%。[①] 这些劣质的产品，扰乱了正常的经济秩序，有的甚至对消费者的生命健康构成了威胁。因此，1980年8月，国务院批准了原第一机械工业部《关于整顿低压电器产品质量、试行颁发工业产品生产许可证的报告》，开始试行工业产品生产许可证制度。1984年，国务院颁布《工业产品生产许可证试行条例》和《工业产品生产许可证管理办法》，政府有关职能部门开始了无证查处工作。1987年，国家经贸委等七部门联合发布《严禁生产和销售无证产品的规定》后，查处无生产许可证生产行为成为政府职能部门的主要职责之一。2001年，国家质检总局发布了《强制性产品认证管理规定》。在该规定的第一章第二条中明确要求："国家规定的相关产品必须经过认证，并标注认证标志后，方可出厂、销售、进口或者在其他经营

---

① 参见纪正昆《中华人民共和国工业产品生产许可证管理条例实用问答》，见 http://www.docin.com/p-6167648.html，2012.2.14。

活动中使用。"①

目前，白云区质监局进行无证查处的渊源有四个。

一、法规赋权

由于政府机构经历多次改革，无证生产查处工作的主管部门也相应地有所变动：1988 年以前主要由各级标准局负责，1988 年至 1998 年主要由各级技术监督局负责；1998 年至 2001 年由各级质量技术监督局负责；2001 年国家质量技术监督局和国家出入境检验检疫局合并成立国家质量监督检验检疫总局，主管全国认证认可工作，并行使无证生产查处等行政执法职能。但是，省及省以下质量技术监督局和出入境检验检疫局并未合并，省以下质量技术监督局实行垂直管理。白云区质监局是广州市白云区质量技术监督局的简称，是广州市质量技术监督局直属的处级行政机构。其前身是成立于 2001 年的广州市质量技术监督局白云分局，2006 年扩编改名至今，是县级工业产品生产许可证的主管部门。其职责之一是"负责辖区内质量技术监督行政执法工作……按分工打击处理制售假冒伪劣商品违法行为"②。

白云区质监局的无证生产查处职能来源于四个法规赋权和一个规章规定③。

（一）国务院发布的《中华人民共和国工业产品生产许可证管理条例》

2000 年、2003 年，修订后的《中华人民共和国产品质量法》（简称《产品质量法》）和《中华人民共和国行政许可法》（简称《行政许可法》）分别颁布实施；2001 年，我国加入 WTO，产品市场准入制度需要与国际接轨；《工业产品生产许可证试行条例》在实施实践过程中不断出现新的问题。鉴于这些情况的变化，2005 年国务院发布了《工业产品生产许可证管理条例》。其中第三十七条规定："县级以上工业产品生产许可证主管部门根据已经取得的违法嫌疑证据或者举报，对涉嫌违反本条例的行为进行查处……"

（二）国务院发布的第 370 号令《无照经营查处取缔办法》

《行政许可法》实施后，需要对以前规范市场主体经营行为的法规做出相

---

① 国家质量监督检验检疫总局：《强制性产品认证管理规定》，2009 年。
② 资料来源于查阅有关质监法律法规以及白云区质监局编制的职能批复文件。
③ 资料来源于查阅有关质监法律法规以及白云区质监局编制的职能批复文件。

应的调整，而"未经核准登记擅自从事经营活动"应给予行政处罚的规定只是零星地在《公司法》《企业法人登记管理条例》等法规中有所体现，并且对涉及前置许可的"无照经营"行为也达不到取缔的效果。因此，2003年国务院发布了第370号令《无照经营查处取缔办法》。根据其第四条规定，对于"应当取得而未依法取得许可证，却擅自从事经营活动""超出核准登记的经营范围、擅自从事应当取得许可证方可从事的经营活动"这两种无照经营行为，质检部门也应当依照法律法规赋予的职责予以查处。

（三）国务院发布的第503号令《国务院关于加强食品等产品安全监督管理的特别规定》

进入21世纪以来，阜阳大头奶粉事件、苏丹红事件等产品质量安全事件频发，加上在2007年中国出口的产品因质量和安全问题被一些国家和媒体大肆炒作，以及国内外对我国产品安全问题反映强烈的特殊背景下，2007年7月，国务院发布并实施了《国务院关于加强食品等产品安全监督管理的特别规定》，对食品、食用农产品、药品等与人体健康和生命安全有关的特殊产品，加大了违法行为的处罚力度。该规定第十三条规定，对于"依法应当取得许可证照而未取得许可证照从事生产经营活动的"，农业、卫生、质检、商务、工商、药品等监督管理部门应当依据各自职责采取查处措施，纠正违法行为。

（四）2010年广东省人民代表大会常务委员会第二十次会议修改的《广东省查处生产销售假冒伪劣商品违法行为条例》

广东省为加大对生产、销售假冒伪劣商品违法行为的打击力度，保护守法经营者和消费者的正当权益，维护市场经济秩序，早在1999年就制定了《广东省查处生产销售假冒伪劣商品违法行为条例》，并历经多次修改。在2010年的修改版中第五条，赋予了县级以上质监部门按照职责负责打假工作的职权；第七条将实行生产许可证制度，但未取得相应生产许可证却生产的产品或者假冒生产许可证编号的产品列入了假冒伪劣商品范围。

（五）国家质检总局公布的《强制性产品认证管理规定》

为解决认证和认可工作政出多门，发证与执法监督混淆不清，以及对内、对外存在两套制度等问题，2001年国家质检总局发布了《强制性产品认证管理规定》。2009年又对该规定进行了修改，在其中第三十七条，赋予了地方质监部门依法按照职责对所辖区域内强制性产品认证活动实施监督检查、对违法行为进行查处的职权。

二、各级政府和上级主管部门要求

既然国家出台了生产许可证和强制性认证的制度,那么,对于未取得生产许可证和强制性认证却生产、销售列入目录产品的行为,政府当然有责任进行查处,以维护并保障公平、公正的市场竞争环境。白云区质监局自2002年正式开展业务工作以来,依照广东省各级政府和上级主管部门的要求开展无证生产查处,主要表现在两个方面①。

(一) 执行政府规范性文件精神

广东省人民政府、广州市人民政府均制定了有关无证生产查处的规范性文件。

1. 广东省人民政府办公厅下发的规范性文件《关于进一步完善查处取缔无证无照经营行为工作机制的意见》(粤府办〔2007〕8号)

该意见赋予质监部门依法对下述三种无证生产行为的查处权:①未经许可擅自生产或者在经营中使用实行生产许可证管理的产品的违法行为;②未经认证擅自出厂、销售、进口或在其他经营活动中使用实施强制性产品认证的产品的违法行为;③已经被依法吊销、撤销许可证或者许可证有效期届满后,未按规定重新办理行政许可手续,擅自继续从事上述经营活动的违法行为。

2. 广州市人民政府办公厅下发的规范性文件《关于完善查处取缔无证无照经营行为工作机制的意见》(穗府办函〔2011〕86号)

该意见规定质监部门的职能分工主要有两个:一是依法对必须经过质监部门许可后,方可从事的食品生产、制造和修理计量器具、进口计量器具、特种设备制造等经营活动进行监督管理。二是依法查处未经许可,或者许可证有效期届满后,或者已经被吊销、撤销许可证,未按规定重新办理行政许可手续,擅自从事上述经营活动的违法行为。

(二) 贯彻落实有关会议和文件精神

白云区质监局开展无证生产查处最直接、最常用的依据是有关会议决议和文件精神。一般来说,政府及其职能部门对中心工作、重点工作,以及难点、

---

① 资料来源于有关质监执法工作文件资料和对白云区质监局执法人员的访谈(访谈编号:20120309BYZJX01)。

焦点工作，都会以召开会议、下发文件的形式进行布置。涉及无证生产查处的会议及文件主要有三个层面。

1. 各级政府召开无证生产查处专门会议及下发的专门文件

比如，2004年，广州市、白云区政府均召开了查处取缔生产领域无证照生产加工食品行为动员会议，对依法查处取缔无证照生产加工食品行动进行了部署；2005年，广州市政府召开了整治无证照生产经营场所工作现场会，下发了《广州市整治无证照生产经营场所专项行动工作方案》《广州市人民政府关于加强整治无证照生产经营行为的通告》；2011年，广东省、广州市、白云区政府均成立了查处取缔无证无照经营工作联席会议办公室，定期或不定期召开联席会议，研究和布置查处取缔无证无照经营行为。

2. 各级政府召开的"打假"（打击假冒伪劣）会议及下发的文件

广东省、白云区整顿和规范市场经济秩序领导小组，以及广州市打击生产和经销假冒伪劣商品违法行为领导小组每年均召开一次工作会议，对包括查处无证生产在内的"打击制假售假工作"进行布置。比如，2012年，广东省、广州市、白云区三级政府先后召开了"三打两建"工作会议，专题研究、布置开展打击欺行霸市、打击制假售假、打击商业贿赂、建设社会信用体系、建设市场监管体系专项行动，并提出"五个一批"目标，即曝光一批违法违规企业、吊销一批违法生产经营单位资质、取缔一批制假售假黑窝点、严厉查处一批制假售假生产经营单位、严惩一批制假售假违法犯罪分子。其中的"黑窝点"是政府对无营业执照、无生产许可证却从事生产经营活动的生产经营点的统称（下同）。再者，白云区一直是广东省、广州市"打假治劣"的主战场，因此，白云区政府每年都会根据上级公布的打假警示区域或打假警示市场，研究并印发该年度的包括无证生产查处在内的打假"摘帽"工作实施方案。

3. 上级主管部门召开的工作会议和下发的文件

国家质检总局，广东省、广州市质监局每年均召开年度质监工作会议和打假工作会议，保持打击制假售假行为的高压态势。此外，各级质监部门还会根据各级政府的中心工作、重点工作、领导批示，以及工作形势等，每年安排部分产品作为重点产品进行专项整治，下发红头文件要求对获证企业严格执法，同时查处无证生产行为。特别是，近年来食品安全事件频发，消费者反映强烈，政府高度重视，因此质监部门加大了食品安全监管，每年都安排食品专项执法检查和无证生产查处工作。

三、正规企业的压力

实施生产许可证、强制性产品认证制度及对无证生产行为、无强制性认证产品出厂销售的查处，是国家对市场的强力干预。其干预的主要目的之一就是通过强有力的打击违法行为，为市场主体提供一个公平、健康的社会主义市场经济秩序。对无证生产进行查处，是正规的领证企业最敏感、最关心的，也是最为强烈要求的。不少企业，特别是知名度高、实力雄厚的大型名优企业纷纷成立了自己的"打假"机构，专门负责查找假冒案源，并配合执法部门进行查处，以维护企业的合法权益。在这里有三个例子可以一窥正规企业的心声。

例一[①]：2008 年，白云区质监局召开学习实践科学发展观征求意见座谈会，邀请有关镇（街）、职能部门以及重点企业的代表与会座谈。会上，有两个企业建议白云区质监局要加大与有关职能部门的沟通协作，共同打击无证生产等制假行为，并且认为打击力度越大对品牌企业就越有利。

例二[②]：白云区生产的假冒怡宝饮用水数量占了市场上假冒怡宝饮用水总量的 50% 左右，主要销往广州城乡接合部、郊区、城中村等地，大量挤占了真怡宝饮用水的市场份额。因此，由怡宝桶装水有限公司成立的打假机构经常在白云区水源丰富的帽峰山周围，特别是太和、石井等镇（街），搜索生产假冒怡宝饮用水的窝点，每年向白云区质监局提供的假冒怡宝饮用水案源五个左右，并积极参与查处行动。

例三[③]：从 2008 年开始，二十八大类食品全部进入无证查处期，也就是说，凡是生产食品的企业必须申领到 QS 证后方可生产。豆制品、河粉、烧腊等是广东的传统食品，以前均以小作坊的形式生产，规模小、利润低。以河粉为例，当时生产企业申领 QS 证时，改造费用少则 30 万～40 万元，多则上百万元，而每斤河粉的利润不到 0.1 元，完全靠销售量营利，如果不能有效查处无证生产，那么，获证企业的产品就会受到窝点质次价廉产品的冲击，甚至导致合法经营企业的破产。因此，2008 年，获证河粉生产企业负责人联合向广州市、白云区质监局提出严查无证生产的要求。

四、舆论压力

查处无证生产的另一个主要目的是为了消减不合格产品对消费者身体健康

---

① 资料来源于对白云区质监局执法人员的访谈（访谈编号：20120309BYZJX01）。
② 资料来源于对怡宝桶装水打假部门工作人员的访谈（访谈编号：20110821YBW01）。
③ 资料来源于对白云区质监局执法人员的访谈（访谈编号：20120309BYZJX01）。

甚至生命安全的威胁。近年来，随着经济发展带来丰富的产品，市场由卖方转为买方，以及国民素质、维权意识的提高，消费者对查处无证生产的呼声越来越高。比如，白云区质监局在2009年、2010年、2011年分别受理了投诉案件281宗、278宗和369宗。按案件来源分，三个年度分别有32.7%、55.8%和58.5%属群众投诉，群众投诉的总量及占总投诉量的比重均呈上升趋势；按案件性质分，每年的无证生产类投诉均超过了20%。[①]

与此同时，2012年，在白云区进行的消费者问卷调查结果显示：83%的消费者认为无证生产的产品质量得不到保障或有毒有害（见图1-1）；93%的消费者认为无证生产应该被查处（见图1-2）；71%的消费者对政府及职能部门查处无证生产不满意或非常不满意，其中非常不满意的占了18%（见图1-3）。

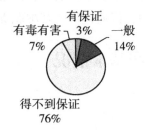

图1-1 对"无证生产的产品质量"的态度[②]

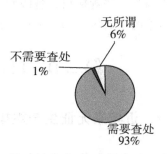

图1-2 对"无证生产需不需要查处"的态度[③]

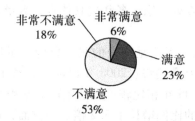

图1-3 消费者对"政府及职能部门查处无证生产力度"的态度[④]

此外，对无证生产的曝光也频频见报。2011年上半年，《广州日报》共报

---

① 数据来源于2009年、2010年、2011年《白云区质量技术监督工作统计分析》。
② 根据2012年在白云区做的问卷调查结果绘制。
③ 根据2012年在白云区做的问卷调查结果绘制。
④ 根据2012年在白云区做的问卷调查结果绘制。

道全省有关质监工作新闻 48 篇①，其中涉及无证生产的 11 篇，占比 23%；在这 11 篇涉及无证生产的报道中，又有 5 篇违法行为的发生地在广州市白云区，占比 45%，白云区发生的"毒腊肉"事件还被专题报道两次。"该窝点环境恶劣，放湖南腊肉的箱子和食品盒旁边满地老鼠屎，十多只苍蝇一直绕着不走，整个房间有浓烈的臭味。据办案人员回忆，当他们来捣毁这个窝点的时候，地上可见随意堆放的腊肉，砧板上摆放着农药敌百虫和着色剂，多包亚硝酸盐散开着，腐烂发黑的猪肉浸泡在发臭的水池中。"②

就在媒体曝光"毒腊肉"窝点后，我们局立即在记者的协助下取缔了这一无证肉制品生产窝点，现场查获成品腊肉、半成品、原料肉等近 3 吨，并成功移交区公安部门追究涉案人员的刑事责任。（访谈编号：20120306BYZJY02）

正因为有法规赋权、各级政府的重视、企业公平竞争的需要、消费者的呼声和舆论的压力等制约，无证生产查处即成为白云区质监局的基本职责之一。

第二节　白云区无证生产基本情况

一、近年来无证生产规模

（一）2005 年至 2011 年白云区质监局立案查处无证生产情况

2005 年至 2011 年，白云区质监局共立案查处无证生产案件 210 宗，平均每 8 个工作日就要立案查处 1 宗。各年度具体查处数量及占全部案件数量的比重情况如图 1-4 所示。

从图 1-4 可以看出，无论是查处的案件数量，还是无证生产案件占全部案件的比例，总体均呈上升趋势：2008 年以前呈直线上升，2008 年以后呈波浪式上升。2011 年同 2005 年相比较，无证生产立案查处数增长了 3.6 倍，无证生产案件占全部案件的比例增长了 3.2 倍。一方面，说明无证生产行为屡禁不止，还在违法顽强生存；另一方面，说明白云区质监局对无证查处的力度正在加大。无证生产立案数的大幅上升，从执法部门角度分析，可能与四个方面的因素相关③：一是人员扩编。2006 年，经广州市机构编制委员会批准，白云

---

① 数据来源于 2011 年上半年《广州日报》。
② 参见陆建銮、林晓丽《太和"毒腊肉"主犯父子落网》，见 http：//gzdaily.dayoo.com/html/2011-05/19/content_1356957.htm，2012.3.12。
③ 资料来源于对白云区质监局执法人员的访谈（访谈编号：20120309BYZJX01）。

区质监局人员编制由 2001 年建局时的 20 人扩编至 60 人。到 2009 年时，编制人员基本配齐，稽查执法队伍的力量得到充实和壮大。二是不断创新工作方式方法。如 2009 年开始探索开展综合巡查，增加了对企业的巡查频次，拓展了案源。三是提高人员素质。近年来，白云区质监局每年都有针对性地组织 20 余次业务培训，执法人员发现问题的能力不断得到提高。四是问责力度加大。随着《广东省规范行政处罚自由裁量权规定》《稽查执法工作规定》等规范、约束执法人员的规范性文件不断出台，执法人员依法行政的意识和能力以及工作责任心都在不断地提高。

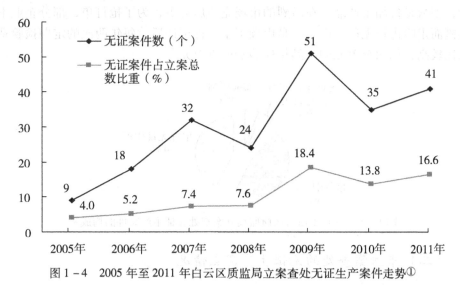

图 1-4　2005 年至 2011 年白云区质监局立案查处无证生产案件走势①

2005 年至 2011 年立案查处的无证生产共有四种情形②。第一种是超范围生产，即生产企业有营业执照，也有产品有生产许可证，但是却生产了其他未经许可的产品。第二种是单纯无证生产，即生产企业有营业执照，但是没有取得任何生产许可证就生产需要许可的产品，产品没有伪造他人厂名厂址的情况。第三种是无证生产兼有伪造行为，即生产企业有营业执照，但是没有取得生产许可证，并且生产的产品假冒他人厂名厂址或品牌。第四种是无证照窝点，即既没有领取营业执照，也没有获得生产许可证就擅自生产需要许可的产品。上述四种情形中，前两种占据了绝大多数。以 2010 年为例，超范围生产和单纯无证生产案件占全部案件的 88.0%（见图 1-5）。在单纯无证生产中，

---

① 根据历年《白云区质量技术监督工作统计分析》绘制。
② 资料来源于对白云区质监局执法人员的访谈（访谈编号：20120306BYZJY02）。

有 1/3 的企业正在申领生产许可证。这种领取了营业执照且有固定生产场所的生产企业,之所以违法无证生产,主要原因有三个方面①:一是申证时间长,费用高。比如一个 30 人左右的中小型化妆品生产企业,申请一个单元的生产许可证,从递资料到拿到证一般需要 3 个月的时间,再加上租厂房装修、买设备、召人培训、产品检验合格等准备工作,最快的也需要一年半的时间才能正式投产。而且,要达到申领生产许可证的要求,相关的费用投入最少也要 20 万元。又如,申请一个 3C 产品认证通常需要近半年,等申领成功后,该产品可能已经是市场淘汰的产品了。二是白云区化妆品生产企业拥有的自主品牌很少,多数是代加工产品,在激烈的市场竞争压力下,为了抢订单,部分企业不惜铤而走险进行无证生产。三是申领了生产许可证后,每年两次的定期检验费用比较高,如两个单元的产品年检验费就近万元。

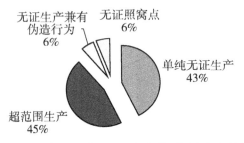

图 1-5　2010 年白云区质监局立案查处无证生产案件的构成②

(二) 未立案查处的无证生产窝点情况

1. 白云区质监局取缔无证生产窝点情况

无证生产窝点案源的获取,主要靠群众、维权公司的举报投诉。2009 年至 2011 年,白云区质监局共接到有关无证生产的举报 206 起③,平均每 3.5 个工作日就要现场核查一起。在 206 起举报中,经核查属有效投诉并被取缔或限期整改的 131 起,有效投诉率 63.6%。导致无效投诉的原因大致有五类④:第一类是地址不存在或不详,执法人员无法找到举报地点;第二类是被举报的窝点已搬离;第三类是执法人员在现场没有发现有举报所称的事实;第四类是在被举报的地点,现场没有发现有生产行为或者属流通领域;第五类是被投诉企

---

① 资料来源于对白云区质监局执法人员的访谈(访谈编号:20120306BYZJY02)。
② 数据来源于 2010 年白云区质监局立案案卷,并整理制成图表。
③ 资料来源于对白云区质监局举报投诉登记表的整理、统计。
④ 资料来源于对白云区质监局执法人员的访谈(访谈编号:20120305BYZJY03)。

业的厂名厂址被别人冒用。被执法人员取缔的这类既无营业执照又无证生产许可证的窝点，往往具有五个共同特征：一是无标准组织生产，存在安全隐患；二是生产场所小、乱、脏、差，设备简陋；三是常冒用他人的厂名、厂址，特别是知名品牌，以利于销售；四是常寄居在出租屋内或民居内；五是区域流动性大，"打游击"式，一般哪里房租便宜就在哪里生产，哪里监管得严就从哪里撤退。

2. 镇（街）、村（社）驱逐情况

除了执法部门取缔无证生产窝点外，现实中镇（街）和村（社）也成为驱逐无证生产窝点的重要力量。比如在白云区太和镇，平均每年自行驱逐的各类窝点就有100家以上①，相当一部分无证生产窝点在镇（街）的管理层面就已经得到查处，白云区有18个镇（街），无证生产窝点的数量可想而知。镇（街）工作人员②在提到无证生产窝点时，也是一脸的无奈：

一方面，镇（街）虽有一支负责市场整规、安监、环保等工作的队伍，但没有执法权，只能通过日常的巡查发现案源；另一方面，整规打假工作实行属地化责任制，区政府在对镇（街）的年度综合治理考核办法中规定，职能部门在镇（街）有立案查处假冒伪劣的，镇（街）就要被扣分，而且立案查处得越多扣分也越多，镇（街）在没有执法权的情况下，为了少扣分而自行驱逐无证生产窝点也就成为一种无奈的选择。（访谈编号：20120319TH01）

区政府实施打假属地化责任制，理论上意在使镇（街）加大社会建设力度，通过加强源头管理，减少违法犯罪概率。但在现实中，镇（街）为了在考核中取得好成绩，往往绕开加强社会建设这一难度大、见效慢的治本之策，转而投入大量的精力和人力，采用驱逐窝点这一见效快的权宜之策，导致问题的解决始终治标不治本。

（三）无证生产问卷调查情况

2012年3月，在白云区进行的问卷调查结果显示：不管是消费者、获证食品企业，还是质监执法人员，均认为无证生产行为（以食品为例）还是比较多发的。有89%接受调查的消费者、75%接受调查的获证食品企业人员、65%的执法人员对食品无证生产均持"非常多"和"比较多"意见。（见图1-6）

---

① 资料来源于对白云区太和镇社经科人员的访谈（访谈编号：20120319THL01）。
② 资料来源于对白云区太和镇社经科人员的访谈（访谈编号：20120319THL01）。

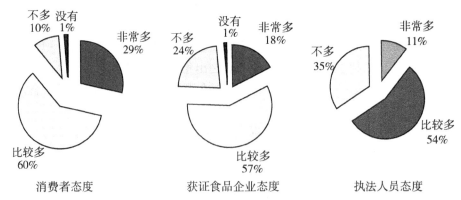

图 1-6 消费者、获证食品企业、质监执法人员对"无证质监生产行为多寡"的态度①

二、无证生产按行业分类情况

2010年，白云区质监局共对 79 个无证生产进行了立案查处和取缔。按照产品的行业进行分类，发现无证生产的产品以饮用水等食品及与食品相关的产品为主，占 50%；其次是化妆品，占 26%。（见图 1-7）其中，立案查处的以化妆品生产为主，占全部立案查处案件的 55%，而取缔的窝点中，则以食品生产为主，占全部取缔窝点的 70%。可见，对食品和化妆品的无证生产查处是白云区的重点，这可能与三个方面的因素有关：一是白云区是食品、化妆品生产的大区，2011 年年底有获证食品生产加工企业 353 家，占全广州市企业数的 22%②；2009 年年底就有获证化妆品生产加工企业 590 家，企业数占全国的 16%、广东省的 35%、广州市的 70%③，借助产业的集聚效应，一些企业鱼目混珠，无证生产也呈规模化，形成产销一体的"造假产业链"④。二是近年来，各级政府加大了对食品行业的监管，白云区质监局仅在 2011 年，就开展了糕点、碱水面、假冒怡宝饮用水等 16 个⑤食品专项整治行动，强力打击包括无证生产在内的假冒伪劣行为。三是如烧腊、豆制品、河粉等属广州传统美食，以小作坊的形式进行生产的历史悠久，现在虽然已经纳入生产许可证管理范围，但因工艺简单、成本低等原因，无证生产情况仍屡禁不止。⑥

---

① 根据 2012 年在白云区做的问卷调查结果绘制。
② 数据来源于《白云区质监局 2011 年统计分析》、2012 年度广东省质监工作会议材料。
③ 数据来源于《白云区化妆品行业发展战略研究报告》。
④ 数据来源于 2009 年至 2011 年《白云区质量技术监督工作统计分析》。
⑤ 数据来源于 2009 年至 2011 年《白云区质量技术监督工作统计分析》。
⑥ 资料来源于对白云区质监局执法人员的访谈（访谈编号：20120305BYZJY03）。

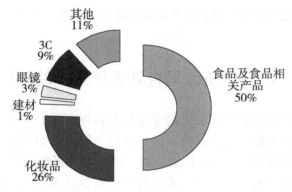

图1-7 2010年立案查处和取缔的无证生产按行业分类①

三、无证生产按镇（街）分布情况（见图1-8）

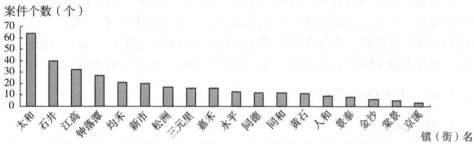

图1-8 2009年至2011年白云区立案查处和受理无证生产案件镇（街）分布②

2009年至2011年，白云区共立案查处和受理了332个③无证生产案件。从案件发生的镇（街）来看，全区18个镇（街）全部有无证生产案发，但主要集中在太和（64个，占19.3%）、石井（40个，占12%）、江高（32个，占9.6%）、钟落潭（27个，占8.1%）和均禾（21个，占6.3%）五个镇（街），占全区的55.4%。各镇（街）案发数如图2-8所示。如果将案发比较多的镇（街）与白云区地图相对应，则可以发现无证生产行为沿城乡接合部布局，呈带状包围城区。而在2005年以前，无证生产主要发生在黄石、三元里、景泰、新市、松洲、同德、京溪等镇（街）④，也是呈腰带状沿当时的城乡接合部布局。随着白云区城镇化进程不断向北推进，无证生产的带状区域也

---

① 根据《白云区质监局2010年统计分析》、举报投诉登记表数据绘制。
② 根据2009年至2011年《白云区质量技术监督工作统计分析》绘制。
③ 数据来源于2009年至2011年《白云区质量技术监督工作统计分析》。
④ 资料来源于对白云区质监局执法人员的访谈（访谈编号：20120309BYZJX01）。

随之北移,这可能与白云区城乡接合部规划滞后、违建和出租屋多但管理又不到位等因素有关。

第三节　白云区质监局查处无证生产的具体措施

对于无证生产查处的态度,国内专家界有强调强势政府干预、还市场活力、联合治理三种主张。目前,白云区质监局与国内其他质监部门的做法相似,对无证生产实行的是"命令控制"和"严打"的强势政府直接干预模式:在拓展案源中,以"政府军"——质量技术监督执法人员为主力;在具体查处中的工具选择中,以处罚和取缔为主要手段。

一、大力拓展案源

要对无证生产进行查处,前提是要有案源。白云区质监局自成立以来,面对辖区无证生产等假冒伪劣现象严重的区情,一直在不断探索、创新和实践,采取建立协管员队伍、率先在全市设立质监站和开展综合巡查、加大稽查执法力度,以及开设12365人工投诉专线等方法和措施,大力开拓案源。

(一) 建立协管员队伍

1. 队伍起源

2003年,广东省公布的广州地区6个打假重点区域市场中白云区就占了4个[①]。面对严峻的打假形势,白云区政府及其职能部门纷纷成立了"摘帽"工作领导小组,开展了声势浩大的打假工作。白云区质监局在落实上级提出的"落实属地化打假责任制,实现'三不一消灭'"(即在行政区域内不发生引起国家和全省关注的制假售假大案要案,不发生成规模、成区域或成行成市的制假售假行为,不发生严重影响经济发展和对外开放的制假售假问题;成片成区域消灭制假窝点)的打假工作新思路时,白云区质监局也认识到,单靠当时二十几个质监执法人员是远远不够的,要做好打假工作,除了要落实质监系统打假责任制和地方政府的打假责任制外,还应充分发挥和调动各方面的积极因素,建立一个覆盖全区、群防群控的打假网络。因此,2003年,白云区以区打假办的名义召开了全区打假工作会议,区政府与镇(街)负责人签订了《打假工作目标管理责任书》,各镇(街)明确打假责任人后,鉴于镇(街)

---

① 资料来源于白云区质监局历年召开的协管员会议材料。

工作人员均无执法权，便在全区当时 19 个镇（街）聘请了 45 名协管员。①

2. 协管员聘任范围

主要聘任各镇（街）分管领导，以及经济科、经济社、综治办、安监办和出租屋管理人员为协管员。原因在于：一方面，在政府职能部门打假的高压态势下，无证生产等违法分子作案手段越来越狡猾、方式越来越隐蔽，给无证生产查处等打假工作造成了一定难度；另一方面，上述人员对自己分管区域的情况相当熟悉，日常工作就是对责任区内的生产企业、集贸批发市场、仓储、运输、出租屋等进行管理和监控，因此，从上述部门工作人员中选聘协管员最具有可执行性。②

3. 协管员聘任要求和聘期

对协管员的聘任有两个要求：一是协管员必须思想作风正派，责任感强，熟悉辖区经济社会情况，具有较强的法制观念和一定的组织协调能力，对打假等工作有一定的认识和了解等条件。二是须经个人自愿、单位推荐、质监局进行严格审查后，召开聘任兼职质量技术监督协管员大会，对符合条件的人员颁发聘书和证件。协管员的聘任期为两年。目前，白云区质监局共聘有协管员近百人。③

4. 协管员的职责

为规范、明确协管员的协管目标、任务和职责，白云区质监局制定并印发了《白云区质量技术监督协管员工作手册》，对协管员的职责做出了明确规定，概括起来即"知情报情、协查协管"，而协查协管的重点是食品生产的安全监管无证无照查处和出租屋管理。具体说来，主要有 6 项：①协助宣传质量技术监督法律、法规、规章和有关政策。②协助做好辖区质量、标准化、计量的调查摸底、建立完善档案工作。③组织和发动群众举报质量、标准化、计量方面的违法行为。④对辖区内所有有证照企业和无证照企业进行巡查。⑤协助质监部门对涉嫌违法行为的调查取证和现场查处工作。⑥跟踪反馈被质监部门查处通报过的案件。④

5. 协管员的培训和奖励

为提高协管员知情报情、协查协管的意识和能力，白云区质监局每 1～2 年对协管员进行一次业务培训。培训内容主要有三个方面：第一是组织学习有

---

① 资料来源于对白云区质监局执法人员的访谈（访谈编号：20120305BYZJY03）。
② 资料来源于对白云区质监局执法人员的访谈（访谈编号：20120305BYZJY03）。
③ 资料来源于白云区质监局历年召开的协管员会议材料。
④ 资料来源于白云区质监局历年召开的协管员会议材料。

关质量技术监督工作的法律、规章等，以便协管员了解质监部门的职能、职责；第二是对纳入生产许可证制度管理的产品、产品真假鉴别方法以及有关质量技术监督工作的业务知识进行培训，提高知情报情的准确率；第三是宣传、明确当前打假治劣工作的重点和要求，以及规范日常巡查、专项检查、组织上报的基本程序和方法，掌握一些应知应会的知情报情方法和技能。①

为了提高协管员知情报情的积极性，白云区质监局除了按《广州市质量技术监督局举报违法行为奖励办法》给协管员兑现奖金外，每年还根据协管员报送的工作材料、提供的打假信息、辖区取缔无证生产等制假窝点数量，以及法律宣传培训等情况进行综合评比，对成绩优异者给予表扬和奖励。比如，2009年以来共表彰、奖励了91名协管员，每人奖金在200元至300元。②

6. 协管员发挥的作用

协管员队伍自建立以来，在发现无证生产并提供案源上发挥了积极的作用。协管员采取多种措施，对辖区内的厂房、仓库、出租屋进行巡查，对可疑生产点进行排查，发现无证生产或其他造假窝点及时报告并协同查处，使无证生产发现早、查处快，减少了违法行为的危害性。2003年和2004年，协管员举报的案件有21宗，协管员参与现场协办的案件有67宗。比如2004年9月15日，石井街协管员在对辖区企业进行例行检查时，在一处废弃的旧厂房内发现一个假酒仓库，协管员将情况报告给质监部门后，区质监局执法人员迅速赶到现场，查获各类无证假冒食品622箱，假冒标识一批，涉案货值达4万元。2005年，协管员举报的案件有60多宗，协管员参与现场协办的案件接近80%。2007年，经协管员举报并查处的案件有103宗，协管员协助执法办案250多宗。2009年，《中华人民共和国食品安全法》（简称《食品安全法》）实施后，协管员协助质监部门现场取缔及回访15个无证食品生产加工小作坊，防止了这些窝点死灰复燃。2004年，时任国家质检总局局长的李长江同志在视察白云区打假属地化管理责任制试点工作情况时，对白云区质监局建立协管员队伍及起到的积极作用给予了充分肯定。③

（二）设立质监站

1. 设站缘由

白云区质监局自2001年成立以来，一直属广州市质监局直接管理，并且

---

① 资料来源于对白云区质监局执法人员的访谈（访谈编号：20120305BYZJY03）。
② 资料来源于对白云区质监局执法人员的访谈（访谈编号：20120305BYZJY03）。
③ 资料来源于对白云区质监局执法人员的访谈（访谈编号：20120305BYZJY03）。

在镇（街）设有派出机构。这种实行市垂直管理的单位，人、财、物、业务工作等都由广州市质监局负责，平常与辖区内各镇（街）的联系比较少，人员不熟，在需要镇（街）支持、配合工作时常常遇到阻力。同时，白云区面积大，地处城乡接合部，加上在镇（街）又没有执法力量，执法人员不熟悉地形，常常浪费大量时间寻找企业，直接影响了行政效率和突发事件的应急能力。为此，2008年10月，经广州市质监局、白云区人民政府同意，在质监案发率比较高、食品监管和特种设备安全监察压力比较大的江高、太和两个镇，连同石井街组建了质量技术监督工作站，以便有针对性地加强重点镇（街）的质量技术监督工作，进一步落实镇（街）政府知情报情、协查协管的属地化责任。

2. 组织管理方式

江高、太和、石井三个镇（街）质监站实行白云区质监局与各镇（街）政府双重管理方式。白云区质监局具体负责质监站业务指导和对质监站人员的任免、聘用、培训、检查考核等工作，所在镇（街）受白云区质监局委托负责管理质监站人员的党务、行政和日常事务等工作。质监站并没有单独的人员和车辆编制，负责人由白云区质监局在该局公务员中挑选、派出，其他工作人员由白云区质监局和各镇（街）共同招聘，在镇（街）所在地就近聘请、使用，每个站各聘3人。聘用人员工资和社保经费由白云区质监局承担，其他生活补助、绩效工资和年度奖励由所驻镇（街）负责，参照治安中队、安监中队的标准执行。质监站办公场地、车辆及日常办公用品由各镇（街）负责提供。①

3. 职能

2008年至2009年初建立试点期间，质监站只配有1名有执法权的公务员。质监站的任务主要定位为"一宣传、二协助、三熟悉"："一宣传"，就是宣传有关质量技术监督的法规和政策。"二协助"，就是协助白云区质监局开展日常巡查，重点是发动协管员进行协查，主动发现无证生产加工与在食品、特种设备安全方面有违法行为的企业；协助查处责任区内质量、计量、特种设备等方面的违法行为，以及处理突发事件。"三熟悉"，就是熟悉责任区内企业数量、分布、位置等基本情况；熟悉镇（街）、村（社）工作人员，争取他们的支持，方便开展工作；熟悉路线，提高工作效率。②

2010年开始，质监站有执法权的公务员增加并固定为两名，以确保执法

---

① 资料来源于白云区质监局历年召开的质监站工作会议材料。
② 资料来源于对白云区质监局执法人员的访谈（访谈编号：20120316ZJZM01）。

力量，在"一宣传、二协助、三熟悉"的基础上，进一步扩展职能，由刚开始的只负责协查协管，逐步转变为牵头开展责任区内综合巡查以及查处食品、特种设备两大安全违法行为。

4. 人员培训

为提高质监站工作人员的工作能力，达到设立质监站的目的，白云区质监局从四个方面加强对人员的培训和锻炼。第一个方面是挂职锻炼。除三个站的站长相对固定不变外，每年每个质监站都派出1名工作人员和白云区质监局对应业务科室人员对调，进行交流挂职锻炼，全方位熟悉质监业务知识、流程和要求。第二个方面是参加集中业务培训。每月白云区质监局都会安排专题质监业务知识培训和更新，要求全体工作人员参加，提高履职能力。第三个方面是组织总结讲评会。每个月，质监站都要撰写每月小结，并对当月工作进行讲评，总结经验，看清不足，发现问题和困难，研究并采取改进措施。第四个方面是跟班作业。质监站人员积极参与稽查人员执法行动，在现场执法中学习查处无证生产等案件的方法、技巧。①

5. 发挥的作用

质监站在无证生产查处方面所起到的作用，主要表现在三个方面。第一，拓展了案源。质监站积极联合所在镇（街）打击假冒伪劣行为，据不完全统计，在2009年至2011年间，共开展打假、各类专项整治82项次，开展专门针对无证食品、化妆品生产加工点的专项清查行动64次，依法清查和取缔油脂、豆制品、烧腊、电视机等无证生产窝点96个，处理投诉案件86宗。② 第二，提高了查处的效率。质监站利用贴近基层一线以及熟识地形、社情的优势，在无证生产查处中，能够迅速行动，及时赶赴现场，提高了处理突发案件和紧急任务的效率。比如，2009年，江高质监站接到群众举报后，立即派出执法人员赶到被举报的茅山村路段，对一无证生产豆制品的窝点进行现场核查，在违法人员措手不及之时迅速查处了该窝点。③ 第三，减轻了查处的阻力。三个质监站均与所在镇（街）建立了工作联系，例如太和质监站与全镇23个村、居委均建立了工作联系，在整治太和镇石湖无证烧腊场的专项行动中，通过村委的协调与配合，将阻力减至最低，缩短了行动时间，提高了工作效率。此外，各个质监站与所在镇（街）市场整规中队、安监中队、工商所等联合，定期或不定期开展无证照联合执法，协同取缔无证照生产窝点。

---

① 资料来源于对白云区质监局执法人员的访谈（访谈编号：20120316ZJZM01）。
② 资料来源于白云区质监局历年召开的质监站工作会议材料。
③ 资料来源于对白云区质监局执法人员的访谈（访谈编号：20120316ZJZM01）。

白云区质监局设立的这三个质监站也是广州市最早成立的质监工作站，其做法和经验多次被《广州市质监局简报》报道。2009年以后，番禺、增城、花都和从化等地区的广州市其他区级质监部门，在借鉴白云区质监站建设经验的基础上，开始镇（街）质监站的试点工作。

（三）监督检查

《工业产品生产许可证管理条例》《食品生产加工企业质量安全监督管理实施细则》中均做出了各级质量技术监督部门要定期或不定期地对获得生产许可证的企业进行监督检查的规定。也就是说，监督检查获证企业是各级质监部门的基本职责之一。广东省质监局制定的《关于生产加工环节食品企业的监督管理办法》中，在对食品企业实施分级管理的基础上，更是明确规定了对各个级别企业的监督检查要求：根据企业食品质量安全控制能力，食品企业划分为四个监督管理等级。A级——取得食品生产许可证，持续保持食品生产许可必备条件，具备持续生产合格食品和食品质量安全控制能力；B级——取得食品生产许可证，持续保持食品生产许可必备条件，基本具备持续生产合格食品和食品质量安全控制能力；C级——取得食品生产许可证，基本保持食品生产许可必备条件，不完全具备持续生产合格食品和食品质量安全控制能力；D级——取得食品生产许可证后未能保持食品生产许可必备条件，不具备持续生产合格食品和食品质量安全控制能力。各市、县（区）质监部门应当对不同等级的食品企业实施不同频次的监督检查，对A级企业每年至少监督检查1次，对B级企业每年至少监督检查2次（其中现场检查至少1次），对C级企业每年至少监督检查3次（其中现场检查至少2次），对D级企业应当及时依法查处。

监督检查的方式主要有巡查、加严检验、回访、强制检验、监督抽查、年度报告审查和执法检查7种[1]。其中，通过巡查、监督抽查和执法检查能发现无证生产。目前，白云区质监局主要采取的是综合巡查和执法检查的方式获取无证生产案源。

1. 综合巡查

2009年，白云区质监局开始探索和实施对企业进行质量、计量、标准、特种设备以及案件回访"五位一体"[2]的综合巡查，每个季度集中1～2周的时间，至少组织3个巡查队专门开展巡查，每次可集中巡查200多家获证企

---

[1] 参见国家质检总局《食品生产加工企业质量安全监督管理实施细则》，2005年。
[2] 资料来源于对白云区质监局执法人员的访谈（访谈编号：20120306BYZJY02）。

业。综合巡查的综合性体现在两方面,一是巡查队由各科室的抽调人员组成,整合成综合性执法人员力量;另一个是把专项检查、执法抽样、质量诚信评价体系建设、区域性与行业性产品整治等内容纳入巡查中,整合了各项业务工作。综合巡查主要是能获取获证企业超范围生产类无证生产案源,例如2010年所立案查处的无证生产案件中,有32.3%的案件来源于综合巡查。①

2. 执法检查

白云区质监局每年都会根据上级要求和辖区实际,开展各类专项执法检查。2009年至2011年,共开展了各类专项执法检查145个②,平均每周就有1个专项。其中,涉及无证生产查处内容的专项约占总数的1/4。开展的这些专项执法检查主要围绕六个方面进行,带有"运动式"查处的色彩:①服务重大事件需要,如"三打两建",广州市"创建全国文明城市"、亚运保障等开展的专项;②应对突发事件,如汶川地震救灾、流感疫情等开展的专项;③落实政策要求,如烧腊、河粉、豆制品等进入严格查处期进行的无证生产查处专项;④确保应节产品质量,如在冬季开展的电热毯等专项;⑤处理投诉曝光热点,如帽峰山周围桶装饮用水、潲水油等专项;⑥整治行业性、区域性产品质量问题,如对音视频等监督抽查合格率低、长期拖广州市全市产品抽检合格率后腿的行业开展的专项。③

(四) 设置投诉、举报专线和奖励

1. 设置12365投诉、举报专线

2007年10月,广州市质监局开始建设广州市的12365产品质量举报投诉系统,"12365"的寓意是一年12个月、365天,天天为百姓服务④。到2009年9月,建成由广州市质监局统一接入、12个区(县级市)质监局联通的12365举报投诉应急处置指挥系统。至2011年,已发展成为集举报投诉受理、咨询服务、信息分析处理、综合执法指挥和应急处理等多种功能为一体的综合工作系统。2010年,国家质检总局发出通知,开始在全国全面推进12365举报处置指挥系统建设。

白云区质监局于2009年开始设置12365专线。其专线工作人员的主要职责有:①负责受理白云区生产领域群众产品质量举报;②处理上级12365举报

---

① 数据来源于2010年白云区质监局立案案卷。
② 资料来源于对白云区质监局执法人员的访谈(访谈编号:20120305BYZJY03)。
③ 资料来源于对白云区质监局执法人员的访谈(访谈编号:20120305BYZJY03)。
④ 资料来源于对白云区质监局执法人员的访谈(访谈编号:20120321BYZJY04)。

处置指挥中心转交处理的举报案件；③及时反馈受理的举报案件处理结果；④组织开展宣传工作。① 为规范 12365 举报投诉工作，白云区质监局制定了《受理举报投诉案件有关规定》，规定接到举报投诉之日起 7 日内，应当告知举报投诉人受理情况；承办科室自受理之日起 60 日内，应当答复举报投诉人办理情况。2009 年以来，通过专线投诉举报的对象一直固定为群众和维权公司；投诉举报的内容涉及产品质量、假冒、无证生产、计量欺诈以及特种设备隐患等五个方面；在产品类别上，以食品、日化用品投诉为主。2011 年，白云区质监局 12365 专线共接诉 369 起，其中举报的无证生产类占 21.7%，总接诉量与广东省质监局 12365 接诉量相当。"12365 质监热线"成为白云区质监局为企业和广大消费者以及社会各界服务的桥梁和窗口，缩短了消费者、企业举报投诉受理的时间，为消费者和企业及时有效保护自身合法权益提供了便捷通道，并在关注民生、汇集社情民意、服务监督决策等方面发挥了一定的作用。

2. 奖励无证生产举报人

为拓展无证生产案源，白云区质监局对举报有功人员给予一定的物质奖励，以调动社会各界举报的积极性和有效性。奖励的要求和标准主要参照《广州市质量技术监督局举报违法行为奖励办法》。该办法规定，同时符合下列五个条件，可获得举报奖励：①违法行为在白云区行政区域内发生，属白云区质监局管辖范围；②举报的情况经查证属实；③举报人署实名；④举报线索事先未被质监部门所掌握；⑤被举报方和违法行为明确、具体。② 举报奖励金的发放原则为：①没有罚没款的案件，视举报的等级，依次按 2000 元至 1000 元、1000 元至 500 元、500 元至 100 元计发；②有罚没款的案件，则视举报的不同等级，依次按照所举报案件罚没款总额的 5% 至 4%、3% 至 2%、1% 以下的比例计发，每宗案件的举报奖励金最高不超过 30 万元；③最终被判定为刑事犯罪的案件，按照上述规定计算出来的奖励金，少于 1 万元或者没有罚没款的奖励 1 万元。2011 年，共有 43 人次向白云区质监局申请到举报奖励金 13035 元，每人次奖励金在 300 元左右。43 次奖励中，有 18 次属举报无证生产，占总数的 42%。③

二、工具选择

有了案源以后，白云区质监局就要依法运用适当的政策工具对无证生产进

---

① 资料来源于有关 12365 举报投诉应急处置指挥系统的相关文献。
② 资料来源于有关举报投诉奖励相关文献。
③ 资料来源于对白云区质监局执法人员的访谈（访谈编号：20120321BYZJY04）。

行查处。澳大利亚法学家 Ayres 和 Braithwaite 提出了关于许可的六层金字塔工具模型，从上至下依次是：吊销执照、暂停许可、刑事处罚、民事处罚、警告、教育，如图 1-9 所示。而对于无证生产，因为其性质是没有取得合法的生产许可证却生产相关产品的行为，因此，对其进行查处就不存在吊销执照和暂停许可这两类情形。所以，在白云区质监局的执法实践中，主要采用四层政策工具对无证生产进行查处，即移交公安部门追刑、行政立案查处、直接取缔、教育帮扶，如图 1-10 所示。这四种工具中，前三种属强制性工具。后一种属混合性工具，各种工具运用情况分述如下。

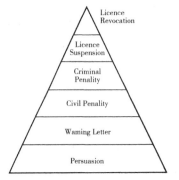

图 1-9　Ayres，Braithwaite Compliance Pyramid①　　图 1-10　查处无证生产工具的运用②

（一）强制性工具

1. 移交公安机关追刑

质量技术监督无证生产行政案件移交公安机关追刑的范围，在《工业产品生产许可证管理条例》中有两处条款规定：①第四十五条。企业未依照《工业产品生产许可证管理条例》规定申请取得生产许可证而擅自生产列入目录产品，构成犯罪的，依法追究刑事责任。②第四十六条。取得生产许可证的企业生产技术或者工艺、生产条件、检验手段发生变化，未依照国家《工业产品生产许可证管理条例》规定办理重新审查手续，构成犯罪的，依法追究刑事责任。而在《强制性产品认证管理规定》中，对目录中列出的规定产品，未经认证就擅自进口、出厂、销售或者在其他经营活动中使用的行为，只做出给予处罚的规定。

---

① Ayres，Braithwaite. Regulatory Compliance Pyramid. 见 http：//en. wikipedia. org/wiki/File：Ayres_Braithwaite_Compliance_Pyramid. jpg，2012. 4. 20.
② 根据白云区质监局执法人员访谈资料绘制（访谈编号：20120321BYZJY04）。

无证生产只有达到追刑的标准构成犯罪,才能向公安机关移交。判定质量技术监督无证生产行政案件涉及的违法行为是否涉嫌构成犯罪的依据,共有三个:①《中华人民共和国刑法》(简称《刑法》)关于破坏社会主义市场经济秩序罪、妨害社会管理秩序罪等罪的规定;②最高人民法院、最高人民检察院关于破坏社会主义市场经济秩序罪、妨害社会管理秩序罪等罪的司法解释;③《最高人民检察院、公安部关于公安机关管辖的刑事案件立案追诉标准的规定(一)》。具体来说,白云区质监局在办理无证生产行政案件时,达到三种追诉标准的,均会主动移交公安机关追究刑事责任。

①生产者在产品中掺杂、掺假,以假充真、以次充好或者以不合格产品冒充合格产品涉嫌三种情形的:一是伪劣产品销售金额5万元以上的;二是伪劣产品尚未销售,货值金额15万元以上的;三是伪劣产品销售金额不满5万元,但将已销售金额乘以3倍后,与尚未销售的伪劣产品货值金额合计15万元以上的。②在生产的食品中掺入有毒、有害的非食品原料的。③生产不符合保障人身、财产安全的国家标准、行业标准的易燃易爆、压力容器、电器或者其他不符合保障人身、财产安全的国家标准、行业标准的产品,涉嫌三种情形的:一是造成直接经济损失10万元以上的;二是造成人员重伤或者死亡的;三是其他造成严重后果的情形。①

2009年至2011年的三年期间,白云区质监局成功向广州市公安局白云分局移交追刑案件7宗,其中3宗②起源于无证生产的查处。第一宗是2010年发生在均禾街的一宗无证生产化妆品案。该案中,无证生产的化妆品量多货值大,且产品有伪造产地的行为,案件经办人员专门到广州市物价局对涉案成品进行计价,以便能较准确地计算涉案货值。最后,因涉案货值超过100万元,达到移交追刑的"15万元以上"的要求,成功移交公安部门追刑。第二宗是2011年发生在太和镇的一宗无证生产肉制品案。白云区质监局执法人员在现场不仅查获无证生产的成品腊肉、半成品、原料肉等近3吨,而且查获了用来防止肉制品腐烂的"敌百虫"。"敌百虫"是众所周知的一种有机磷杀虫剂,会造成神经生理功能紊乱,并且一旦遇碱则水解成"敌敌畏",具有急性毒性。因此,该案达到"在生产的食品中掺入有毒有害的非食品原料"这一追刑标准,在第二天成功移交公安部门追刑。第三宗是2011年发在生石井街的另一宗无证生产肉制品案。在该案中,无证生产的"保尔牛肉汁",不仅成品

---

① 资料来源于对白云区质监局执法人员的访谈(访谈编号:20120321BYZJY04);《最高人民检察院、公安部关于公安机关管辖的刑事案件立案追诉标准的规定(一)》,2008年。
② 资料来源于对白云区质监局执法人员的访谈(访谈编号:20120321BYZJY04)。

多,而且产品的品种多达5个。为此,白云区质监局立即联系公安人员到场,现场成功将该案移交公安部门追刑。这也是上述3宗成功移交追刑案中,唯一一个在现场移交的案件。事后,经办此案的白云区质监执法人员总结了能在现场移交的三个关键原因:一是该无证生产是由打假公司举报,且打假公司与公安经济犯罪侦查(简称"经侦")部门有一定的合作关系;二是打假公司现场出具了《产品真伪鉴定书》,证明无证生产的"保尔牛肉"为假冒产品;三是打假公司现场出具了价格证明,证明涉案货值达到追刑要求"15万元以上"的标准。

2. 行政立案查处

对于达不到追刑标准的无证生产案件,白云区质监局一般进行立案查处。立案查处无证生产案件的一般程序有:①受理立案。对有违法行为初步证据,并属于白云区质监局主管范围和地域管辖范围的案件进行立案,填写"立案审批表"。②调查取证。至少有4名执法人员对案件进行调查,收集有关证据,登记保存或封存、扣押涉案物品,制作"现场检查笔录";对当事人调查询问,制作"调查笔录"。③审理。稽查机构对调查材料进行全面审查后交法制机构,法制机构在收到案件材料后3日内进行核审,提出办理意见和建议,交由案件审理委员会全面审议并提出处理意见。④告知(听证)。经案审决定应当给予行政处罚的,在依法发出《行政处罚决定书》前,告知当事人做出行政处罚决定的事实、理由、依据、拟做出的行政处罚决定、当事人享有的陈述和申辩权利等。做出较大数额罚款的行政处罚决定前,告知当事人有要求举行听证的权利。当事人要求听证的,举行听证会。⑤做出行政处理决定。制定《行政处罚决定书》。⑥送达。《行政处罚决定书》在做出决定后七日内送达当事人。⑦执行。督促当事人及时履行行政处罚决定。⑧结案。对行政处罚执行完毕、不予行政处罚、移送公安机关或其他主管部门处理的案件予以结案。日常办案流程如图1-11所示。①

查处无证生产是质监部门的职责之一,但由图1-12可知,在具体查处过程中,镇(街)往往发挥了重要的、不可缺少的辅助作用。一般来说,在办理大案、办理现场复杂与处理难度大的案件、无证生产当事人阻挠执法及夜间行动这四种情况下,无证生产所在的镇(街)都安排人员参加、协助质监部门办案。镇(街)主要在以下六个方面发挥作用[②]:①带路;②协助控制现场

---

① 资料来源于《广东省质量技术监督行政案件办理工作指引》(试行)。
② 资料来源于对白云区质监局执法人员的访谈(访谈编号:20120305BYZJY03)。

和维持秩序；③协助采取查封、扣押等强制性措施；④协助责令当事人拆除现场无法搬运的大型设备；⑤协调联系各有关职能部门、出租屋主等；⑥协助批评、教育无证生产当事人。① 比如，2008 年 1 月 10 日查处的谭村油漆案中，石井街道办工作人员全程协助维持秩序和控制现场，确保了涉案的有毒物品的安全；2010 年 10 月，在太和龙腾工业区查处假冒"怡宝"饮用水案中，太和镇派工作人员控制现场局面，协助查扣了 15 万多个塑料空瓶及生产设备，并协调出租屋办查封了用于制假的出租屋；2011 年，在查处一个异常顽固的馒头加工窝点时，石井街道办主要负责人亲赴现场，对非法生产经营者进行批评教育，并抽调力量协助依法查封了用于违法加工生产的工具、机器。

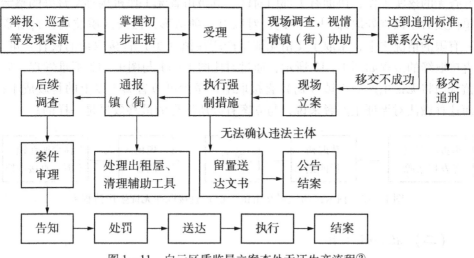

图 1-11　白云区质监局立案查处无证生产流程②

3. 直接取缔

从理论上讲，对于无证生产均应立案查处，予以取缔或移交公安部门追刑，但在实际执法过程中，确实存在一些情形让白云区质监局执法人员难以立案查处，主要集中表现在三个方面：①无证生产现场找不到当事人，即当事人逃逸，无法确认违法主体时，如果立案查处，须制作大量文书，还须所在镇（街）工作人员作为第三方签字确认，最后往往只能以公告结案，浪费大量的时间和人力。②在无证生产的条件简单、设备简陋、成品很少的情况下，如果立案查处，同样在执法人员调查、取证、制作大量文书后，当事人往往因为成

---

① 资料来源于对白云区质监局执法人员的访谈（访谈编号：20120305BYZJY03）。
② 根据白云区质监局执法人员访谈资料绘制。

本太低而选择一走了之,这样,执法人员花费了大量时间后却无法进行后续调查,也只能以公告结案,同样是白白浪费时间和人力。③对生产豆制品等食品类保质期超短的无证生产,如果立案调查,那么,根据广州市质监局的规定,各区的罚没物品必须存放在统一指定的地方。这些保质期超短的食品在执法人员还没来得及依法对其进行处理前,就已经腐烂变质了,导致整个罚没物品的存放空间臭气熏天;并且,根据环保的有关规定,销毁食品要进行无害化处理,而交由环保部门进行无害化处理需要付费,质监部门又没有这类专项经费。再加上,在广州市政府《关于完善查处取缔无证无照经营行为工作机制的意见》(穗府办函〔2011〕86号)中,规定"镇政府、街道办事处负责做好查无的落实工作,协助有关部门对区、县级市查无工作机构移交督办的整治单位及时予以查处取缔"①。因此,对以上三种情形,白云区质监局在自身资源有限的情况之下,采取了交由无证生产所在镇(街)直接取缔的权宜之策。直接取缔的流程如图1-12所示,通过对比图1-11与图1-12不难发现,质监部门将无证生产交由镇(街)直接取缔,至少可节省2/3以上的行政成本;而这种做法对无证生产者来说,与立案查处所取得的最终效果是一样的。

图1-12 白云区质监局交由镇(街)直接取缔无证生产流程②

(二)混合性工具

教育、帮扶。在广东省政府办公厅规范性文件《关于进一步完善查处取缔无证无照经营行为工作机制的意见》(粤府办〔2007〕8号)中,对取缔无证无照经营行为提出了五点工作要求,其中第三点要求是"区别对待,注重实效。进一步强化大局意识和服务意识,采取疏堵结合、惩教并举的方式,倡导规范的市场行为"。白云区质监局在查处无证生产中,也遵循了这一要求,视情况采用教育、帮扶这一混合性工具。这种工具主要适用于两种情形:一种是执法人员在现场检查中,发现生产企业有超范围产品的包材、试生产产品,但是没有查到有生产好的成品;另一种是对无证生产进行取缔后,在当事人停

---

① 资料来源于对白云区质监局执法人员的访谈(访谈编号:20120305BYZJY03)。
② 根据白云区质监局执法人员访谈资料绘制。

止生产的前提下，积极帮助其申领生产许可证。① 比如2008年，白云区质监局采取"打、宣、扶"相结合的措施，帮扶河粉生产企业申领生产许可证："打"，就是严格监管，打击无证生产。当年7月1日前对未获生产许可证的企业下达《停产通知书》；7月1日凌晨起，连续3个夜晚进行无证查处，查封2家无证河粉生产企业生产设备及相关工具一批，取缔1个窝点。"宣"，就是广泛宣传，形成强大压力。在《广州日报》等4家媒体发布相关申证和无证生产查处信息15篇。"扶"，就是对有申领许可证意愿的无证生产企业进行反复指导，帮助申领证书。该局组织了3次由企业负责人参加的各级质监部门举办的相关法规和制度培训，明确申领生产许可证的要求；召集企业负责人到白云区新市峻诚河粉厂现场教学观摩；邀请广州市质监局及广州市质检院专业技术人员对企业"三方会诊"，同时，连续3个月白云区质监局分管食品安全监管的局领导和食品科工作人员反复下企业现场指导整改。② 经过这些组合措施，当年，白云区有11家河粉生产企业申领到了生产许可证，日产河粉量约占广州市主城区市场的2/3；广州市副市长甘新在视察白云区新市峻诚河粉厂和黄石来发米面制品加工场后，对白云区河粉行业整治和帮扶申领生产许可证工作及成果表示肯定和满意。此外，广州电视台《政务之窗》栏目"食品质量安全专题"组专门采访和拍摄了白云区河粉整治成效。

第二章 无证生产查处中存在的问题

对于政府强力干预市场的主张，遭到了持强调还市场活力意见的学者们的反对，他们认为有两个原因：一是政府能力有限而责任无限，以及高监管成本导致管理危机；二是这种强力管制行政造成了政府垄断和政府失灵，带来一系列社会和经济问题。本文研究的监管主体——白云区质监局，自2001年成立以来就一直致力于无证生产查处，并且不断创新方式、方法和机制，每年都有针对性地对重点产品的无证生产实施强力和高压执法，也取得了显著成效。但

---

① 资料来源于对白云区质监局执法人员的访谈（访谈编号：20120305BYZJY03）。
② 资料来源于对白云区质监局执法人员的访谈（访谈编号：20120305BYZJY03）。

是,从总体来说,以及与广州市其他区相比较,白云区的无证生产仍然大量存在,并暴露出白云区质监局无证生产查处这种强力干预市场的行为存在许多问题。本文通过查阅相关文献、访谈和问卷调查,发现有四个层次的问题和困难:第一个层次是执法资源少导致相关单位的能力有限且自主性不强;第二个层次是查处前案源获取难;第三个层次是查处中阻力大;第四个层次是查处后反复案发现象普遍,不易根治。下面就对这些问题和困难逐一剖析,以便进一步探明导致查处无力和无效的原因,为提高查处成效打下基础。

第一节 执法资源不足且自主性不强

一、执法资源不足

白云区区域面积近 800 平方公里,截至 2011 年底,全区有各类生产许可证和 3C 类强制性产品认证管理企业 1554 家,质量技术监督案件立案 248 宗,受理各类质量举报投诉 369 宗。[①] 而白云区质监局目前只有执法人员 60 人,其内设机构及人员编制情况见表 2–1[②]。

表 2–1 白云区质监局内设机构及人员编制情况　　　　单位:人

局领导	办公室	质量计量监管科	标准化监管科	食品生产监管科	特种设备安全监察科	法制科	稽查一科	稽查二科	稽查三科	合计
4	5	9	5	9	8	5	5	5	5	60

由表 2–1 可以看出,该局共设 9 个科室,人员最多的科室只有 9 人。在这 9 个科室中,与无证生产查处有关的是质量计量监管科、食品生产监管科、稽查 3 个科。[③] 其中,质量计量监管科负责除食品、食品相关产品和化妆品以外的已获生产许可证企业的证后监管工作,食品生产监管科负责已获生产许可证的食品、食品相关产品和化妆品企业证后监管工作,这两个科主要是通过日常监督检查发现无证生产案源;稽查 3 个科负责无证生产案件的具体查处工

[①] 数据来源于《2011 年白云区质量技术监督工作统计分析》。
[②] 摘自《关于广州市白云区质量技术监督局主要职责内设机构和人员编制规定的批复》(穗编字〔2011〕71 号)。
[③] 资料来源于对白云区质监局执法人员的访谈(访谈编号:20120306BYZJY02)。

作。按照该局科室职能分工，可以计算出一些基本的工作量（见表2-2）。

表2-2 白云区质监局有关科室工作量统计

有关科室	人员数	每组年工作量（每组由2名执法人员组成）		办案
		按1次/年现场监督检查标准，检查其他生产许可证、3C企业工作量预计值	按1次/年现场监督检查标准，检查食品、食品相关企业、化妆品企业工作量预计值	
质量计量监管科（另3人负责计量工作）	6人	121家	—	—
食品生产监管科	9人	—	265家	—
稽查三个科	15人	—	—	49宗

由表2-2可知，假设其他工作都不做，质量计量监管科每组必须每2个工作日现场检查1家企业，食品生产监管科每组每个工作日必须至少现场检查1家以上企业，如此才能在一个年度内对所有获证企业现场监督检查1次。更何况，监督检查只是这2个科工作职能中很小的一部分，还有质量强区、后处理（即对监督抽查不合格企业进行事后处理，下同）、专项行动等大量的工作需要完成，因此，每年对所有获证企业都进行现场监督检查1次成为不可能实现的美好愿望。而稽查3个科，每组每周都要办理1宗案件，而案件从受理到结案，平均办理时间需花费40天左右；此外，稽查人员每年还要开展50多项专项行动，平均每天都要核查举报投诉。在如此超负荷的工作压力下，白云区质监局执法人员起早贪黑、加班加点是常事；即便是外出开会和学习，执法服、文书也都是随身携带，随时准备处理突发事件。

幸福是什么？幸福对于我来说，就是能按时吃饭，能睡个好觉。我都患上铃声恐惧症了，晚上和周末，只要手机铃声一响，就高度紧张，额头冒汗，生怕又是要紧急出动。（访谈编号：20120305BYZJY03）

这是执法人员的真实写照。执法资源的严重不足自然对查处无证生产造成了一定的影响，突出表现在三个方面：第一，由于无法做到每年对所有获证企业进行现场监督检查1次，那么，只能保证食品业这一重中之重行业的现场检查率；对于其他行业，则是尽量安排，安排不了的，以企业递交年度报告审查的方式进行监督检查。不能进行现场检查也就意味着失去了及时发现超范围无证生产的机会。第二，对无证生产窝点只能选择性立案查处，其余的交由所在镇（街）直接取缔，这在本文第二章第三节中已有描述。第三，举报的案件只能排队核查，降低了行政执法效率。①

二、自上而下的考核机制

监督、考核是促使政府及其职能部门依法履职，落实和改进工作，提高行政效率和质量的重要手段。在我国，长期以来主要采用的是行政系统内部自上而下的逐级考核制度。白云区质监局在行政上属广州市垂直管理，因而每年都要接受广州市质监局的考核。实践证明，这种考核在确保上级中心和重点工作落实上发挥了积极作用，并对白云区质监局的履职重心、人员与时间分配、日程安排等各个方面造成了很大的影响。诚然，这些影响既有积极的也有消极的。消极的主要表现在三个方面。

1. 考核指标是指令性任务

考核指标对各个区通用，就是说不管白云区的具体情况如何，具不具备条件，都要按照广州市质监局的考核要求，不折不扣地完成各项任务。因此，白云区质监局自行制定的年度目标绝大多数都要围绕上级考核指标，且在实践中此类任务处于优先完成的位置；只有少数是结合白云区区情制定，实践中处于力争完成的位置。比如说，质监局每年都规定了行政罚没款的任务额度，而无证生产窝点基本上罚不到款，这种考核指标势必引导执法人员将主要精力放在能罚到款的案件上，以保证在上级考核前完成罚没款任务，这在一定程度上影响了无证生产窝点的立案率。又如名牌创建和培育工作，上级单位对每个区年度获得的名牌产品数也下达任务指标。这里且不讨论政府牵头评选名牌的做法合不合适，仅简述白云区质监局在名牌创建和培育中所能担负的角色（见图2-1）：包括确定培育企业名单、动员企业创建名牌、讲解名牌创建要求、提供联系沟通方面的服务等。也就是说，该局上不能制定和左右名牌评选的政策和标准，下不能代替企业争创名牌，却要花费科室1/4的人力和时间做一些类似社会中介服务组织的动员、服务、咨询和协调工作。

事实上，企业只要不违法违规，创不创名牌是企业自己的事，白云区质监局"追在企业屁股后面动员他们创建名牌"，以致腾不出时间对生产许可证和强制性认证产品企业进行巡查，显得扶优有余，治劣不足。（访谈编号：20120305BYZJY03）

---

① 资料来源于对白云区质监局执法人员的访谈（访谈编号：20120305BYZJY03）。

图2-1　白云区质监局在名牌创建和培育工作中发挥的作用①

2. 考核指标抽象

考核指标过于粗线条，有的只是做一些原则性要求，有的缺少科学合理性。比如，在对稽查科的考核指标中，有考核"制度"这一项内容，但仅限于考核"有建立执法人员管理制度"和"有建立执法人员学习培训制度"两个方面。这里反映出两个问题：一是只要建立了相应制度就可以得分，而制度有没有得到落实显得无关紧要。二是只检查对执法人员的管理，不检查执法人员的行为规范。例如，无证生产查处工作有没有建立工作制度，有没有设立标准化、模块化工作流程？制度和流程是否合法，是否可行？无证生产在什么情况下必须移交公安部门追刑，什么情况下必须行政立案查处？哪种情况下可交由镇（街）直接取缔或者交由镇（街）直接取缔是否合法？这些制度、规范、流程的执行和遵守情况如何？等等。这些都不在考核之列，起不到考核应有的监督、促进、改进工作的效果。事实上，白云区质监局基本上没有制定无证生产查处模块化的工作流程，执法人员在执法过程中随意性比较大，存在"踩西瓜皮"现象，对这类执法行为规范的疏忽很容易为失职渎职埋下隐患。

3. 考核注重结果多于注重过程

广州市质监局对白云区质监局的考核以每个年度的年终考核为主，大量的业务工作要在一天甚至半天之内全部考核完毕，因此，实践中只能是走马观花、蜻蜓点水式的，不可能进行深度考核；也只能多看些成果性的东西，无暇顾及取得成果的过程。但是，白云区质监局的执法活动绝大多数都具常规性和过程性，考核日常工作机制和工作过程的缺失，就意味着白云区质监局平日的工作始终处于没有监控的状态，上级对下级的监督和业务指导也就只能停留在形式上。对于行政执法来说，过程的规范、合法与结果的正当、合法一样重要，而往往结果的正当、合法是建立在过程的规范、合法之上的。例如，广州市质监局有一项考核指标"对辖区内每个食品生产加工企业按照国家质检总局119号令的要求至少实施一次现场监督检查"，强调的是"对每个食品生产加工企业至少实施一次现场监督检查"这一结果，至于在现场监督检查中应该检查的内容有没有全检查到位、应该发现的超范围生产等问题有没有及时发

---

①　根据白云区质监局执法人员访谈资料绘制（访谈编号：20120322BYZJT05）。

现、应该处理的有没有依法处理等现场检查过程和具体情况就重视不够，没有进行过程检查。

三、"运动式"工作方式

在我国行政体制中，上级部门习惯于以召开会议、发文件等方式向下级部门布置任务，而下级为了表明对上级命令服从、坚决执行的态度，总是将上级布置的任务确定为本单位的中心和重点工作，这种命令式的任务下达使下级部门的工作呈现明显的"抓时紧不抓时松"的"运动式"色彩，造成下级工作被动、疲于奔命的局面。毋庸置疑，命令式任务下达在快速与高效处置、应对重大公共事件，解决群众反映强烈的热点、难点问题等方面发挥了积极且重要的作用，但其负面效果也显而易见，主要体现在四个方面。

1. 选择性执法

近年来，食品安全事件频发，政府和百姓都表现出对此空前的关注，社会的问责声一直不断。因此，在白云区，区政府及其职能部门、各镇（街）、各村（社）也都高度重视食品安全，特别是在取缔无证照食品窝点方面，一直保持高压态势。但是，实施生产许可证管理的产品有64种，实行强制性认证的产品多达22类151种，实际中除食品以外的其他类别产品的无证生产查处工作却得不到一视同仁般的重视，不管是群众举报还是质监部门的查处力度都明显不够。质监部门每年保证不了对获证企业实施1次巡查；村（社）只是积极举报或自行驱赶食品窝点①，对其他类别产品的无证生产窝点持睁一只眼闭一只眼或放任的态度。

2. 唯上级命令是从

但凡有领导批示、指示和媒体曝光的问题，其办理的优先权就处于最高的位置，必须放下手中的工作，在第一时间内赶赴现场并着手查处工作，因为稍有处理迟疑、不慎或不当，就容易被问责，所以这类案件往往重视程度最高、行动最迅速、取缔最彻底、跟踪回访最到位。比如，2008年广州市政府点名的白云区帽峰山周边无证灌装饮用水问题，白云区质监局"雷霆出击""重拳打击"，帽峰山周边无证灌装窝点被地毯式清查、取缔和严格跟踪回访，气焰嚣张的无证灌装行为因此一度销声匿迹。② 把上级领导交办的事办好办实，当然是好事，但问题是，不可能所有的违法行为都会得到领导的重视和媒体的曝光，质监部门不能等事情性质变恶劣、影响变大，以至于提上领导的议事日程

---

① 资料来源于对白云区太和镇永兴村村干部的访谈（访谈编号：20120327YXCH01）。
② 资料来源于对白云区质监局执法人员的访谈（访谈编号：20120305BYZJY03）。

后,才高度重视和采取行动,而应在日常就依据辖区区情和法定职责,把精力放在主动发现问题、研究问题和解决问题上,并及时将疑难和棘手问题(如帽峰山无证灌装饮用水屡打不绝等)向上级主管部门以至政府反映、汇报,提请政府进行综合治理。

3. 浪费行政资源

国家、省、市质监部门通过风险监测、检验、媒体曝光等渠道发现安全隐患后,常常不通过内部通报、警示、提示的方式在全系统内迅速共享信息,或者借此完善检验标准或执法规范、指南,以便基层质监部门根据辖区区情采取适当行动,提高日常监管的针对性和有效性;取而代之的是以行政命令,在全国、全省、全市范围内通发红头文件,各地方有时会立即开展"摸查、现场检查、抽检、总结并上报材料"的系列行动,即"一人生病,全家吃药"。

2010年的乳制品专项检查,即使白云区没有乳制品生产加工企业,也必须开展上述系列行动,浪费行政资源。而每年上级下达的各类专项高达40项,执法人员在疲于奔命之余,又常因一些法律问题、执法规范问题得不到解决而焦头烂额,苦不堪言。(访谈编号:20120305BYZJY03)

4. 容易滋生懒政思想

上级经常向下级布置任务,下级就按照上级的要求按部就班,个别执法人员认为,反正时间和精力有限,只要把上级交办的做好了就行了,这种思想一定程度上削弱了下级根据实际情况研究和思考问题的能力与积极性;有时任务下得急工作量又大,只好"应付"一下上级;还有个别执法人员因工作量和压力过大,就抱着"慢慢来,干得一件是一件"的态度。①

四、职能部门间协调困难

白云区一直是广州市假冒伪劣行为发生的重灾区,区政府每年都会组织工商、质监、公安、食药等执法部门联合"打假",以形成合力,严厉打击假冒伪劣行为。在执法现场,违法情节属实就交由有执法职权的部门查处,但当违法行为管辖权不清晰或多个部门都有管辖权时,各部门都想少惹事,存在相互推诿"踢皮球"的现象,这时是"谁说得有理,谁就可以不接案子",个案情况下由区领导指定哪个部门负责查处或者如果是无证照窝点的话就交给镇(街)直接取缔了事。

"'小作坊'、前店后厂的查处,工商部门说是属于生产领域,应该由质监部门查处;质监部门说小作坊无须申领生产许可证,而前店后厂属流通领域,

---

① 资料来源于对白云区质监局执法人员的访谈。

应该由工商管。"（访谈编号：20120305BYZJY03）

两个职能部门相互间扯皮一直到广东省机构编制委员会下发《关于进一步明确我省食品安全监管职责分工有关问题的通知》（粤机编〔2011〕52号文），提出"在省人大常委会制定出台食品生产加工小作坊和食品摊贩管理的地方性法规前，食品生产加工小作坊由质监部门负责监管为主，农业、工商、餐饮服务监管部门在职责范围内积极配合。具体工作任务分工由质监部门牵头商相关部门确定""糕饼店、面包房等通过即时制作加工为消费者提供食品的行为，由工商部门负责监管"。职能部门间职责不清、扯皮，给镇（街）、群众等举报投诉者带来烦恼和不便。

一位镇（街）工作人员如是说：

质监、工商、食药等职能部门职责有时交叉，有时不清，有时相互扯皮，弄得我们都不知道到底向哪个部门举报有用。（访谈编号：20120319THL01）

而在被问到"食品无证生产行为应主要由哪个部门查处"时，质监、工商、食药、农业部门均有被消费者认为应该是查处部门（见图2-2），有5%的消费者干脆回答"不知道"，甚至有50%的质监执法人员认为食品无证生产不应该由本部门负责查处。①

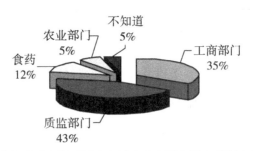

图2-2 消费者对"食品无证生产行为应主要由哪个部门查处"的态度②

第二节 无证生产案源查找难

一、无证生产行为难被发现

白云区质监局在查处无证生产中，碰到的第一个难题就是无证生产发现

---

① 数据来源于2012年在白云区做的问卷调查结果。
② 根据2012年在白云区做的问卷调查结果绘制。

难。难发现也就意味着案源不足。这可从无证生产窝点和企业超范围生产两个方面来谈。

（一）无证生产窝点方面

无证生产窝点通常有五个特征导致它们难于被发现：一是隐藏在出租屋或民居里，有的甚至在仓库里，地点隐蔽，根本不可能有厂名、厂址；二是选址多在城乡接合部；三是白天闭门晚上生产，避开执法人员工作时间；四是封闭门窗，掩人耳目；五是流动作案。① 无证生产窝点即使被发现、举报后，因为隐藏在出租屋或民居里，因大多数此类建筑属违章建筑，所以都没有门牌号，更加没有厂名、厂址，所以举报人在举报时就无法说清楚无证生产窝点的具体地址。执法人员受理举报后，只能按举报的大概方位去搜寻，经常须耗费一两个小时才能找到窝点，有时须在镇（街）工作人员或协管员的配合下才能找到窝点，有时甚至根本"查无此址"而只能"打道回府"，给查处带来很大麻烦，增加了执法成本。

（二）企业超范围生产方面

对于既有生产许可证又有营业执照的正规企业，社会各界一般不会关注也不知道企业有没有超范围无证生产，只会对其产品质量问题进行投诉或举报。当然，执法人员根据质量投诉或举报进行执法检查时，偶尔也会发现一些无证生产案源，但是，平时的案源发现主要依赖执法人员对企业的监督检查。两大制约因素导致无证生产难于及时被发现：一是本章第一节所述的"缘于执法资源的绝对不足"，因为对每家获证企业每年进行1次现场检查都实现不了，所以根本就没有发现案源的机会。二是企业都是按照订单组织生产，并且是一生产完就马上出货，一般没有库存；或者将违法生产的成品隐蔽储藏，造成监管难度加大，执法人员即使能到现场监督检查，也不一定能正碰上或发现正在进行的无证生产行为。②

二、群众举报投诉意识不强

从第二章第三节的论述中可知，对于获证生产加工企业，白云区质监局有

---

① 资料来源于对白云区质监局执法人员的访谈（访谈编号：20120313BYZJM06）。
② 资料来源于对白云区质监局执法人员的访谈（访谈编号：20120313BYZJM06）。

权依法对其进行监督检查。但对于基本上都是在出租屋、民居、仓库里进行无证生产的窝点，根据《中华人民共和国物权法》有关规定，执法人员在没有掌握初步证据的前提下，则无权对这类生产场所进行执法检查。所以，对于无证生产窝点，只有依靠群众和社会各界的积极举报、投诉，才能获得案源。可是，现实情况却显然不容乐观：第一，消费者认为当前无证生产还是比较多（见图1-6）；第二，消费者举报不积极，常有"别惹事""事不关己，高高挂起""举报投诉没用"等思想①；第三，消费者表现出对政府的强依赖性，政府被认为是应该发现无证生产线索的主要力量（以食品为例，如图2-3所示）；第四，还有少数消费者根本就不知道国家实施工业产品生产许可证制度（以食品为例，这一比例为13%，如图2-4所示），就更不可能会有举报无证生产的行动了。这些均说明政府及其职能部门宣传还不到位，没有有效发动群众，没有引导并形成群防群治的良好氛围和环境。

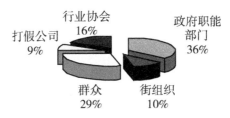

图2-3 消费者认为"发现无证生产主要依靠谁"的态度②

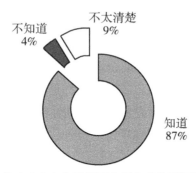

图2-4 消费者对"生产食品需要申领生产许可证"的认知构成③

---

① 资料来源于对白云区质监局执法人员的访谈（访谈编号：20120313BYZJM06）。
② 根据2012年在白云区做的问卷调查结果绘制。
③ 根据2012年在白云区做的问卷调查结果绘制。

三、非政府组织难觅踪影

正如"达尔文在《人类的起源》一书中提出:在自然界,最适于生存的不是那些在体力上最强的生物,也不是那些最狡猾的生物,而是那些无论强者弱者都能联合起来相援助的生物"。① 群众单枪匹马举报无证生产显得势单力薄、孤掌难鸣,在举报时还要担心被恐吓、被报复,如果群众能够联合起来、团结起来,通过自治自律的非政府组织,承接部分政府包揽的职责,从举报到维权为消费者提供服务,凭借组织的力量与无证生产者相抗衡,无疑会对无证生产形成强大的舆论和监督压力,使无证生产者有所顾忌和收敛。可是,从图2-5可以看出,近年来,向白云区质监局投诉、举报无证生产的细流中,以群众和商业性质的维权公司为主力军,从来就没有出现过非政府组织的身影。

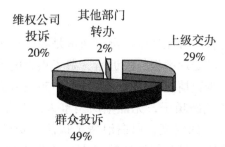

图 2-5　2009 年至 2011 年白云区质监局受理投诉、举报来源构成②

20 世纪 80 年代以来,随着我国改革开放的深入和社会主义市场经济的建设与发展,非政府组织也得到了一定的发展,特别是在环境保护、扶贫等一些社会问题比较突出、尖锐的领域里比较活跃。但是,在无证生产以至其他制假售假方面,能够主张维权、提供服务的非政府组织比较罕见,其中,就属消费者协会的影响最大了。消费者协会的任务有两项:一是对商品和服务进行社会监督,二是保护消费者权益。③ 现实中,消费者协会在受理消费者投诉,并对投诉事项进行调查、调解方面发挥了重要的积极作用,而在对商品和服务进行社会监督方面显得悄无声息。此外,我国许多行业虽然都成立了行业协会,但也是维权有余、自律不足。如何鼓励和扶持更多、更有力的非政府组织,并积极引导、规范和监督他们的日常行为,体现其社会价值,是对政府自身改革魄力和能力的挑战。

---

① 转引自李迎风《食品质量安全 我们共同的责任——试析保障食品安全的"四维度"》,见 http://news.xinhuanet.com/society/2011-05/24/c_121453242.htm, 2012.4.20.
② 根据 2009 年至 2011 年《白云区质量技术监督工作统计分析》绘制。
③ "消费者协会"百度百科词条,见 http://baike.baidu.com/view/22919.htm, 2012.4.20.

第三节 执法阻力大

一、无证生产者抗法

在很多群众眼里,政府执法部门是强势部门,但我想说的是,白云质监执法人员是弱势群体,我们每个稽查执法人员都遇见过无证生产者抗法,甚至是执法人员被威胁、被武力攻击的行为。(访谈编号:20120315BYZJH07)

一提起查处无证生产中的困难,白云区质监局的执法人员几乎是异口同声如是说。该局在查处无证生产中主要碰到三类抗法情形①。

(一) 拒不开门

在本章第二节中已叙述过无证生产窝点通常是隐匿在出租屋或民居里,并且紧闭门窗。当执法人员受理举报、投诉后,费了很大的劲才找到窝点所在地时,却发现大门紧闭。少数情况下,执法人员连声叫喊后会有人来开门;多数情况下,任凭执法人员喊破嗓子,无证生产当事人就是拒不开门,大有"任凭风浪起,稳坐钓鱼台"的气度,白白浪费了执法人员的时间,降低了行政效率。这种情况下,执法人员只好通知镇(街)工作人员或协管员来到现场,协调出租屋主打开大门。比如,2009年7月,白云区质监局来到被投诉点——白云大道中的东方汽车城内时,一排像是垃圾收购站的平房呈现在眼前,在房子中央,竖着一根烟囱,正滚滚地冒着热气,执法人员凭经验立马推定是个窝点。可让执法人员苦恼的是,在那个烟囱外围转了几个圈,又呼叫屋内的人,就是没人理睬,只好求助新市街道办。在街道工作人员的协助下,才在杂草和垃圾圈中找着了门,一举端掉了这个豆制品窝点。

(二) 阻挠执行行政强制措施或行政处罚

对无证生产的原辅材料、成品、生产工具等采取查封、扣押等强制措施或做出没收的行政处罚是无证生产查处中必要和重要的一个环节,特别是对无证生产窝点而言,往往只有采用没收的行政处罚才会对无证生产当事人的利益造成影响。因此,不少当事人千方百计阻挠执法人员查封、扣押或没收产品及生产工具,甚至不惜以暴力相阻,给执法人员人身安全带来隐患和威胁。

---

① 《商会概况》,见http://www.gdcdc.cn/cn/chamber.aspx?RowID=1&Jcount=3&id=4,2012.4.20。

2010年，我们在夏茅查处一宗无证生产怡宝饮用水空瓶案，执法人员要没收产品及生产工具时，10多个工人马上把厂门关闭阻挠执法，还不断辱骂执法人员和镇政府工作人员。（访谈编号：20120315BYZJH07）

这样，一方要没收，另一方不准没收，双方形成争持、僵持局面。不料，无证生产当事人眼见阻止不了执法人员没收物品了，就示意其工人动手打人。最后在当地派出所民警对工人们采取强制措施后，事态才得以控制和平息，无证生产查处工作才得以继续进行。

（三）言语威胁

相对于上述两类情形，执法人员在执法过程中遇到当事人言语威胁的情形比较少些，只有1/3的稽查执法人员碰到过，但同样给执法人员的人身安全和工作情绪带来很大的负面影响。碰巧，笔者在参与白云区质监局查处无证生产时，就有一次这种经历：2012年3月，在白云区"三打两建"化妆品无证生产查处专项行动中，执法人员依法对位于××街的一家化妆品生产企业进行监督检查。检查中没有发现企业有超范围生产行为，但涉嫌委托加工化妆品未备案，因此，执法人员现场做出立案调查的决定。该企业法人代表王某某系东北人，三十出头，在白云区化妆品生产、销售领域打拼了较长时间，他意识到如果质监部门对其行为做立案调查，调查结果属实的话将面临处罚。故而，王某某向执法人员软磨了一个多小时都不肯在相关现场调查材料上签字，并问执法人员会处罚多少钱。在执法人员回答"要不要处罚、处罚多少得根据调查结果做出，而且还要经过案件审理才能确定，并不是我们执法人员个人就能说了算的"和一再催促下，王某某居然放出狠话："几万块钱可以做成很多事，现在社会上有很多人没有事干，你是姓胡是吧，有很多化妆品老板都认得你了，我有朋友说了，有人要买你的人头。"面对监管当事人赤裸裸的言语恐吓，执法人员表现出了更强硬、更无惧的态度，并在附近其他执法人员也赶来援助的情况下，王某某最终接受了执法人员的立案调查决定，在相关资料上签名确认。

二、取证处罚难

白云区质监局对无证生产主要依据三部法规的相应条款予以处罚：一是《认证认可条例》第六十七条"列入目录的产品未经认证，擅自出厂、销售、进口或者在其他经营活动中使用的，责令改正，处5万元以上20万元以下的罚款；有违法所得的，没收违法所得"；二是《工业产品生产许可证管理条例》第四十五条"企业未依照本条例规定申请取得生产许可证而擅自生产列入目录产品的,由工业产品生产许可证主管部门责令停止生产,没收违法生产的产品,处违法生产产品货值金额等值以上3倍以下的罚款;有违法所得的,没收违法所得;构成犯罪的,依法追究刑事责任";三是《广东省查处生产销售假冒伪劣商品违法行为条例》第二十一条"无营业执照的生产者生产本条例第七条、第八条所列商品的,没收假冒伪劣商品、销售收入和生产工具、设备、原材料、半成品,处以二万元以上二十万元以下罚款;假冒伪劣商品总值在十万元以上的,处以该批假冒伪劣商品总值二倍以上五倍以下罚款"。2010年,在该局立案查处的无证生产案件中,只有1/3的案件有没收违法所得(见图2-6),即使有没收违法所得,也多数在1000元以下,最少的仅没收12元①;而在处罚方面,处以5万元及以上罚款的案件只占15%,且全部是未经强制性认证擅自出厂、销售需认证产品的,处以1万元以下罚款的案件却占了70%,甚至还有罚不到款的(见图2-7)。面对这么低的罚没款,不少执法人员感叹道:"我都不知道是在惩罚违法行为还是在纵容违法行为。"② 导致处罚难、处罚不力的主要因素是取证难,表现在四个方面。③

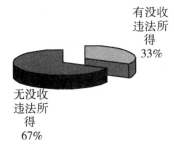
图2-6　2010年没收无证生产违法所得情况④

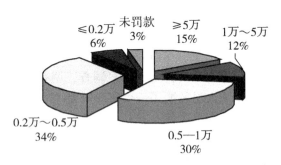
图2-7　2010年无证生产罚款额的构成⑤

(一) 无销售单据或账目

根据无证生产的办案程序,在调查处理无证生产的过程中,往往要根据无证生产当事人提供的证据确定没收违法所得的额度。于是,为逃避法律的制裁,使执法人员对其实际违法所得无从查起,无证生产当事人大钻法律空子,

---

① 数据来源于2010年白云区质监局立案案卷。
② 资料来源于对白云区质监局执法人员的访谈(访谈编号:20120315BYZJH07)。
③ 资料来源于对白云区质监局执法人员的访谈(访谈编号:20120315BYZJH07)
④ 根据2010年白云区质监局立案案卷整理制成图表。
⑤ 根据2010年白云区质监局立案案卷整理制成图表。

不做账或做假账，而执法人员取证手段有限，有时甚至证据确凿也不能对无人的无证生产现场进行检查，造成没收违法所得款额度奇小。特别是对于未取得强制性认证的，《认证认可条例》并没有规定不能生产，执法人员经常因为无法拿到企业确有出厂、销售强制性产品的证据，别说是处罚了，就是立案查处都没有法律依据。所以，长期以来，白云区质监局在查处强制性认证产品类无证生产上始终没有大的突破。

（二）藏匿成品

因为对无生产许可证类无证生产的罚款是"处违法生产产品货值金额等值以上3倍以下的罚款"，所以，无证生产者惯用小规模生产、分散仓储的方式来降低被查处的风险。一旦被查，往往会因为货值小只需承担很小的经济处罚，也进而可以逃避可能被移交公安追刑的风险。

（三）难于确认违法事实

对于无证生产窝点而言，部分无证生产者在生产、销售无证生产产品的同时，也食用或使用自己的产品，尤其是在饮用水、豆制品、河粉等这些传统上以小作坊生产的食品①，导致执法人员对其违法事实难以确认。比如，2012年3月14日，《广州日报》报道了记者暗访发现帽峰山周边地区存在无证照灌装、经营山泉水行为，白云区质监局立刻联合有关部门开展暗访、调研、查处、整治等行动。执法人员发现这些无证灌装窝点有四个共同的特征：一是普遍没有营业执照；二是灌装设施十分简陋，卫生条件非常差；三是灌装用桶基本由客户提供，直接灌装销售；四是部分经营点与民宅、士多店、饭店混合在一起，给取证、查处带来很大的困难。②

（四）当事人逃逸

当事人逃逸现象在查处无证生产窝点时很常见③。因为生产成本小，在执法人员下达《行政处罚书》后，部分无证生产当事人要么拒不交款，要么干脆逃逸，致使行政处罚决定落实不了，最后因找不着当事人只好以公告结案。

三、移交追刑难

从第一章第三节叙述中可以看出，白云区质监局能够成功向公交移交追刑

---

① 资料来源于对无证生产窝点当事人的访谈（访谈编号：20120301WD01）。
② 资料来源于对白云区质监局执法人员的访谈（访谈编号：20120315BYZJH07）。
③ 资料来源于对白云区质监局执法人员的访谈（访谈编号：20120315BYZJH07）。

的案件是少之又少。近三年，源于无证生产的案件总共只成功移交了3宗。导致移交追刑难的因素主要有四个。

（一）证明"有罪"难

在无证生产查处实践中，比较普遍的是依据"产品销售金额5万元以上的；或产品未销售，货值金额15万元以上的""在生产、销售的食品中掺入有毒、有害的非食品原料"这两种追刑标准移交追刑。那么，就相应地存在两个难点：一个是无证生产者有意藏匿产品及不建立销售账单或做假账，致使执法人员取证难，这点在上面已有叙述；另一个是在"掺入有毒、有害的非食品原料"证据的提供上，是由执法部门证明食品中掺有"有毒、有害非食品原料"，而非无证生产者证明其产品原料"无毒、无害"。

执法部门要想以掺有"有毒、有害非食品原料"标准移交追刑，就必须在无证生产现场发现有毒、有害的非食品原料或包材，须将产品送检，证明成品中也含有有毒、有害物质，才能移交追刑。（访谈编号：20120315BYZJH07）

无证生产者基本不会将有毒、有害的非食品原料放在台面上供执法人员检查，执法人员在没有掌握初步证据的情况下也基本不会平白无故地将产品送检以证明有无含有有毒、有害物质；况且执法部门没有专项检验经费，检验耗时又长，就算执法人员费了九牛二虎之力掌握了确凿证据，无证生产者却早已逃逸多时。所以，这一追刑标准在实际的操作中缺乏可行性。

（二）提高追刑标准

白云区不仅假冒伪劣现象严重，而且刑事案件也较多，公安部门经侦警力本身就不够，压力也大，在受理刑事案件时不可能来者不拒，全部立案查处，而是依据违法情形、社会舆论压力等综合情况决定受理或不受理，导致人为提高追刑标准。

（三）不认同涉案金额

行刑案件移交中争议最大之处是双方在涉案货值金额的确认上，公安部门通常不认可按产品标价计算得到的涉案金额，要求质监部门以物价局计价为准，因此，常常以货值无法估价、货值达不到追刑标准则拒不接案。

（四）证据不符合要求

质监行政执法按照《质量技术监督行政案件办理程序的规定》，要求形成系列案卷材料，这与刑事司法取证要求之间存在差异。因此，质监部门提供的证据、材料，特别是调查笔录、鉴定报告等常不被公安部门采用，如果要被采用就需按照刑事司法程序重新取证。而重新取证的困难是，随着当事人逃逸、现场无法得到妥善保存等条件的改变，许多案件的重要证据已经无法重新获取。

四、镇（街）、村（社）不配合

本文第二章第三节的相关论述中，叙述了镇（街）在无证生产查处中发挥了重要作用，没有镇（街）工作人员的配合和协助，有时案件查处工作难以开展。白云区质监局在行政上属广州市垂直管理，并且干的都是揭镇（街）"伤疤"的事，也仅在江高、太和和石井三个镇（街）设立了质监工作站，建立了良好的沟通和互动联系。因此，并非所有的镇（街）都知道质监部门的职能，都积极支持和协助质监部门进行无证生产查处。概括起来，不积极协助甚至消极对待无证生产查处的表现主要有四种：一是接到质监部门请求协助的请求后，工作人员以各种理由不到现场或者拖延时间，迟迟不来。二是部分协管员到了现场不积极配合处理相关工作，走过场，敷衍了事，"出工不出力"，一定程度影响了工作进度和质量。三是故意谎报、瞒报、漏报属地内无证生产行为，甚至替无证生产者求情。四是偷偷为无证生产者报信。

2009年在谢家庄查处的一宗案件，镇（街）工作人员不但不配合执法行动，而且为无证生产者提供情报，并想方设法阻碍执法人员及时进入现场正常开展查处工作。（访谈编号：20120313BYZJM06）

第四节 反复案发现象普遍

上述三节分析的都是无证生产个案查处中存在的突出问题和困难，无证生产查处难，最难的不在于个案的查处，而在于减少和杜绝无证生产这一行为。在执法人员眼中，无证生产是"牛皮癣"，有着顽强的生命力；无证生产查处就像是"割韭菜"，割了一茬又一茬，总也割不完，经常是今天走了这个窝点，明天又来了那个窝点；执法人员就像是"灭火队"，哪里有举报、投诉，就赶赴哪里"灭火"，成天和无证生产者"打游击"，疲于奔命却又无可奈何。无证生产总是在城乡接合部的那几个镇（街）高发、反复案发（见图1-8），令执法人员头痛不已。无证生产窝点因为生产成本低，而且被执法部门查处后，也只能查扣部分产品和一些不值钱的简单设备、工具，违法者往往采取"你打我跑，你撤我造"的战术，一旦被查处后，立刻迁移，伺机重操旧业，甚至为把损失夺回来，马上另起炉灶。

2009年，石井街有3个豆制品无证生产窝点，局里联合当地村委在两个月内取缔了3次，每次取缔不到半个月，无证生产者又搬回原址重操旧业。（访谈编号：20120313BYZJM06）

要逐渐减少甚至杜绝无证生产这一行为，其艰巨和执行难度已经远远超出了白云区质监局的能力所及，政府及其职能部门单靠"堵"的方法似乎是"隔靴搔痒"，只能治标而不能治本，只有寄希望于政府、市场和社会三方互动合作、共同治理，彻底肃清滋生无证生产的环境，无证生产才能得到根治。

第三章 无证生产查处难的原因分析

按照常理，无证生产，就是没有获得许可就擅自生产、销售相关产品，违法事实清晰、简单，执法人员可直接依法取缔。但是，经过第二章的论述，笔者发现白云区质监局在无证生产的查处中，无论是查处前的案源发现，还是查处中的现场取缔，乃至查处后的处罚，都存在着不少的问题或困难。并且，正因为这些问题和困难的现实存在，导致了无证生产这一行为或现象难以得到根治。这些原因包括：法规、上下级规范性文件相冲突，法规规定有欠缺、可执行性不强，规定的处罚力度不够，是造成有关职能部门扯皮、取证处罚难、移交追刑难的主要原因；政府职能部门职能设置不合理、重视不够、地方保护主义、问责不到位、连带责任未落实是执法部门效率低下、遭到抗法、镇（街）不配合、无证生产多发的主要原因；无证生产者经济理性和道德缺失，无证生产的产品有市场，白云区位于城乡接合部及交通发达的特殊区位环境，群众自治意识淡薄维权能力弱，是无证生产得不到积极举报、反复案发根治不了的主要原因。下面就对这些原因进行详细分析，以期为第四章提出解决问题的对策和建议提供依据。

第一节 法制不完备

一、法规、规范性文件相冲突

有关无证生产查处的法规、规范性文件相冲突，集中体现在有关职能部门的查处职责分工上[①]。

（一）国家层面规定以工商部门查处为主

《无照经营查处取缔办法》（国务院令第370号）第四条第一款明确规定："应当取得而未依法取得许可证或者其他批准文件和营业执照，擅自从事经营活动的无照经营行为"由工商行政管理部门依法查处。这就是说，无证生产查处应以工商部门为主，质监等其他部门只是配合，即"亦应当依照法律、法规赋予的职责予以查处"。

（二）省政府层面规定以质监部门查处为主

广东省办公厅发布的《关于进一步完善查处取缔无证无照经营行为工作机制的意见》（粤府办〔2007〕8号）中规定：工商行政管理部门负责"依法查处无须取得许可证但应当取得营业执照或已经取得许可证但未依法领取营业执照，擅自从事经营活动的行为"，质量技术监督部门负责"依法查处未经许可擅自生产或在经营中使用实行生产许可证管理的产品的违法行为"。这就是说，无证生产在广东省政府层面变成以质监部门查处为主了。

（三）市政府层面规定不清晰

广州市政府办公厅《关于完善查处取缔无证无照经营行为工作机制的意见》（穗府办函〔2011〕86号）规定：工商管理部门的职责分工与广东省政府办公厅的规定相一致，以查处无照经营为主；质量技术监督行政管理部门负责"依法对须经质量技术监督行政管理部门许可，方可从事的食品生产、特种设备制造、进口计量器具、制造和修理计量器具等经营活动进行监督管理"；食品药品监督行政管理部门负责"依法对须经食品药品监督行政管理部门许可，方可从事的餐饮、化妆品（生产环节）、药品和医疗器械（二、三

---

① 资料来源于有关无证生产查处的法规、规范性文件和机构编制文件以及对白云区质监局执法人员的访谈（访谈编号：20120321BYZJY04）。

类）等经营活动进行监督管理"。这就是说质监部门主要负责食品类无证生产的查处，而对于食品类以外的众多无证生产没有规定具体的查处部门。再者，食品药品监管部门负责生产环节化妆品的监督管理工作，那么，主要负责生产领域监管的质监部门还要不要对化妆品生产企业进行监管、要不要查处化妆品类无证生产？对这一类问题《意见》也没有明确的规定。

正是由于法规、规范性文件的冲突，职能部门，特别是工商、质监部门之间经常为查处权限扯皮，才导致监管职权碎片化。比如，对一家无证生产的化妆品生产加工企业，工商部门经常会推说这是生产领域应该由质监部门查处，质监部门也可以说化妆品生产企业要先领取营业执照才能领取生产许可证，应该由工商部门查处，似乎谁都有权查处，谁又都有理由不查处。这种权责纠缠不清的现状，也映射到了职能部门的工作职责上。例如，《印发广州市工商行政管理局主要职责内设机构和人员编制规定的通知》（穗府办〔2010〕45号）中，就只赋予工商部门依法组织查处取缔无照经营行为；《印发广州市质量技术监督局主要职责内设机构和人员编制规定的通知》（穗府办〔2010〕50号）中，甚至连"无证生产查处"的字样都没有出现，只含糊规定质监部门"依法查处产品质量违法行为，按分工打击制售假冒伪劣商品违法活动"。

二、法规有欠缺

（一）没有《无证生产查处取缔办法》

国务院早在2003年就出台了《无照经营查处取缔办法》，却一直没有出台有关无证生产查处的法规。[①]《无照经营查处取缔办法》主要对无照经营的查处取缔进行规范，在职能部门的无证照查处中，只有工商部门能够较好地适用这部法规取缔无照经营，质监部门只能根据《产品质量法》和《工业产品生产许可证管理条例》查处无证生产。

（二）没有定义"生产加工"

我国对产品质量的监管，不是按种类进行职责分工，而是实施多部门分段监管体制。以食品安全为例，农业部门负责初级农产品生产环节的监管，质监部门负责生产加工环节的监管，工商部门负责流通环节的监管，食药部门负责餐饮业和食堂等消费环节的监管，等等。问题是这种分段监管模式，段与段之间的界限没有明确划分。质监部门按职能负责生产加工环节的监管，但是缺乏

[①] 资料来源于对白云区质监局执法人员的访谈（访谈编号：20120321BYZJY04）。

对"生产加工"进行定义。分装、贴标、包装是否属于生产？如果是，超市中分装是否要申领生产许可证？在仓库发生的生产行为、"前厂后店"等属于生产领域还是流通领域？发生的无证生产行为该由哪个部门查处？

"生产加工"定义或解释的缺失，常常成为职能部门在无证查处中相互推诿、扯皮的重要原因之一。（访谈编号：20120321BYZJY04）

（三）部分条款可执行性不强

比如《中华人民共和国工业产品生产许可证管理条例实施办法》第一百零三条中规定，允许企业可以试生产产品，只要生产出来的产品经过有资质的检验机构，依法批批检验合格，并且在其产品或者说明书、包装上标明"试制品"后，就可销售。

国家规定可以试生产，执法人员在监督检查处于申证期间的生产企业时，如发现企业进行生产，企业负责人往往说他们是在生产"试制品"，以此来逃避可能面临的查处和处罚。（访谈编号：20120313BYZJM06）

此外，法规对停证期间企业的生产销售行为该如何处罚，也没有明确的规定，造成企业领证难、执法部门查处难。又如《认证认可条例》第六十七条规定，"列入目录的产品未经认证，擅自出厂、销售、进口或者在其他经营活动中使用的，责令改正，处5万元以上20万元以下的罚款，有违法所得的，没收违法所得"；《强制性产品认证管理规定》第四十九条规定，"列入目录的产品未经认证，擅自出厂、销售、进口或者在其他经营性活动中使用的，由地方质检两局依照《认证认可条例》第六十七条规定予以处罚"。

《认证认可条例》和《强制性产品认证管理规定》都只规定了出厂、销售、进口这三种行为的罚责，均没有禁止生产，导致质监部门找不到企业出厂、销售产品的证据，就不能对企业进行立案查处。（访谈编号：20120321BYZJY04）

（四）《工业产品生产许可证管理条例》只规范企业行为

《工业产品生产许可证管理条例》第五条规定："任何企业未取得生产许可证不得生产列入目录的产品。任何单位和个人不得销售或者在经营活动中使用未取得生产许可证的列入目录的产品。"这就是说，该条例只规定有营业执照的企业不得无证生产；而对于无营业执照的个人，只规定了不能销售或使用，而没有规定不能生产。

对于无证生产窝点,因为他们没有营业执照,只能依照《广东省查处生产销售假冒伪劣商品违法行为条例》予以查处、取缔。(访谈编号:20120321BYZJY04)

三、处罚不力

从本文第二章第三节"执法阻力大"中"取证处罚难"的论述中可以明显看出,对无证生产,特别是对无证生产窝点处罚不力,并且在主观感觉上,不管是消费者,还是正规获证企业,还是监管部门,均认为无证生产查处不力的最主要原因之一是对无证生产者惩处不够严厉。导致处罚不力主要有四个方面的原因[①]。

(一) 对无证生产的处罚是结果罚

在《食品安全法》和《工业产品生产许可证管理条例》中,对无证生产的罚款规定均是依照查处的产品货值来执行。只是《工业产品生产许可证管理条例》罚得轻一些,处"等值以上3倍以下的罚款";而《食品安全法》规定,"货值金额不足1万元的,并处2000元以上5万元以下罚款;货值金额1万元以上的,并处货值金额5倍以上10倍以下罚款",处罚得相对重一些而已。这就为违法者逃避处罚或减轻处罚留下空隙。

(二) 没有明确规定追刑标准

《工业产品生产许可证管理条例》只模糊地规定无证生产"构成犯罪的,依法追究刑事责任",但究竟什么情况下构成犯罪,则没有明确规定。因此,执法人员不能直接以"无证生产"罪移交公安追刑,而必须在无证生产兼有产品质量问题或有假冒情节并达到相应追刑标准(已在本文第一章第三节的"工具选择"中论述)时才能移交追刑。震慑力不够是无证生产者肆无忌惮地无证生产的原因之一。

(三) 对累犯没有约束

有关无证生产的法规都未对多次被查处而继续无证生产的行为做出处罚规定,这也是导致无证生产者特别是无证生产窝点每次死灰复燃、屡禁不止的重要原因之一。

---

① 资料来源于对白云区质监局执法人员的访谈(访谈编号:20120305BYZJY03)。

（四）强制性认证产品未规定没收产品

不论是《认证认可条例》还是《强制性产品认证管理规定》，都未对无证出厂、销售强制性认证产品的行为做出没收产品的规定。所以，就算执法人员费了九牛二虎之力掌握了无证生产者违法的确凿证据，但却不能没收产品，一旦那些未经强制性认证的产品流入市场，并造成严重后果，该怎么办？这中间还有一个谁要担责、谁能担责以及谁能担得起责的现实问题。

第二节　政府职责定位及认识不明晰

一、职能设置不合理

（一）上下职能雷同

我国质监行政组织构架呈现韦伯所说的"官僚组织体制"特征，并且从上往下讲求机构的"对口"。一般来说，从区到市、省，直至中央人民政府，下级政府职能部门都会在上一级政府找到主管部门。目前，在全国共设有国家质检总局、省质监局、市质监局、区（县）质监局四个层级。每个层级质监部门与同一级政府的其他职能部门有体现分工，但不同层级的质监部门间却少见明确分工，反而职能雷同。这种层级制并且职能雷同的组织架构，不仅显得机构臃肿，而且导致效率低下。本节以广东省、广州市、白云区质监局三个层级的食品生产监管处（科）的职责为例来说明（见表3-1）：从职责设定上看，省级有3项职责，市、区级各有5项职责，省、市、区的前2项职责完全相同，即"负责生产加工环节食品及其相关产品质量安全监管工作"和"调查质量安全事故"。而市与省相比，在全部覆盖省级职责的基础上，增加了"实施不安全食品召回制度"和"制定并组织实施食品及其相关产品、化妆品生产环节质量安全监督管理的工作制度"两项；与区相比，只有2项职责有区别，一个是市级负责食品及其相关产品、化妆品监管制度的制定，而区级负责具体监管工作，另一个是市级负责生产许可和强制检验工作，区级是配合市级开展此项工作。这样雷同的职责设定，导致在实际工作中出现了三个如下的突出现象或问题，以至于有执法人员认为"省、市质监局的职能雷同，我觉得市一级质监局根本就没有必要设"①。

---

① 资料来源于对白云区质监局执法人员的访谈（访谈编号：20120305BYZJY03）。

表3-1 广东省、广州市、白云区质监局食品生产监管处（科）职责与日常工作①

	广东省质监局食品生产监管处（科）	广州市质监局食品生产监管处（科）	白云区质监局食品生产监管科
职责	1. 食品、食品相关产品生产加工环节的质量安全监管工作 2. 组织调查处理相关质量安全事故 3. 食品、食品相关产品及化妆品的生产许可和强制检验工作	1. 食品、食品相关产品生产加工环节的质量安全监管工作 2. 参与食品安全风险评估，组织调查处理相关食品质量安全事故 3. 食品、食品相关产品的生产许可和强制检验工作 4. 依法实施生产加工环节不安全食品召回制度 5. 制定并组织实施食品、食品相关产品、化妆品生产环节质量安全监督管理的工作制度	1. 食品、食品相关产品生产加工环节的质量安全监管工作 2. 参与食品安全风险评估，组织食品生产加工环节食品质量安全事故调查 3. 配合市质监局开展食品、食品产品和化妆品生产许可管理工作 4. 督促生产加工企业对不安全食品实施召回 5. 化妆品生产企业的产品质量监督管理工作
主要日常工作	1. 依据市质监局提交的食品、食品相关产品许可申请资料，审核发证 2. 定期组织监管人员培训 3. 转发国家质检总局相关文件 4. 制定全省有关监督检查方案	1. 受理食品、食品相关产品生产许可并组织现场审查、资料汇总 2. 定期组织企业人员培训 3. 转发省质监局相关文件 4. 制定全市有关监督检查方案	1. 食品、食品相关产品质量安全监管 2. 化妆品质量安全监管 3. 风险评估，调查食品质量安全事故 4. 配合上级食品、食品产品和化妆品生产许可现场审核 5. 召回不安全食品

1. 基层"压力山大"

凡是各层级质监部门都负有的职责，像食品及其相关产品的监管工作、调查安全事故、召回不安全食品等，事无巨细，都会通过层层下达命令的方式，

---

① 资料综合整理自广东省人民政府办公厅《印发广东省质量技术监督局主要职责内设机构和人员编制规定的通知》（粤府办〔2009〕98号）、广州市人民政府办公厅《印发广州市质量技术监督局主要职责内设机构和人员编制规定的通知》（穗府办〔2010〕50号）、广州市机构编制委员会《印发广州市白云区质量技术监督局主要职责内设机构和人员编制规定的批复》（穗编字〔2011〕72号），以及对白云区质监局执法人员的访谈（访谈编号：20120322BYZJT05）。

把所有的工作都压在最基层即区（县）级质监局身上，而不考虑有些工作对于区（县）级质监部门来说是不是适合做、能不能完成等问题。基层执法人员在高强度的工作压力下，往往为了完成任务量而牺牲质量，有的甚至根本无法完成。此外，先层层书面下达任务，再层层书面上报工作完成情况，流程繁冗，形成内耗，造成工作效率低下。

2. 重发证轻监管

从表3-1可以看出，省、市质监局食品生产监管处（科）的绝大部分精力都放在了生产许可证的"发证"上。近年来，食品安全事件频发，"提高准入门槛""加强监管"等呼声不断并高涨，而省、市两级质监部门忙于发证，对证后企业的监管和无证生产的查处依旧只靠区质监局食品生产监管科的几个人，加上监管体制机制和方式方法方面存在的问题，使得质监部门在实施工业产品生产许可证制度上偏于"重发证轻监管"。

3. 人浮于事

省、市质监局食品生产监管处（科）的日常工作，除了"发证"外，基本上就是开会、培训、制转发文件等内部事务。事实上，广东省、广州市质监局正在将核准发放生产许可证的行政许可事项也下放到区质监局完成。先不讨论区质监局是否有能力完成核发许可证的工作，如果2013年该行政许可事项下放以后，那么，省、市质监局就成为名副其实的上传下达的"中转站"，只剩下组织、指导、督导、考核的功能了。这种远离一线执法实践的职能分工，直接导致省、市质监局出现以下情形：①不熟悉一线执法环境和情况，高度依赖区质监局上报的各类文字材料，转、制发的文件很大程度停留在上传下达上，削弱了根据辖区实际采取更有针对性的对策及措施的能力。②在很多节假日前、重大政治事件期间及突发事件后下发的文件无实际意义，依法依职能严格、规范执法是执法部门应尽之责，如很多媒体曝光等突发事件，在上级下达文件之前，白云区质监局早已视情自行组织了监督检查。因此，绝大多数的发文根本就是多余；相反，正是把时间浪费在了层层转、制发文上，基层真正需要的制定行为规范、解决疑难问题等方面却一直处于空白地带。③在消费者眼中，食品等产品质量层层有人管，但实际上只有区级质监局在具体监管，中间层级的质监部门作用没有得到有效发挥，造成一方面行政资源浪费，另一方面基层监管力量不足。

（二）职能定位偏差

1998年开始，国家才陆续设立各个层级质量技术监督部门。正由于质监部门成立时间不长，近年来机构改革又频繁，特别是在深圳、顺德等地的大部制改革中，质监部门都被合并组建成新的部门。因此，质监部门一心想干出些有成绩的事①。具体表现在："质量技术监督"职能上，强调技术多于强调监督，将发现专业问题优于发现违法行为，以突显"技术性"；在履职上，没有正确划分政府、市场与社会的职能界限，对名牌培育评选、标准化良好行为创建、计量体系认证等本由也可以由市场和社会承担的工作大包大揽；在工作方式方法上，秉持"寓监督于服务之中"的理念，对企业的"保姆式"指导和服务多于监督。本文就以广东省名牌培育和评选为例，具体分析一下质监部门在该职能上的定位偏差。2008 年，伴随三鹿集团一同倒下的，还有国家免检制度和中国名牌评选制度。国家质检总局当年即宣布暂停中国名牌评选，且时至今日仍是暂停，既没有说取消也没有恢复。就在国家层面态度未明的情况下，广东省名牌评选却是方兴未艾，并且，随着近年来质量强省、强市、强区战略的提出、实施，省名牌的评选力度进一步强化。可是评选名牌应不应该成为质监部门的主要职责还是值得探讨：其一，依职责，质监部门应该代表消费者对企业进行监管以保证产品质量，可是，某产品一旦被评为省名牌，有效期就有 3 年，这是一种政府对企业产品未来的质量做出担保和承诺的行为，尚未生产出来的产品质量如何企业尚不敢言承诺，因此，质监部门对其进行担保就存在合法性和合理性问题。其二，质监部门花全体纳税人的钱，却人为地为少部分企业提供全方位的"保姆式"服务，并且由政府主观加上名牌头衔，使他们在竞争中多了筹码，这种做法也不利于营造公平竞争的环境。其三，为了多评名牌以彰显业绩，上级还下达每年创名牌指标，区级质监部门为了完成任务，只有苦苦跟在企业屁股后面求他们去创名牌，却荒了自己最基本的责任田——"监管"，势必使监管效率大打折扣，甚至还有干预企业自主经营的嫌疑。其四，质监部门自己制定游戏规则，自己评选，自己考核，封闭运作，评选的权威性不够。其五，如果像三鹿公司那样，获得名牌产品称号的企业在有效期内发生重大质量安全事件，政府及其职能部门的威信将受到重创。从以上五点可以看出，质监部门作为省名牌的评选主体角色是不合适的。正因为在许多"不该管的事"上投入太多的人力和精力，以至于造成"该管的事"——在监管上管不过来、管不好，本来不多的执法资源就更显得捉襟见肘了。

事实上，企业对培训、标准查询、各类认证等方面的服务，以及随之而来的收费并不认可，有的企业甚至说"不怕工商、税务，只怕质监服务"。（访谈编号：20120305BYZJY03）

---

① 资料来源于对白云区质监局执法人员的访谈（访谈编号：20120305BYZJY03）。

二、重视不够

近年来,缘于众多主客观因素,各级政府对产品质量日益重视,特别是对打击假冒伪劣、无证照生产经营等工作给予了前所未有的关注。2012年,广东省更是在全省范围内提出"三打两建"任务,其中的"一打"便是打击制假售假。政府主要领导对产品质量的重视,给了质监、工商等职能部门更大的压力,多少也给消费者更多点消费信心。但是,产品质量安全事件一发再发,无证生产反复案发,消费者对政府及其职能部门监管力度的质疑,似乎又在说明政府重视不够、行动不力。政府重视不够可体现在三个方面。

(一)重形式轻落实

政府表示对某项工作重视的做法之一是成立领导协调机构。同样,为了表示对打击制假售假、无证照生产经营查处工作的重视,广东省的省、市、区三级政府均先后成立了"打假办"或"整规办""查无办""三打办"等机构。这些机构没有正式编制,往往挂靠在某一职能部门,且执法人员也需从工商、质监、食药等相关执法部门抽调组成。在执法人员人数固定的情况下,没有充足的证据能证明他们抽调到"某某办"进行执法就一定比其在所在单位执法力度更大、更有效。成立上述各个"办"也是为了能协调好有关执法部门间的关系,形成执法合力加大监管力度。可是那些"办"与各个执法部门的行政级别一样,在协调部门间关系上明显心有余而力不足,会扯皮的照样在扯皮、想推诿的照样在推诿,组织、协调功能大打折扣。此外,政府职能部门的人员编制缺乏弹性。

我们局自2001年成立以来,仅在2006年扩编过1次,2011年比2006年辖区食品、化妆品生产企业数都翻了一番,是全市食品、化妆品生产大区,可负有监管责任的食品科执法人员人数却一直未变动过。(访谈编号:20120322BYZJT05)

而且,对于公车配备搞"一刀切",未能考虑区情和执法实际。除去办公室和法制科,白云区质监局还有稽查、食品生产监管等6个业务科室和3个质监站,却只有7台车辆的编制。要对企业实施监管,要取缔无证生产,就一定要出人出车,何况白云区有近800平方公里,没有车就意味着无法行动,因此,每天每个科室都会进行"争车大战"。

(二)重行政监管轻社会力量

政府表示对某项工作重视的另一个做法是发红头文件,要求下级认真贯彻落实。而贯彻落实的主要措施千篇一律，往往是提高认识、加强领导、精心组织、创新形式、加强联动、从严查处、加大宣传力度、做好总结之类。问题是像无证生产查处，白云区质监局该如何加大执法力度？如何从严查处？总不能超越法律规范、不择手段吧。政府不重视引导和调动消费者的力量，不努力培育和规范社会自治组织，不大力建设有效的社会诚信约束体系，只是一味地要求加大监管和查处力度，质监部门再提高认识、再加强领导、再精心组织，其实也无济于事。政府对无证生产查处仅凭一己之力的包揽做法，不仅容易"引火上身"，让消费者不管三七二十一把所有责任都归咎于政府"监管不力"，而且不利于无证生产反复案发的根治。

（三）重治标轻治本

2011年"毒"字的使用率特高，省内有白云区与东莞市的"毒腊肉"、韶关的"毒面条"，省外有泉州的"毒豆芽"、重庆的"毒豆腐干"，等等。对于这些无证生产窝点引发的突发事件，政府及其职能部门都会以雷厉风行的作风和严惩不贷的态度迅速应对和处理，甚至追究无证生产当事人的刑事责任以及启动对执法人员的问责程序。就突发事件的个案来说，无疑政府的举措是及时、有效的，可是，政府似乎就只停留在对个案的处理上，对"为什么无证生产会在全国各地'满天飞'且每每引发恶性质量安全事件"缺乏深刻的反思和行动支撑。我们实施的生产许可证制度本身有没有问题？监管体制机制有没有问题？法律制度有没有问题？标准有没有问题？社会管理有没有问题？舆论引导有没有问题？对这些无证生产查处中存在的问题和困难，以及如何解决以防止同类事件再次发生的治本之策，政府显然想得不多、做得不够，以至于无证生产"这边刚按下葫芦，那边又浮起了瓢"。

三、地方保护主义

白云区无证生产顽固、执法环境不佳，与白云区地方保护主义不无关系。地方政府和村（社）干部持地方保护主义态度，主要是认为无证生产查处影响了当地两个方面的利益。

（一）妨碍村民创收

在《广州市城市总体规划（2001—2010年）》中，确立了"南拓、北优，东进、西联"的空间拓展方针，南部、东部为城市发展的主要方向，白云区位于广州市北部，属"北优"区；《广州市城市总体规划（2010—2020年）》中，白云区亦被列入北部陆域结构性生态控制区、白云山—帽峰山等山体组成区域生态绿核，也就是说，白云区在广州市总体规划中一直属于限制开发区。

因此，多年来，白云区城镇化推进缓慢，到 2010 年，只建成白云新城这一城市新中心区；工业受限，城镇居民创收途径不多，不少农户仍以务农为主。而在集体用地和宅基地上兴建住房、厂房并出租，无疑是最现实、最便捷的创收渠道，故而，村、社及村民纷纷争相建房寻租。以太和镇永兴村为例，该村占地 8 平方公里，目前有大大小小 300 多家企业，其中在册的 230 家，企业以化妆品和皮具为主，是太和镇证后监管企业最多的村。

从 20 世纪 90 年代初，我们永兴村就开始建厂房，村民推倒自己的旧宅基地修建占地更多、楼层更高的住宅，至少有 20% 的民宅商用，甚至有一些人靠"收租"为生。（访谈编号：20120327YXCH01）

这些厂房、民宅中不乏违章建筑，为无证生产提供了理想的安身场所。不少镇（街）、村（社）认为查处无证生产就会"断了自己人的财路"，束缚经济发展损害地方利益，所以对无证生产持默许态度，对查处工作敷衍、阻挠。

前几年，局里一直对某地无证生产假冒电视机行为予以严打，却屡打屡现，因为当地有许多村民合伙入股那些无证加工点且多家聚集，一有查处就立刻转移证据或者对执法人员进行阻拦甚至围攻，当地政府和村（社）明知情况却放任之。（访谈编号：20120305BYZJY03）

（二）影响政绩仕途

对于镇（街）领导来说，职务任免由上级机关说了算。镇（街）领导必须对上级负责，在上级组织的各项考核中得高分表现优秀，才会赢得并加重晋升的机会和筹码。

包括查处无证生产在内的"打假"工作实行的是属地化责任制，某地暴露的假冒伪劣现象越严重，被有关职能部门立案查处得越多，被问责的概率就越大。（访谈编号：20120305BYZJY03）

所以，有一些官员忌讳"本地造假现象"的披露，对无证生产现象采取捂、堵、搪塞的消极做法，甚至阻挠无证生产查处工作的正常开展。

对于村干部而言，我国《村民选举法》第十一条规定了"村民委员会主任、副主任和委员，由村民直接选举产生"，也就是说，能否当上村干部得由村民说了算。

如果约束村民房屋出租，协助查封给无证生产提供生产场所的出租屋或者对出租屋主予以处罚，一来村民会要死要活地闹，二来下次选举就绝不会再选你了。（访谈编号：20120327YXCH01）

永兴村被采访的村干部如是说，并且事实上，该村无证生产情况比较多；相比之下，2011年全年却总共只有十来家①出租屋被查封过或出租屋主被处罚过。对此，村干部表现出无计可施的无奈。

四、问责不到位

（一）多迎合问责少常规问责

现实生活中，每每发生恶性产品质量安全事件后，就会引来一片社会各界要求对有关监管部门的问责声，政府为平息民愤，常常表态要严格问责并启动相应问责程序，似乎"出了事"不问责几个人就无法向民众交代。与之相对照的是，"不出事的时候"，对于监管部门及其执法人员日常的履职行为则鲜有监督和问责。白云区质监局的日常执法活动有时也处于"放任"状态，广州市质监局对区质监局执法情况的监督主要采取"10万元以上的大案要案备案"和年终检查时抽查案卷方式②，这对规范文书的制作发挥了一定的作用，但无法有效监督执法过程，像对无证生产立不立案、采不采取强制措施？没不没收产品、设备以及没收多少？都是执法人员说了算且得不到及时的规范和约束。

（二）多结果问责少过程问责

做是找死，不做是等死。老百姓都说公务员是铁饭碗，谁知道质监是高风险行业？每天战战兢兢，如坐火山口，不知道做到哪一步算是可以免责，也不知道哪天会出事。（访谈编号：20120313BYZJM06）

从执法人员的抱怨中，可以看出两个信号。第一个信号是重结果问责。不管平常做得好不好，做得到不到位，只要是"出事"了，哪怕是执法人员无法控制的原因所造成的，被问责的风险也极高。

在2012年的"三打两建"中，有人举报帽峰山周围无证灌装饮用水严重，广州市纠风办、监察局立马约谈我局分管领导及有关科室负责人，查问有无失、渎职行为。被约谈人员口头并书面汇报了2008年以来我们一直在开展"清泉行动"，重点就是打击帽峰山周围无证灌装饮用水行为，只要有举报便会被迅速取缔等情况后，监察部门就没有进一步问责。（访谈编号：20120305BYZJY03）

---

① 资料来源于对白云区太和镇永兴村村干部的访谈（访谈编号：20120327YXCH01）。
② 资料来源于对白云区质监局执法人员的访谈（访谈编号：20120321BYZJY04）。

但这是基于该举报没有成为公众事件，如果成为公众事件并造成强大舆论压力的话，白云区质监局会不会被问责就难说了。第二个信号是少过程问责。问责标准体系建设严重滞后，责任边界不清楚。像无证生产没有及时被发现，或者在处罚后后续监管未跟上，当事人再次违法，发生产品质量安全事件，该不该问责以及该问谁的责？在无证生产查处过程中，碰到不同的情况，执法人员采取哪些行为以及做到哪个程度可以免责？哪些行为就要被问责？等等。正因为这些问责标准与过程问责的缺失，一方面对执法人员形成不了威慑，给失、渎职留下隐患；另一方面又为简单化问责、扩大化问责留出空间。

五、连带责任未落实

《广东省查处生产销售假冒伪劣商品违法行为条例》第二十三条和第二十四条，对为生产、销售假冒伪劣商品提供场地、设备、仓储、运输、技术、广告、代印代制商品标识或包装物等服务行为做出了处罚规定，均要没收服务收入，并处相应的罚款，情节严重的要被依法吊销证照，构成犯罪的还要被依法追究刑事责任。但在现实中，法律条款部分成了摆设。

法律并没有明确规定由哪个部门对为生产、销售假冒伪劣商品提供服务的行为进行执法，我们局对查处的包括无证生产在内的假冒伪劣案件会定期向案发所在镇（街）通报，工商部门依职权对提供仓储服务的进行处罚，曾有为假冒伪劣食品提供运输者受到过处罚，而因为制假售假提供设备、技术、代印代制商品标识或包装物等服务而受到处罚的就基本没有听说过，可能有也可能没有。（访谈编号：20120305BYZJY03）

从2011年上半年《广州日报》曝光无证生产窝点的报道看，提出的几乎都是要求"加大监管力度"和"严惩违法者"，对于为无证生产提供各方面服务的则基本未被关注、提及和报道。

在为生产、销售假冒伪劣商品提供的服务中，"提供场所"是第一环节。2010年广州市政府第二次修正后的《广州市房屋租赁管理规定》，在其第五条，依然只赋予城市管理综合执法、工商、计划生育、公安、规划、税务等政府职能部门依各自职责，对房屋租赁进行综合管理的职权，并未规定质监部门可以查处利用租赁房屋进行无证生产的违法行为；《广州市白云区出租屋管理办法》的规定也一样。所以，质监部门无依据对为无证生产提供生产场所的出租屋主做出连带处罚。

对于无证生产窝点，如果对出租屋主进行处罚的话，一般都以消防、环保不达标，或者以治安的名义处罚。（访谈编号：20120402SJL01、20120327YXCH01）

第三节 盲目追求利润与弱维权能力

一、无证生产者的经济理性和道德缺失

"一旦有适当的利润,资本就胆大起来。如果有10%的利润,它就保证到处使用;有20%的利润,它就活跃起来;有50%的利润,它就铤而走险;为了100%的利润,它就敢践踏一切人间法律;拟有300%的利润,它就敢犯任何罪行,甚至冒着绞首的危险。"[①] 托·约·登宁的这段名言描述了利润对人的诱惑。无证生产者之所以敢违法生产,原因就在于经济理性,可以用最小的成本获得最大的利润。表3-2展现的是中等规模化妆品获证企业守法生产与无证生产的主要成本比较。

表3-2 化妆品获证企业持证生产与无证生产主要成本对比[②]

成本	持证生产(中等规模)	无证生产
直接成本	1. 申领生产许可证及达到许可要求的硬件投入至少30万元 2. 每年送检费用,如单个产品约需6000元 3. 申证时间半年 4. 租用厂房费用 5. 聘用30人费用 6. 缴纳税款	1. 简单生产设备,一般不到万元 2. 租用场地费用 3. 聘用人员一般不超过10人
处罚成本	1. 抽检不合格,罚款、没收违法所得 2. 被吊销生产许可证 3. 触犯《刑法》被追刑	1. 没收产品和生产工具 2. 罚款(如逃逸则规避) 3. 触犯《刑法》被追刑

从表3-2中不难看出,无证生产的经济驱动因素主要有三点。一是申领生产许可证相关的成本费用动辄几十万元,而无证生产,特别是化妆品、小食品等本钱投入一般不超过万元。像有的化妆品生产窝点[③]最值钱的就是一台用于搅拌的大罐子,而豆制品生产窝点最值钱的不过是一台两三千元的小锅炉。不少本钱不多的创业者或者根本无力申证或者权衡之后选择了无证生产。二是

---

① 转引自李博《关于〈资本论〉》的三个问题》,见 http://www.cesl.edu.cn/upload/201004204106868.pdf, 2012.5.11.
② 根据对白云区质监局执法人员的访谈资料整理成表格(访谈编号:20120403BYZJR08)。
③ 资料来源于参与白云区质监局查处无证生产执法行动的直接观察。

申领到生产许可证后,企业每年必须将产品自行送去检验机构检验,仅单个产品的检验费就在 6000 元左右;而无证生产则可省下这笔数目不菲的费用,也不用缴税。三是质监部门每年都会对获证企业的产品抽检,如果不合格,就会依据涉案货值处罚和没收违法所得,产品质量严重不合格的还有被吊销生产许可证的风险;而无证生产,一般没有被举报,质监部门不会去检查,即使被举报进而被取缔了,顶多没收一些不值钱的成品和生产工具。而且,由于缺少特种办案工具,执法人员往往难于彻底清除涉案物品,如用于搅拌化妆品的大罐子有的有几百斤上千斤重,值好几万块钱,却拆不下也搬不走;执法人员后脚刚走,无证生产者立马"卷铺盖另起炉灶"再次无证生产,还可以逃避罚款。

持证生产与无证生产间存在巨大的成本差,无证生产被查处的概率小,再加上受拜金主义等思潮侵袭,没有对无证生产形成行为上的震慑力和道德上的有效约束,无证生产者便置道德信用于不顾,经常一犯再犯,甚至出现了"把无证生产罚成有证,又把有证企业罚成无证生产"[①] 的现象。

二、无证生产的产品有市场

经济学理论认为,需求决定供给。无证生产的目的非常明确,就是为了销售营利,如果没有消费市场没有利润,无证生产行为就会自然止步。无证生产的产品有市场至少可以在两个方面得以体现:一是改革开放和经济社会发展的程度还未能使人人富裕起来,不少城乡居民收入低,购买能力有限,只能在经济承受能力范围内理性消费。遍布广州大街内巷的"走鬼"以及大量光顾地摊的消费者,一来"有损城市形象",二来给交通带来负面影响,令广州市政府及城管部门头痛不已。这些"地摊货"正因为价廉加上在产品信息上的不对称,而受到固定消费群体的青睐。在白云区进行的问卷调查也显示,有 13% 的消费者购买食品时最看重的是价格高低(见图 3-1),这些以价格决定购买行为的消费者中,有 93% 的人月均收入在 5000 元以下,有 63% 的人月均收入在 2000 元以下。二是一些消费者并不认为无证生产的产品不能消费,在衡量购买成本与风险后,明知是无证生产的产品也会消费。在白云区进行的问卷调查显示,虽然 69% 的消费者认为有生产许可的食品比没有生产许可的食品要安全,但还是有 23% 的消费者认为两者安全性差不多;同样,尽管有 83% 的消费者认为无证生产的食品"得不到保证"或"有毒有害",但还是有 17% 的消费者则认为"一般",甚至有 3% 的认为"有保证"。正因为如此,虽然有 28% 的消费者没有购买过无证生产的食品,但有高达 66% 的消费者表示

---

① 资料来源于对白云区质监局执法人员的访谈(访谈编号:20120321BYZJY04)。

"不知道，没注意过"，有6%的消费者"经常购买"，甚至有8%的获证食品生产企业人员和3%的执法人员回答"经常购买"无证生产食品。（见图3-1）

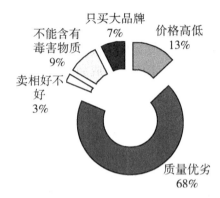

图3-1　消费者对"购买食品最看重的是"态度的构成①

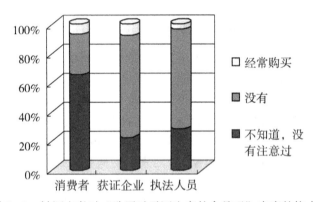

图3-2　被调查者对"购买过无证生产的食品吗"态度的构成②

三、区位环境特殊

经济活动的内容与特征往往与区域的地理位置、环境密切相关。德国地理学家赫特纳指出，"农业生产、采矿、手工业、工业、商业和消费等人类经济活动均以不同的方式取决于自然环境，并表现为地区的特征"；并且"当某一地理位置具备了支持某一类经济活动的种种具体条件，经营者便会'自然而然'地向这一位置集中，把他们的活动场所建立在这一位置上"。③ 白云区无

---

① 根据2012年在白云区做的问卷调查结果绘制。
② 根据2012年在白云区做的问卷调查结果绘制。
③ 转引自李芹芳、任召霞《经济地理学》，武汉大学出版社2010年版，第19～20、31页。

证生产多且顽固，自然与白云特殊的区位环境相关。

（一）假冒伪劣聚集

白云区是广州市的制假售假重灾区，甚至在全国都有名气，是广东省、广州市"造假"的重点区域。因此，引得一些无证生产者"慕名而来"，"跟着老乡一起过来做"。① 有不少执法人员在执法的时候，碰到过当事人气势汹汹地质问执法人员："那么多人都没有证，为什么单跟我过不去呢？"②

（二）城乡接合部

白云区地处城乡接合部，有着城乡接合部一些共同的特征。各个村集体、村民个人自行开发修建的厂房、出租屋，为无证生产者提供了便宜且可掩人耳目、容易逃逸的生产场所。这些建筑许多是违章建筑，规划、布局均欠规范，四通八达，经常令执法者"刚进去，当事人就从后门或旁门溜走了"③。集体修造的路，基本没有路牌，房屋也基本没有统一规范的门牌，绝大多数是自编号，增加了无证生产查处的难度。

（三）面积大

白云区面积近 800 平方公里，而执法资源有限，出去执法必须要出车，一出动最少也要半天时间，无证生产点多面广根本管不过来。"看到别人这样干都没事，也就跟着干了"④，成为一些无证生产者跟风的理由。

（四）交通便利

与杂乱无章的违章建筑形成鲜明对比的是，"白云区扼交通要冲，京广电气化铁路，105、106、107、324 国道及京珠、广惠、北环、华南快速干线等高速公路穿越本区，广花、兴泰、罗南、沙泰等省道和地铁二号线、机场快速干线也行经区内，区内交通网络四通八达。新旧白云国际机场、华南最大的铁路编组站业都坐落在区内，这些均使区内的基础设施日趋完善"⑤。除了上述的航空、公路优势外，白云区还毗邻客流量国内外闻名的广州火车站，因此，

---

① 资料来源于对无证生产当事人的访谈（访谈编号：20120409WD02）。
② 资料来源于对无证生产当事人的访谈（访谈编号：20120409WD02）。
③ 资料来源于对白云区质监局执法人员的访谈（访谈编号：20120315BYZJH07）。
④ 资料来源于对无证生产当事人的访谈（访谈编号：20120425WD03）。
⑤ 《白云概况》，见 http://www.by.gov.cn/publicfiles/business/htmlfiles/byqzf/bygk/index.html，2012.5.14。

孕育的"物流企业已超过百家"①。而包括无证生产在内的制假售冒行为往往跟着物流走，白云区这种得天独厚的交通网，使无证生产的产品可以很便捷地运输到全国各地。

四、群众自治意识淡薄、维权能力弱

从目前无证生产查处的现状中，显然没有见到群众被激怒而爆发的力量。作为最终消费品的接受者，消费者似乎只停留在被动地接受阶段，没有意识到在无证生产和流通过程中也有自己的责任，没有发挥出应有的作用。其中原因至少有四个。

（一）对政府过度依赖

政府的触角延伸到公民社会生活的方方面面，全能型政府培育了相当数量的"顺从型""依赖型"公民。民众对自身公民角色的认知程度还比较低，有事大多巴望着政府来解决，出了事一边自认倒霉，一边要求政府加大监管力度、严格追责和严惩违法者，但自己没有行动起来。

（二）"搭便车"心理

无证生产的产品侵害的是众多消费者的权益，维权需要付出成本和代价，而受益的则会是所有被侵权者。因而，每个消费者都希望有别的消费者出来维权，自己好"搭便车"，享受维权收益。

（三）维权难

无证生产出来的产品，要么没有标识，属无生产厂家名称、无生产日期、无生产地址的三无产品，要么仿冒品牌标识。（访谈编号：20120315BYZJH07）

消费者购买到这类产品，往往找不到投诉方，而且，销售方在销售这类产品时也不会提供发票，导致消费者投诉无门。

（四）社会组织量少力弱

社会组织在我国还处于起步阶段，本身管理就欠规范和成熟，加上政府引导、监督不到位，以致"由于缺乏外在强制力，公民社会组织在行动时不可避免地带有自利性，这使得在其目标的共同性和组织的自治性之间产生张力，

---

① 数据来源于《白云区化妆品行业发展战略研究报告》，2010年5月。

公民社会自治的效果不确定性增强"①。

第四章 提高无证生产查处成效的对策与建议

无证生产查处表面上看起来是一个行政执法问题，但通过本文第二章和第三章的分析，发现单靠政府一己之力的强力查处，不仅个案查处效果不理想，而且根本无力杜绝或减少无证生产这种现象。而监管治理理念认为，市场关系结构的复杂化使得治理难以依赖于单一主体，强调公民参与政府治理的重要性，主张政府与社会良好合作，调动社会尤其是"第三部门"的积极性，让社会参与政府的失灵部位，通过联合治理机制来维护健康、公平、有效率的市场。本文研究的白云区质监局无证生产查处的实践经验也说明，只有依靠"政府—市场—社会"三方互动合作，特别是政府和社会联手共同治理，充分运用和恰当发挥政府、非政府组织、媒体、消费者四种力量的作用，与违法企业和无证生产窝点的力量相抗衡，才能达到既治标又治本的目的。

SWOT分析方法最早应用于企业，是企业进行战略分析和研究竞争情报的重要方法学工具，即利用直观的结构矩阵，对企业的内在资源和外部环境进行综合分析，并据此判断企业的走向和发展方向。后来被广泛运用于国家发展战略及公共事业等分析研究，例如，我国有学者在城市战略规划、农民工回乡创业等方面进行了应用②。本章从白云区无证生产查处的现状、问题和困难、原因中提取相关参数，借用SWOT分析工具，获得无证生产查处的优劣势、威胁和机会，详见表4-1。政府及其职能部门只有利用已有的优势，抓住机会，克服劣势和威胁，才能有效提高无证生产查处的成效。根据SWOT分析结果，本章提出四个方面的对策和建议，分节叙述如下。

---

① 姚迈新：《公共治理的理论基础：政府、市场与社会的三边互动》，《陕西行政学院学报》2010年第1期。

② 参见袁牧、张晓光、杨明《SWOT分析在城市战略规划中的应用和创新》，《城市规划》2007年第4期；谢垚凡《农民工回乡创业的SWOT分析及战略选择》，《贵州农业科学》2011年第5期。

表4-1　白云区无证生产查处 SWOT 分析

法规授权 专门机构和人员 实施工业产品生产许可证制度 12365举报投诉热线及奖励 媒体曝光 建立镇（街）级质监工作站 建立协管员制度 S（优势）	党和政府提出加强社会建设和管理，推进社会管理体制创新 广东省开展"三打两建" 广东省放开社会组织登记 社会各界对产品质量安全问题越来越重视和关注 O（机会）
职责交叉、不合理 执法资源不足 问责机制不完善 案源少、处罚难、追刑难 信用体系建设滞后 地方保护主义 出租屋等社会建设滞后 W（劣势）	法律制度不完善 消费者维权和公民意识不强 社会组织量少力弱 道德缺失 不正确的消费观念 行业自律不自觉 信息不对称 T（威胁）

第一节　完善法律制度

产品质量不是靠职能部门监管出来的。生产出来的产品质量如何、安全性如何，一靠标准高低，二靠生产者自律。要保证标准能够得到有效执行，保证生产者规范生产，就必须发挥法律规定的约束和制裁作用，用法制来保证。

一、加大对无证生产的惩处力度

除消费者"对无证生产查处力度不满意的主要原因"是"对无证生产者惩处不够严厉"外，这一"原因"在执法人员和正规企业员工眼中也是最主要原因，持此观点者分别为 43% 和 42%[①]。并且，执法人员和正规企业均认为"对无证生产者严惩"是最能有效杜绝无证生产的环节之一。无证生产是典型的经济行为，用"重典"查处，可以加大无证生产的成本使其"不经济"，进而影响无证生产当事人的心态和动机。因此笔者提出建议如下：

---

① 数据来源于2012年在白云区做的问卷调查。

（一）制定《无证照生产经营查处取缔办法》

国务院在《无照经营查处取缔办法》的基础上，制定了《无证照生产经营查处取缔办法》，对无证生产的查处取缔做出行为规范的规定。各省、市政府据此修订相关的法规或规范性文件。

（二）由后果罚改为行为罚

将无证生产由后果罚改为行为罚，不管涉案货值多少均规定最低起罚标准，以提高罚则的可操作性、可执行性，又减少违法者的投机性。这样，一方面使违法者付出了高昂代价，致其有所顾忌不敢为之；另一方面可以防止无证生产当事人"钻空子"，用藏匿、转移、不做账或做假账等手段逃避处罚，规避风险。

（三）规定多次违法的罚则

对二次及二次以上从事无证生产的当事人，相应地规定更为严厉的处罚规定。

（四）明确移刑标准

对何种情形、何种性质的无证生产要追究刑事责任做出明确的规定，并在《刑法》中增加追究无证生产刑事责任的条款。

二、清晰界定责任边界

令执法人员比较恐惧和不安的不是被问责，而是被不明不白地问责。现实的问题是：是不是每次因无证生产发生的产品质量安全事件都要问质监部门的责？他们能负什么责，他们所负责任对问题的解决有多大作用？政府不是万能的，职能部门和执法人员更不是万能的，执法人员不能自己违法越权以"包"无证生产行为或现象的消失，所能做的只是正确、规范适用法律查处取缔无证生产，打击、震慑违法行为人。因此，要使各执法部门正确履职、尽责，或者对职能部门问责，首要的问题是要清晰界定各部门的责任边界。

（一）职能部门间责任

对工商、质监、食药等职能部门的监管职责，不以"生产、流通领域"的标准分工，而是应以发证照先后顺序为标准分工，并且国家、省、市的规定要相一致，以避免职能部门间扯皮、推诿。对于食品类生产企业，因其要先申领生产许可证再申领营业执照，此类企业发生无证照生产就规定由质监部门负责查处；化妆品类生产企业，因需先申领卫生许可证，再申领营业执照，最后才申领生产许可证，此类企业发生无证照生产，就规定由食药部门负责查处；上述两类以外的生产企业，因需先申领营业执照后申领生产许可证，如发生无证照生产，就规定由工商部门负责查处。

（二）各方主体间责任

对消费者、无证生产行为人、执法部门等相关主体的责任做出明确界定。比如，消费者购买时明知是无证生产的产品，需不需要为自己的行为担责？是否有主体需要对无证生产的发现负责？企业故意藏匿无证生产产品而致执法人员现场不能发现无证生产，执法人员要不要担责？企业在执法人员现场检查以外时间进行的无证生产，执法人员要不要担责？等等。这些问题都需要在法制层面做出明确、清晰的规定。

（三）监管责任

这是解决基层执法人员"怎么样算是监管到位"的问题，或者做到哪一步或哪个程度就可以免责的问题，就是说要明确规定职能部门的法定责任范围和程度。比如，对获证企业监督检查的主要方式是什么？频次如何？监督检查的环节和内容有哪些？等等。这些问题也都需要在法制层面做出明确、清晰的规定。

三、职责法定

对于政府及其职能部门来说，"把事情做正确"（Do Things Right）固然重要，但首要的、更重要的是"做正确的事"（Do the Right Things）。政府职能部门做了不正确甚至错误的事，远比没有把事情做好的后果更严重、影响更负面更大，而政府职能部门都是依照职责履职和承担责任。因此，部门职能的设定至关重要。目前，质监部门的主要职责、内设机构和人员编制都是由各部门自行制定，再由同级政府予以核准、发文执行，这为质监部门随意、无限扩大职能，干预市场和社会留下巨大的空间。实际上，"质量技术监督"的重心不应在"质量技术"，而应在"监督"。鉴此，建议质监部门的主要职责、内设机构和人员编制应该交由同级人民代表大会审议通过后才具法定效力，才能执行；质监部门要增减某项职责，必须提交增减的理由、必要性、可行性论证方案，也需要经同级人民代表大会审议通过后方能执行。包括各级人民代表大会及其常务委员会在内的社会各界对政府及其职能部门的监督，首要的就是监督政府是不是"做了正确的事"，其次才是"是否把事情做正确或做好"。

第二节　提高政府监管的宏观力度和效度

一、科学划分职能

省、市、区（县）质监局在职能上应各有区别和侧重，不能"上下一般粗"。总的来说，级别越高职能应越宏观，越偏向于管政策、规范、技术；级别越低则职能应越具体，越偏向于治劣。并且，每一层级的质监部门都要面向基层，都要有一线执法人员。因此，建议省、市、区（县）级质监局应该分别确定主要职责内容。

省质监局：重在规范。一是负责或参与国家、行业、地方标准制（修）订，特别是强制性标准、公益性标准的制（修）订；协调国家、行业、地方标准之间的配套，避免标准之间交叉、重复、矛盾；根据风险监测、评估的结果，及时修订或提请上级修订相关标准，以防范风险，特别是"行业潜规则"。二是负责和参与有关质量技术监督法规、政策的制（修）订，营造企业公平竞争的大环境。三是负责生产许可证的审核、发放工作。四是负责跨市、性质严重、货值巨大的产品质量安全事故、案件的调查处理和办理。五是加大质量监管信息化系统建设。

市质监局：重在防范。一是借助和发挥专业技术机构和社会组织的技术支撑作用，负责风险研究、评估、分析、预警，提出防范指导性意见和重点产品的风险分类，突出技术执法的研究和实际应用。二是依据有关法规和基层执法实践，研究、制定、完善各类执法规范，使制度与法律能有效衔接并满足一线执法需要。比如，制定无证生产查处行为规范，对无证生产的查处流程以及各种情况下的处置规范等做出明确规定，并及时研究、请示、协调解决一线执法中不断发生的新情况、新问题和新困难，重新完善无证生产查处行为规范，保证基层执法工作职责明确、运行顺畅、运转高效。同时，严格检查下级对各类执法规范的执行情况。三是负责跨区、性质较严重、货值较大的产品质量安全事故、案件的调查处理和办理。四是加强产品质量状况分析。

区（县）质监局：重在治劣。一是严格按照上级制定的各类执法规范，开展获证企业的证后监管和各类案件办理工作，如监督检查、巡查、无证生产查处等。国外行政管理常以"机械执行""死板"被诟病，然而，这恰恰是我国行政管理中所欠缺的，区质监局在各类执法中一定要保障规范、正当、透明。二是负责产品抽检。目前，委托技术机构抽检的做法，往往因抽查的覆盖面窄、不确定而使产品抽检合格率缺乏威胁性、说服力，应该由区质监局负责制定和实施科学、合理、操作性强的产品抽查计划和方案，使产品抽检合格率具有权威性和可靠性。三是负责区域内一般产品质量安全事故、案件的调查处理和办理。四是负责督促生产加工企业召回问题产品。

按照上述省、市、区（县）质监局的分工，可将广东省、广州市、白云区质监局食品生产监管处（科）的主要职责（见表 3-1）做以下调整（见表 4-2）。

表 4-2　广东省、广州市、白云区质监局食品生产监管处（科）主要职责分工调整

具体单位	现有职责	建议职责
广东省质监局食品生产监管处（科）	1. 食品、食品相关产品生产加工环节的质量安全监管工作 2. 组织调查处理相关质量安全事故 3. 食品、食品相关产品及化妆品的生产许可和强制检验工作	1. 负责或参与有关食品、化妆品的国家、行业、地方标准制（修）订 2. 负责和参与有关食品、化妆品监管法规、政策的制（修）订 3. 负责食品、食品相关产品生产许可证的工作 4. 负责跨市、性质严重、货值巨大的食品、化妆品质量安全事故、案件的调查处理和办理
广州市质监局食品生产监管处（科）	1. 食品、食品相关产品生产加工环节的质量安全监管工作 2. 参与食品安全风险评估，组织调查处理相关食品质量安全事故 3. 食品、食品相关产品的生产许可和强制检验工作 4. 依法实施生产加工环节不安全食品召回制度 5. 制定并组织实施食品、食品相关产品、化妆品生产环节质量安全监督管理的工作制度	1. 负责食品、化妆品风险研究、评估、分析、预警，提出防范指导性意见和产品的风险分类 2. 依据法规和基层执法实践，研究、制定、完善食品、化妆品监管执法规范和制度 3. 负责跨区、性质较严重、货值较大的食品、化妆品质量安全事故、案件的调查处理和办理 4. 加强食品、化妆品行业质量状况分析
白云区质监局食品生产监管科	1. 食品、食品相关产品生产加工环节的质量安全监管工作 2. 参与食品安全风险评估，组织食品生产加工环节食品质量安全事故调查 3. 配合市质监局开展食品、食品产品和化妆品生产许可管理工作 4. 督促生产加工企业对不安全食品实施召回 5. 化妆品生产企业的产品质量监督管理工作	1. 按照执法规范，开展食品、化妆品获证企业的证后监管工作 2. 负责食品、化妆品产品抽检和后处理工作 3. 负责区域内、一般食品、化妆品质量安全事故、案件的调查处理和办理 4. 负责督促食品、化妆品生产加工企业召回问题产品

二、确保行政资源

（一）建立快速反应队伍

无证生产等制假行为人经常与执法人员打时间差，在非工作时间的夜间生产，而白云区质监局往往限于人员、车辆、区域等因素很难及时、快速打击违法行为。因此，可以尝试建立一支查处无证生产等制假违法行为的快速反应队伍，加强执法人员综合素质的培养和提高，补充特种工具等在内的执法必要装备，24 小时待命随时准备出动。

（二）视工作量配备人员和车辆

执法人员太多固然会让纳税人不堪重担，然而，也不是执法人员越少越好。执法人员太少，疲于奔命，势必会影响查处的成效，使维持经济秩序的能力大打折扣。质监执法人员的数量和执法车辆应该与所属区域证后监管企业数量、质量以及违法行为多寡、执法环境、区域面积等保持一个适当的比例，依工作量定期进行增减。

三、优化考核问责机制

（一）动员和依靠社会各界监督

上级主管部门及其纪检监察部门不可能时时监督、检查质监部门的执法活动，因此，动员和依靠社会各界参与对质监部门执法活动的监督就显得非常必要和重要。而要让质监部门的执法活动置于公众的有效监督之下，前提是要让媒体、群众、企业、社团组织等社会各界知道质监部门可以做什么、应该做什么、必须怎么做。所以，建议在制定、完善各类执法规范的基础上，将这些执法规范通过政府门户网站、报刊等媒介广泛公开、宣传，鼓励公众监督质监部门的执法活动。举报经查实的，由纪检监察部门对举报人给予一定的物质奖励，从而对执法人员依法行政形成硬性外部约束。

（二）制定问责标准

根据质监部门的职责、工作制度和执法规范，纪检监察部门制定相应的问责标准。问责标准应该坚持程序导向和制度导向，让质监部门清楚、明白自己的"高压线"。这样做,一方面为执法人员上了"紧箍咒",成为追究违法乱纪人员责任的直接依据;另一方面,又为执法人员穿上了"防弹衣",可以让执法人员不必顾虑莫名其妙的问责,防止问责的随意性,让执法人员可以放心、安心地工作。

(三) 合理制定考核指标

对于政府及其职能部门而言,既要讲究公平,也要讲究效率,但公平应更重于效率。具体到质监部门,摆在第一位的应该是对所有质量违法行为都给予一视同仁的处罚,而不仅仅是数量上的要求。因此,上级对下级质监部门的业务考核,不能简单地将考核指标都量化成数字,比如罚款额的要求、查办案件数量等,而应该更注重下级质监部门有没有严格依法行政?有没有遵循法定程序?有没有滥用自由裁量权?有没有监管和查处不到位的情况?等等,保证执法的公正性和透明度。

(四) 实施过程问责和常规问责

1. 由迎合问责转向过程问责

"是谁的错就打谁的板子",不能让执法部门和人员代替违法当事人担责或者非要问责几个执法人员以平民愤。只要执法人员严格遵守和执行法规和执法规范,即使发生了重大产品质量安全事故,引起大的民愤,也不应该为迎合民众向执法人员问责。如果经调查,发现事故的发生有法规、监管制度、执法规范方面漏洞的因素,则应该根据暴露的问题及时完善相应法制和问责标准;如果相关部门没有及时堵塞漏洞,导致同类事件再次发生,则绝不手软启动相应问责程序并严格问责。

2. 由结果问责转向日常问责

仅仅是结果问责可能会带来两个问题,一个是"出了事"不该问责的被问了责;另一个是不依法行政,不按执法规范操作,只要"没出问题",或者结果合法,就不会被问责。因此,有必要从结果问责转向日常问责,凡是在日常执法过程中,有不依法行政行为、不规范行为的,就要及时问责。因执法人员履职不到位而造成重大产品质量安全事故的,还要从重问责。比如,对于企业超范围的无证生产,在日常监管中有没有应该给以行政处罚的,是否只"责令整改"。如有,就应该及时问责,而不要等到有举报、曝光或"出了事"以后才去追责。

四、打破地方保护主义

（一）明确区域分工定位

白云区无证生产猖獗，很大程度是白云区在广州市总体规划中一直属于限制开发区，区域的规划、定位又不到位，村（居）民收入受限而大肆建房收租营利，所以在"堵"的同时，还得"疏"。第一，要明确白云区在广州市的分工定位，比如农业区、生态旅游区、物流区，或是其他。第二，要明确各个镇（街）在全区的分工定位，每个镇（街）都应该有主导产业，或与其他镇（街）分工错位发展，或与其他镇（街）联手做大做强。第三，依据各镇（街）的分工定位，要进行合理规划、研究、出台、实施一系列经济发展政策和措施，如在农业上推进"一村一品"专业化、规模种植、发展自己的特色农业等。当村（居）民的收入渠道得到拓展，可以获得稳定、较好的收入时，违建收租的行为自然就会慢慢减少。

（二）解决认识问题

无证生产具有强的负外部性，会对所有消费者的健康和安全构成潜在威胁，这也是政府干预市场进行无证生产查处的正当理由。要教育村（居）民，如果大家都为无证生产提供生产场所，你可以不吃不用自己提供场所进行无证生产的产品，可谁也不知道、谁也不能保证你今天所吃、所穿、所用，不是别的地方生产的质量无法得到保证甚至是有毒有害的无证生产的产品。健康和安全不是用钱能够买得回来的，要教育和引导群众有最起码的社会公德，要明白在保护别的消费者权益不受侵害的同时也是在保护自己的权益。

（三）规范、约束公务人员行为

1. 倡导正确的执政为民观

全心全意为人民服务历来是我党的宗旨，镇（街）公务人员要为属地村（居）民谋利益也是职责所在，但服务、谋利都应建立在合法、健康、可持续发展的基础之上。对无证生产的纵容和默许，只会败坏属地的名声，恶化投资环境，留不住优质企业，是"捡了芝麻丢了西瓜"的行为。

白云区素有"企业孵化器、企业管理人员免费培训基地"之称，许多企业做大做强后就搬往萝岗等投资环境好的地方去了。（访谈编号：20120309BYZJX01）

区、镇（街）领导及工作人员只有引导、鼓励、扶持发展合法、绿色、生态、环保、可持续经济，才是真正为人民服务，为人民谋利益。

2. 建立科学的考核体系

第一，在镇（街）领导职务晋升任用方面坚持功绩制原则，突出诚信道德教育、法制建设的效果，把打假治劣、维护市场经济秩序，依法行政，科学、民主执政等内容作为重要考察内容。第二，加快"打假"责任制等制度建设，加大对包庇、纵容无证生产违法行为的惩罚力度，使保护无证生产行为成为高成本、高风险、高代价的行为。第三，进一步强化对镇（街）信用缺失、无证生产导致的重大产品质量安全事件的问责。第四，进一步完善"打假"考核指标。比如，对在镇（街）立案查处的无证生产等制假售假案件的扣分区分为两种情况：如果是由镇（街）自行举报并积极协助立案查处的，不予扣分；如果是由消费者、打假公司等非该镇（街）人员举报立案查处的，则要扣分。

第三节　增强职能部门的微观执行效力

一、正确认识和履行职能

无证生产的查处工作是执法人员依法履行职权的活动，要提高质监部门的查处力度，正确认识和履行职能至关重要。

（一）解决好"扶优"与"治劣"的问题

第一，质监部门的主要职责之一是负责辖区内的产品质量监督管理和行政执法工作，"监督管理"和"行政执法"都反映了质监部门存在的合法性，以及"治劣"的价值所在。第二，打造一个国际品牌、培育一个优质企业，要靠时间、技术、管理的积累和沉淀；但要毁掉一个地区甚至一个国家的名声，或几次甚至一次大的恶性事件，或几次媒体焦点曝光就足够了，所以"扶优"必先"治劣"。第三，质监部门不"扶优"，尚且还有科技、财政、税务、国土、经贸等部门出台大量"扶优"政策和措施，引导和推动经济健康、快速发展；但是，如果质监部门不"治劣"，那么，无证生产等制假违法行为就没有部门去打击、处罚。所以说，质监部门，特别是基层质监部门一定要树立"治劣"为本的执政思想。

（二）解决好"服务谁"的问题

政府理所当然应该是服务型政府，这当中就有个"服务谁"的问题。虽然质监部门天天"打交道"的是企业,但是,与企业"打交道"的目的却是为了让企业为消费者提供质量合格的产品。因此,对于质监部门而言,与企业的关系应该是"监管",与消费者的关系才是"服务"。也就是说,质监部门应该根据消费者的要求和呼声,严守法律底线,依法依规对企业和窝点进行监管、取缔,而不是为了给企业提供全方位的服务而围着企业"打转转"。

(三)解决好"做什么"的问题

既然质监部门与企业之间是"监管"与"被监管"的关系,那么,就是说质监部门与企业的地位处于不对等的位置,质监部门应该做的是监督并强迫企业符合法律、规范的要求,落实企业对产品质量的主体责任。第一,工作重点在监督而不在技术,要侧重于发现违法行为、查处违法行为,而不是全力为企业提供技术支撑、做"保姆",企业要生存乃至发展,必须靠自生的技术,以实力确保产品的质量安全。第二,不能以监管为由,干扰企业的生产经营。比如,在亚运会等重大事件前后,政府部门都要求质监部门对相关供应产品实行驻厂监管,暂且不论驻厂监管的效果到底有多大,倘若企业不违法违规,质监部门都没有充足法律依据去日夜监督企业生产。第三,如果日常监管到位了,也根本不需要驻厂监管。第四,在方式方法上,撇弃"树立样板企业"之类的做法,样板不样板,质监部门说了不算,要消费者认可才算数;此外,树立的"样板"企业在"样板"期间,如超范围无证生产或发生产品质量安全事故,质监部门将很难收场。

(四)解决好"做不好"问题

一是要提高发现违法行为的能力。对企业现场检查时,不能为了追求巡查率而"走马观花"或满足于巡查表的填写,应对照执法规范,在生产车间、仓库等生产场所逐一、仔细检查,并详细记录检查的细节和结果,看企业是否有超范围无证生产。对无证生产窝点,要充分调动社会各界举报的积极性。比如,可以将现行的由举报人主动申请才能领取奖励金的做法,改为只要是举报经核查属实,由质监部门主动通知举报人领取奖励金。二是要研究和提高取证的能力。无证生产处罚程度取决于所锁定的证据,这就要求要经常有针对性地开展调查取证方面的业务培训和总结交流,熟悉各种调查取证方法,丰富调查取证经验;要不断拓展知识面,如懂得财务管理知识、计算机软硬件操作知识,提高通过计算机查阅资料获取相关证据的能力;要提高逻辑思维和分析判断能力,善于从细小、平常的蛛丝马迹中找到违法事实的证据;等等。三是要提高正确适用法律的能力。加强质监执法人员有关法规的培训，掌握与无证生产查处有关的各部法律、法规适用的原则，既给予违法者最相符、最合适的处罚，又保证同类性质违法行为处罚的一致性。

二、通力合作

（一）发挥"查无办"的作用

"查无办"作为查处取缔无证照生产经营行为的组织、协调部门，不仅要定期研究、部署、组织质监、工商、食药等执法部门查处与取缔无证照生产经营行为，而且更要有效发挥协调职能，这点在现行体制不顺的情况下尤显重要。"查无办"应在组织的常规联合执法行动中，收集暴露出来的职责不清、职能交叉、相互扯皮等问题和困难，加强法制及政策方面的研究，呼吁、反映和提出对法律、法规制度的修订意见，并在法律、法规制度修订生效前报请政府以规范性文件形式，理顺各部门的职责，明确职权范围，解决职能部门间扯皮、推诿现象。

（二）加强职能部门间横向沟通

质监、工商、食药等部门虽然职能分工不同，但有共同的职责和目的：维持市场经济秩序，打击违法行为。因此，在查处、取缔无证照生产经营时，各部门首先考虑的，不应当是找推脱的理由，而是要看对违法行为人是否有管辖权，在权限范围内积极、妥当地查处和取缔。另外，职能部门间要建立常规、通畅的无证照生产经营信息通报制度，比如质监部门发现的无管辖权限的无证照生产经营信息、无证生产的产品流向信息等，向有管理权的工商或食药等其他部门通报；工商、食药等部门对流通领域查获的无证生产的产品追根溯源，并向质监部门通报信息以便从源头查处。

（三）完善行政执法与刑事司法衔接制度

鉴于行政执法和刑事调查之间的执法角度、证据搜集与保存等方面的差异，质监部门应尽早与公安部门研究、签订行刑衔接方面的合作框架或协议，在移案标准、涉案物品定价要求、涉案货值测算、文书要求等具体问题方面做出清晰、明确的规定，加大追究无证生产刑事责任的力度，震慑违法者。

（四）紧紧依靠镇（街）力量

广州市区级质监部门垂直管理的属性，加上平时参加区政府的会议少，导致有关执法人员与镇（街）工作人员不熟悉。质监部门应主动到无证生产多发镇（街）调研，向镇（街）领导介绍质监部门的职责，无证生产查处形势、问题和困难，增进相互间的了解，建立良好的关系，进而谋求支持和配合。此外，加强协管员的培训、考核，印发《无证生产举报协查手册》，人手一册，提高打击无证生产的效率和准确性；提高优秀协管员的奖励额度，充分调动协管员的积极性。

三、加强产品标识管理

产品标识是产品的"身份证"，消费者通过产品标识至少可以了解到五个信息：一是产地和生产企业信息；二是产品的执行标准；三是实行生产许可证管理的产品的许可证标记和编号；四是产品的生产日期或有效期；五是产品的主要成分名称和含量、等级或其他技术要求。产品标识必须反映产品的真实信息并且一旦出现产品质量问题，还可依据标识溯源。国外有食品专家就认为，"商业和政府之间的主要冲突点之一是食品标识。标识是消费者至上主义的凯歌；它的作用是让消费者有信息来做出明确的判断和选择，因此鼓励市场效率"；并认为，"事实上标签上显示什么成为激烈政治斗争"①。无证生产的产品很多没有标识，或者冒用标识，加强产品标识管理可以在一定程度上将持证生产与无证生产的产品区分开，给执法部门提供线索和为消费者提供辨别信息。为此建议质监部门：一是落实标准备案制度，统一规范企业的产品标识。二是加强标识规范的研究，保证标识的严肃性，有关产品标识的法规、标准不能频繁变化，确保一个相对长时间的有效期使企业"有所适从"。三是重视标识不规范的查处，初次不规范以整改为主，多次不规范则要立案处罚。

四、改善信息不对称

（一）加强法规宣传

被调查的消费者中，有13%的人"不知道"或"不太清楚"食品需要领生产许可证后才能生产；也只有14%的人知道"QS"指的是"生产许可"，有27%的被访者直接回答"不知道"（见图4-1）。而且，一些无证生产窝点工人也不知道自己所生产的产品需要事先申证，"我不知道要不要领什么证，

---

① （英）提姆·朗、麦克·希斯曼：《食品战争》，刘亚平译，中央编译出版社2011年版，第183页。

老板叫干什么就干什么"①。因此,有必要加强有关生产许可证制度、强制性产品认证制度的宣传,让消费者和生产者知悉许可制度的意义、哪些产品列入许可范围、举报有奖励、无证生产需承担的法律责任等内容,提高消费者自我保护意识和举报投诉能力,以及让受雇工人有所顾忌和权衡。

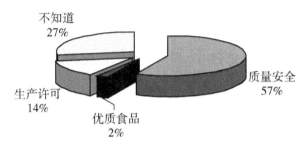

图 4-1　消费者对"QS 指的是什么意思"的认知②

(二) 曝光案件查处情况

发挥媒体的监督和舆论压力的作用,将无证生产的企业名称、发生地、产品类别、生产环境、违法性质、违法生产的产品可能对消费者造成的危害、查处的困难等信息公之于众,并定期公布无证生产查处的数量、产品构成、追究刑事责任等,对违法者及寻租者形成强大压力,引导消费者消费行为,并获取消费者对执法工作的理解和支持。

(三) 公布举报、投诉渠道

将工商、质监、食药等执法部门的职能分工,举报、投诉渠道集中公布,方便举报和投诉,并提高准确率。

(四) 宣传无证生产的产品辨别知识

广泛宣传无证生产的产品一般或常见特征、可能存在的潜在健康与安全危害、主要辨别方法等知识,让消费者提高自我保护意识和能力。

(五) 公布执法规范

将无证生产的执法规范广泛公布,使消费者和投诉、举报者清晰知道无证

---

① 资料来源于对无证生产窝点工人的访谈(访谈编号:20120425WD03)。
② 根据 2012 年在白云区做的问卷调查结果绘制。

生产查处的依据、相应情节应受到的处罚等，置质监部门的执法活动于公众监督之下，提高无证查处的透明度和效度。

上述五个方面的宣传内容，可以通过政府官方网站，在当地党报开辟"无证生产曝光"专栏、公益广告以及在服务窗口印发《无证生产查处知识手册》等多种途径大力宣传。此外，广州市质量协会有一本公开发行的杂志——《质量与市场》。该杂志目前定位的主要读者群为质监部门领导和工作人员、企业家。可以尝试将该杂志转型定位于消费者，使之成为消费者维权、获取质监信息、监督质监部门工作的主要读物。建议杂志设置七个固定栏目：一是无证生产等有关质量技术监督法规的解读；二是公布各类质监执法规范；三是公布各执法部门职能分工和举报、投诉电话，提供有效的消费者维权渠道；四是产品监督抽查结果公告；五是无证生产等"打假"曝光以及典型案例介绍；六是假冒伪劣产品辨别知识及消费者咨询问答；七是质监工作动态。

五、降低持证生产成本

我国的企业以中小企业为主，特别是食品、化妆品企业，不少是由家庭式小作坊转化而来，高昂的持证生产成本会让他们铤而走险。政府尽可能降低持证生产成本，缩小持证生产与无证生产间的成本差距，也不失为减少无证生产数量的一个可行办法。一是降低申领生产许可证成本。在生产许可证申领审查中，降低对硬件设备的硬性要求，提高对产品质量、生产制度、人员等软件的硬性要求，并缩短申证时间至1个月左右。二是取消年检费用。取消每年由企业自行送检产品的强制要求，由国家制定覆盖全行业的产品监督抽查取代。如产品经抽查检验合格，检验费用由政府承担；如产品经抽查检验不合格，检验费用企业承担。三是削减税费。政府进一步出台支持小微企业创业的优惠政策，在税收和各项行政收费上给予优惠或减免。

第四节 动员和争取社会各界力量齐抓共管

质监部门对无证生产的查处处于政府进行社会建设和市场干预的节点上（见图4-2），正是由于宅基地、违章建筑、出租屋、诚信道德教育等社会建设没有做到位，才为无证生产提供了滋生的温床，导致大量无证生产出现；而无证生产查处中存在的问题和困难，导致这一问题难以根治，劣质商品又进入流通领域，最后到达消费环节。因此，加强社会建设、动员和争取社会各界力量齐抓共管，是治理无证生产的治本之策。

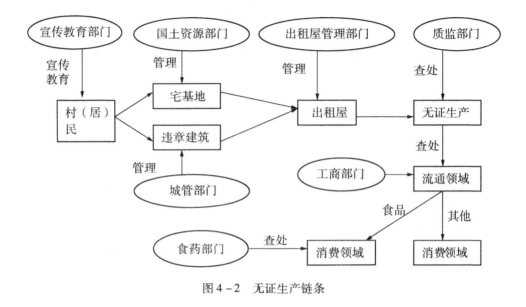

图 4-2 无证生产链条

一、加强出租屋管理

（一）修订有关出租屋管理规定

修订《广州市房屋租赁管理规定》和《广州市白云区出租屋管理办法》：一是增加质监部门可以查处利用租赁房屋进行无证生产的违法行为的规定；二是规定出租屋管理部门有责任向质监部门提供利用租赁房屋进行无证生产的线索；三是规定出租屋主对无证生产的连带责任，处罚的标准可参照在该出租屋案件查处后，给予举报人的举报奖励金；四是对多次为无证生产提供生产场所的出租屋主做出更为严厉的处罚规定。

（二）落实出租屋主的连带责任

对出租屋主的处罚是由各职能部门负责，一般给予200元左右的罚款，罚得不多，以公安为主，其他部门很少。（访谈编号：20120417CZWX01）

出租屋管理人员的谈话透露出两个信息，一是对出租屋主处以200元罚款显然是罚得太轻，无法触动其根本利益；二是对出租屋主的连带责任追责不到位。这也是出租屋主有恃无恐的原因。因此，要加大落实出租屋主连带责任的力度，并赋予出租屋管理部门代收罚款的权限。在出租屋内进行无证生产被查处后，由质监部门做出对出租屋主的处罚决定，交由出租屋管理部门代收，如果质监部门不处罚出租屋主或出租屋管理部门不去收缴罚款，则追究相应部门和人员的责任。

（三）加强对出租屋主的宣传教育

可以在社区张贴一些实施生产许可证管理的产品目录、无证生产危害、出租屋主需承担的连带责任等主题宣传画，并将这些内容印成小册子，做到出租屋主人手一份，让出租屋主一方面知道哪些产品是未经许可不能擅自生产的，另一方面知道如果将房屋、厂房租给无证生产者须承担哪些责任，从而加强出租屋主的自律意识和监督能力。

（四）加强信息库建设

开发、应用出租屋信息管理系统，详细登记出租屋、出租屋主的信息，将出租屋内查处的违法犯罪情况和对出租屋主的处罚情况详细、逐笔登记，及时向出租屋主发出预警，并为处罚多次为违法犯罪活动提供场所的出租屋主提供依据。

二、建立完善社会经济信用体系

国际质量科学院院士、中国工程院院士刘源张曾说过，"不认真、缺诚信，是我国质量和质量管理的癌症"[1]，无证生产就是缺失诚信的典型表现。"意大利一位思想家说过，在一个人人都偷窃的国家里，唯一不去偷窃的人就会成为众矢之的，成为被攻击的目标。"[2] 这说明营造一个诚信、透明、公正的优良环境是多么重要。对于无证生产，质监部门采用的发起组织诚信倡议或签订承诺书的做法，属于要求企业自律的"软约束"，这种道德层面的呼吁明显约束力弱，因此亟须政府建立和完善一系列社会经济信用体系，用制度的"硬约束"来倡导诚信，惩戒失信。

（一）完善、发挥企业质量信用制度的作用

从2008年开始，广州市质监系统就着手建设企业质量信用制度，根据企业资质、不良记录、良好记录等信息，将企业质量信用等级分为A、B、C、D

---

[1] 刘源张：《说质量强国》，《人民日报》2011年全国"质量月"特刊，2011年9月20日。
[2] 刘畅：《为何"劣食"驱逐"良食"》，《中国质量万里行》2011年9月号。

四等,其中,A 级代表守信、B 级代表基本守信、C 级代表失信、D 级代表严重失信,以期建立"市场运作、政府监管和行业自律"的企业质量信用监管体系。据此,建议加快该信用监管体系的建设:在质监系统内部,尽早实现质量、计量、标准、特种设备、稽查执法、投诉、监督抽检结果等不同业务模块间的无缝衔接,整合数据库,以详细、全面反映企业信用情况。在质监系统外部,以组织机构代码为关键字链接,与检验检疫、海关、工商、食药等执法部门建立信用联合评价、监控体系,并与税务、银行、商务、法院等部门建立有效的信用管理体系。在信用信息的使用上,根据企业的质量信用等级,建立"红、黑名单"制度,定期向社会公布"黑名单"——"严重失信"企业,以"抓两头促中间"的办法,引导和推动"基本守信"和"失信"企业向"守信"企业转变。

(二)加大"守信"的收益

对于列入"红名单"的守信企业,政府可以在工商年检、商标保护、上市审查、出口报关审查、品牌培育等方面开通"绿色通道",鼓励银行在贷款、透支额等方面给予优惠政策,鼓励媒体大力宣传诚信企业,等等。使守信用、重信誉的企业感到"事事顺利",能获得现实的利益和好处。

(三)提高"失信"的成本

对于列入"黑名单"的严重失信企业,行政上,严格执行市场退出制度,依法从重处罚;司法上,及时冻结其非法资金,断绝资金流;金融上,对其贷款、信用透支等给予限制;宣传上,加大违法犯罪行为的曝光力度;等等。使失信企业感到"处处碰壁"、举步维艰。

三、培育现代公民意识

(一)加强诚信道德教育

我国传统文化倡导仁、义、礼、智、信的"五常"处世原则,其中的"信"就是指诚信,意在引导人们讲信修睦。步入 21 世纪,有学者认为,"没有诚信,市场经济就缺了最重要的道德基础;没有诚实的品格,个人的信誉也就失去了内在保障。市场经济活动中的诚信来自于道德行为主体的诚实品格。如果没有诚信,企业也就失去了它的核心竞争力,从而也就失去了在经济生活中的自由"①。"讲诚信"成为人们衡量人或事的道德尺度。并且，正如亚里士多德所认为的那样，人的德行在实践中生成，同时也可在实践中增长和毁灭。因此，加强以诚信为主的道德教育，培育优良的社会文化土壤，对于抑制和消灭无证生产这一典型失信行为至关重要。要加强诚信道德教育，首先要教育公民"把自己的事做好，对自己所做的事负责"，使诚实守信成为全民的自觉行为，对无证生产等失信行为"不愿为""不屑为"；其次要培育和营造健康的人文心理氛围，使"诚信为荣，失信为耻"成为消费、生产、经营的行为准则，对无证生产形成"过街老鼠，人人喊打"的局面，使无证生产者在强大的道德压力和舆论谴责下无容身之处。

（二）树立理性消费观念

消费者是产品质量和安全的出发点与落脚点，生产者只会生产消费者愿意购买、有市场、能营利的产品。一定程度上说，产品的数量和质量状况反映的是消费者的消费理念，因此，要培育和引导消费者树立健康、理性的消费观念，进而引导企业生产出质量优良、价格合理、安全放心的产品，使无证生产等假冒伪劣产品无利可图，失去存在的基础。要树立理性、健康的消费观念，首先要摒弃一味地想购买低价产品的理念，"物美价廉"固然是好，但只要是产品就一定会有成本，要保证"物美"就肯定需要更高的成本，如果不愿意为有质量的产品支付合理的价格，一味地强调低价，企业在没有利润空间的情况下，只能牺牲质量来满足消费者低价的需求，这样，最终的受害者只能是消费者自己。其次要摒弃知假买假的做法，产品的最终价值在于使用而非拿来炫耀，不要为满足自己的虚荣心而购买假冒的品牌产品；人的健康和生命是最重要的，也不要有侥幸心理，购买过于低廉的假冒伪劣产品。

（三）提高维权意识和能力

有学者认为："培育市场，关键不在于扶持企业，而在于扶持作为消费者的普遍公众。消费者的权利增强了，维权能力提高了，企业自然会去考虑如何回应消费者的需求，他们自然会想千方设百计去提升产品质量。"② 政府如果大力扶持公民社会的成长，培育出强大的消费者，通过强化消费者的责任意识和依法维权意识对产品的质量安全产生影响，势必对无证生产等扰乱经济、社

---

① 龚群：《现代伦理学》，中国人民大学出版社 2010 年版，第 21 页。
② 王思、刘亚平：《美国对公民的多重保护制度之借鉴》，《广东党风》2011 年第 9 期。

会秩序者以强有力的制约。为此,一是要鼓励消费者积极举报违法犯罪行为,消费者在生活、生产及消费过程中发现无证生产等违法犯罪行为时,不论该行为是否已经直接损害了自己的权益,都应积极向政府执法部门举报;二是要丰富维权知识,鼓励并创造环境,让消费者多渠道了解、熟知与自身合法权益有关的法规和常识,知道哪些行为是侵权行为,消费者受侵权时有哪些维权途径;三是要积极维权,消费者买到无证生产等假冒伪劣产品或权益受到侵害之时,应自觉地、积极地通过诉诸法律、要求赔偿、借助媒体曝光等各种有效手段来维护自己的权益;四是要降低维权成本,采取政策进一步完善民事诉讼机制,降低并合理设置有关维权的收费标准,建立合理的维权成本转移和分担机制,优化维权流程等。通过上述有针对性的措施,切实降低维权的经济和时间成本,让消费者摆脱为"追回一只鸡"而"杀掉一头牛"的困境。

四、扶持社会组织并发挥应有的作用

"512"汶川地震后,非政府组织在救灾中发挥的积极作用,彰显了它在现代社会公共治理中担负的不可或缺的地位与角色,也说明了"所有的政府行为都需要公共部门和私人组织及其成员所提供的服务"[①]。政府、企业、非政府组织是现代民主国家的三大组织形式,各级政府应充分利用当前党和政府提出的"加强社会建设和管理,推进社会管理体制创新"的大好良机,积极转换政府的全能角色定位,向社会放权,让渡部分依靠社会就可以做好的职能。对于无证生产,市场的调节力量处于失灵状态,而政府的强力干预又不尽如人意,依靠非政府组织就成为一种必然的选择。在无证生产查处中,有三类社会组织非常重要。

(一)道德教化组织

管理学大师杜拉克说过,非政府组织(Non-Governmental Organization,简称NGO)"它们的产品既不是鞋,也不是规则,而是改变了人。非营利机构是改造人、锻炼人的组织,其产品是治好的病人、乐于进取的孩子、年轻男女成长为具有自尊的成人……总之,一个改变了的新的生命"[②]。我国应扶持和建立倡导社会公德、家庭美德、职业道德的各类民间自律组织,形成广泛、立

---

① (澳)欧文·E. 休斯:《公共管理导论》,张成福、王学栋等译,中国人民大学出版社2001年版,第99页。
② 转引自林修果等《非政府组织管理》,武汉大学出版社2010年版,第364页。

体、相互贯通的道德教化网络，教导和引导公众自觉对照道德准则，时刻反省自律，规范自己行为，养成良好的道德行为习惯和荣辱观。

(二) 维权组织

扶持、建立、壮大消费者协会与反对假冒伪劣产品联络会等公益性维权组织，实实在在发挥监督和维权的职能。在监督方面，不能只停留在受理消费者的投诉上，还应积极挖掘无证生产等假冒伪劣行为的线索，向有关职能部门举报；同时，还应对职能部门的执法活动进行监督，促使职能部门依法行政。在维权方面，也不只停留在个案的协调、解决上，而且要联合、组织受侵权人集体维权，提高受侵权人的弱势地位以有效对抗侵权人，让侵权人付出惨重代价而不敢肆意妄为。

(三) 行业协会

从政府方面说，政府应积极转变职能，弱化对行业协会的行政主导作用，强化对其日常行为的引导、支持、管理和鼓励，并与行业协会建立起分工合作的合作伙伴关系，营造良好的外部发展环境，以促进行业协会民间自治性组织功能的发挥。从行业协会自身来说，可以充分发挥四个方面的作用。一是扶优扶强。我国现在所处的经济转型阶段，亟须树立优秀和典型以倡扬企业诚信与公德，政府可以将诸如"名牌评选""诚信企业评选"等一系列扶优扶强工作放权给行业协会承接、运作。二是提供技术支撑。一方面，政府可以将有关标准、标识等类型的培训班、咨询事项交由行业协会组织，依靠行业自身的力量向企业主提供必须应知应会的法律和专业知识；另一方面，可以加强有关标准、技术方面的研讨，为整个行业的发展提供技术支撑。三是行业自律。抛弃"潜规则"，达成共识，走以质取胜的良性共赢道路。有人大代表就建议，强化食品生产行业协会的作用，加强行业自律；鼓励全社会共同参与食品安全监督。[①] 四是积极"惩恶"。对正规、守法生产企业来说，无证生产等假冒伪劣现象的存在对其利益构成了侵害，行业协会应对这类违法行为施加压力，一是积极向职能部门举报，二是拒绝向违法企业提供服务，三是声讨违法企业。

---

① 参见周婷玉、胡浩《人大建议将食品安全纳入国家安全　鼓励媒体揭露》，见新华网，2011年6月29日。

结　语

　　实施工业产品生产许可证制度、强制性认证制度和进行无证查处，是政府对市场的强力干预，旨在通过提高门槛维持正常的市场经济秩序和保障消费者的权益。但是，通过本文的研究发现，白云区无证生产的现象还不少，有关职能部门也通过采取聘用协管员、设立质监站、奖励举报等模式创新进行大力查处，虽然收到一定的效果，但始终不能根治，整顿效果不理想。这说明，单靠政府执法部门一方之力进行堵截，不仅事倍功半，而且治标不治本。因此，在无证查处上，政府应该抛弃"全能政府"的角色定位，实施"政府—市场—社会"三方互动合作，特别是政府和社会共同治理。一方面，全力加强出租屋管理、扶持社会组织、培育自治公民意识，铲除无证生产的温床；另一方面，加大查处的力度，提高违法成本，让意图违法者畏而止步。

　　与实施工业产品生产许可证制度和进行无证查处相对立的是，在本研究中，有问卷和访谈对象因无证生产泛滥、查处效果不佳的问题，对工业产品生产许可证制度本身以及国家是否应该实施该制度提出了质疑。其中，有7%的消费者，甚至包括1名执法人员，认为无证生产不需要查处或持无所谓态度。并且，在今年广东省开展的"三打两建"活动中，各地的无证生产纷纷被大量曝光，说明无证生产还普遍存在。如果无证生产不能得到有效的遏制，那么，实施工业产品生产许可证制度的意义和实效又何在呢？因此，以下四个问题还有待进一步深入探讨：

　　（1）无证生产的查处对工业产品生产许可证制度实施的效果有多大帮助？

　　（2）无证查处难与无证查处工作本身的恰当与否是否有关？

　　（3）工业产品生产许可证制度存在哪些问题？因制度本身导致的无证生产的概率有多大？

　　（4）无证生产不能有效杜绝，对实施工业产品生产许可证究竟有多大程度的影响？

附 录 一

访谈提纲

访谈说明

您好!

我是中山大学公共管理专业的一名在读硕士生,正在做有关无证查处方面的调查研究,希望通过这次访谈,了解到当前白云区无证查处方面的情况。为此,需要得到您的支持和配合,以共同完成对无证查处相关情况的调查,使研究具有现实意义和实践价值,为政府及其职能部门的决策提供参考依据。

本人向您承诺:您所谈到的每一句话我都将严格保密,谈话记录供本课题研究之用。同时,绝不会提及您的真实姓名,保证不会给您带来任何麻烦,请您放心!非常感谢!

访谈内容

访谈人姓名:

性别:

年龄:

职务:

学历:

一、质监局执法人员

问题一　贵局通过什么渠道获取无证生产的线索?

问题二　对无证生产,贵局采取了哪些措施及成效如何?

问题三　您认为无证查处的难点在哪?原因何在?

问题四　您觉得质监工作站在无证生产查处中发挥了多大的作用?它最主要的职能应是什么?

问题五　贵局近年来无证查处的力度有无变化?为什么?

问题六　您对提高无证查处的成效有何建议或想法?

问题七　对于无证生产查处,您还有什么补充意见?

二、镇（街）、村（社）人员

问题一　您认为贵镇（街）、村（社）无证生产行为多不多？
问题二　对于无证生产，贵镇（街）、村（社）有无措施以主动发现？
问题三　贵镇（街）、村（社）如何对待无证生产？
问题四　贵镇（街）、村（社）房屋出租情况如何？
问题五　对为无证生产提供生产场所的出租屋主有没有约束措施？
问题六　您认为不能有效约束出租屋主的原因在哪？
问题七　您认为打击或杜绝无证生产最有效的环节在哪？

三、无证生产当事人

问题一　您是否知道自己所从事的生产需要申请生产许可证？
问题二　您为什么不申请生产许可证？
问题三　您为什么选择在白云区生产？
问题四　您是否使用自己生产的产品？

四、出租屋管理办公室工作人员

问题一　目前，白云区有多少套出租屋？
问题二　每年有多少出租屋主会因出租房屋给违法犯罪人员而被追究连带责任？都有哪些部门在追究？

附录二

调查问卷

您好！

我是中山大学公共管理专业的一名在读硕士生，正在做有关无证查处方面的研究，为了解消费者和执法人员对无证生产的认识、态度，以帮助我获取和完善研究数据，希望您能抽出几分钟时间对调查问卷中符合您看法的项目用"√"做出勾选。本人承诺：调查问卷中的信息只作为本项研究使用，不做他用。另外，问卷采取无记名的方式，充分保证每位受调查者的隐私。

一、您的基本情况

1. 性别：□男　□女
2. 年龄：□≤30岁　□30～50岁　□≥50岁
3. 学历：□大专及以下　□本科　□硕士　□博士
4. 您的身份：□消费者　□质监执法人员
5. 您的月均收入：□≤2000元　□2000～5000元　□5000～10000元
   □≥10000元

二、需求问卷

1. 您知道"QS"是什么意思吗？
   A. 质量安全　　B. 优质食品　　C. 生产许可　　D. 不知道
2. 您是否知道食品需要领生产许可证后才能生产？
   A. 知道　　　　B. 不知道　　　C. 不太清楚
3. 您购买食品是否关注它有没有获得生产许可？
   A. 关注　　　　B. 不关注
4. 您认为有生产许可的食品比没有生产许可的要安全一些吗？
   A. 更安全　　　B. 更不安全　　C. 差不多　　　D. 不知道
5. 您购买食品最看重的是什么？
   A. 价格高低　　　　　　　　　B. 质量（是否有益健康）

C. 食品的卖相好不好　　　　　　D. 不能含有毒害物质

E. 只买大品牌，信得过

6. 您觉得无证生产（即没有取得生产许可证却从事生产）的食品质量如何？

　　A. 有保证　　　B. 一般　　　C. 得不到保证　　　D. 有毒有害

7. 您购买过无证生产的食品吗？

　　A. 不知道，没有注意过　　　B. 没有　　　C. 经常购买

8. 您认为无证生产需不需要查处？

　　A. 需要　　　B. 不需要　　　C. 无所谓

9. 您认为政府查处无证生产的主要原因是什么？

　　A. 无证生产扰乱正常市场秩序

　　B. 无证生产的食品安全得不到保障

　　C. 政府通过发证可以捞到好处

　　D. 保护大企业的利益

　　E. 其他（请说明）

10. 您认为食品无证生产行为主要应由哪个部门查处？

　　A. 工商　　　B. 质监

　　C. 食药　　　D. 农业　　　E. 不知道

11. 您觉得现在市面上食品类的无证生产行为（如食品等没有拿到生产许可证，却从事生产的行为）多不多？

　　A. 非常多　　　B. 比较多　　　C. 不多　　　D. 没有

12. 您认为对于发现无证生产，主要依靠什么？（可多选）

　　A. 政府职能部门　　B. 镇（街）　　C. 群众　　　D. 打假公司

　　E. 行业协会

13. 您认为政府及职能部门是否应为未发现的无证生产而承担责任？

　　A. 应该　　　B. 不应该　　　C. 不知道

14. 您对政府有关职能部门查处无证生产的力度是否满意？

　　A. 非常满意　　　B. 满意　　　C. 不满意　　　D. 非常不满意

15. （如果上一题答案是 A 或 B 则直接进入第十六题）您对无证生产查处不满意，您认为最主要的原因是什么？

　　A. 对政府职能部门问责不到位

　　B. 对无证生产者惩处不够严厉

　　C. 对出租屋主没有有效约束

　　D. 群众举报不积极

E. 无证生产本身就没有必要管

F. 其他（请说明）

16. 您认为最能有效杜绝无证生产的环节是什么？（消费者可以不回答）

A. 加强出租屋等社会管理，不给无证生产者提供生产场所

B. 形成社会各界积极举报无证生产的氛围

C. 政府职能部门加大查处力度

D. 对无证生产者严惩

E. 取消发放生产许可证的制度

F. 其他（请说明）

参考文献

[1] (美) 马斯洛. 马斯洛的智慧: 马斯洛人本哲学解读 [M]. 刘烨, 编译. 北京: 中国电影出版社, 2005.

[2] (英) 亚当·斯密. 国富论 [M]. 沈阳: 万卷出版公司, 2008.

[3] (澳) 欧文·E. 休斯. 公共管理导论 [M]. 张成福, 王学栋, 等, 译. 北京: 中国人民大学出版社, 2001.

[4] (英) 约翰·梅纳德·凯恩斯. 就业、利息和货币通论 [M]. 高鸿业, 译. 北京: 商务印书馆, 1999.

[5] 应国瑞. 案例学习研究——设计与方法 [M]. 张梦中, 译. 广州: 中山大学出版社, 2003.

[6] Ayres, Braithwaite. Regulatory compliance pyramid [J/OL]. http://en.wikipedia.org/wiki/File:Ayres_Braithwaite_Compliance_Pyramid.jpg. 2012.4.20.

[7] David Levi-Faur. Regulation and regulatory governance [J]. JPRG Paper February, 2010 (1).

[8] (英) 提姆·朗, 麦克·希斯曼. 食品战争 [M]. 刘亚平, 译. 北京: 中央编译出版社, 2011.

[9] 风笑天. 现代社会调查方法 [M]. 武汉: 华中科技大学出版社, 2001.

[10] 李芹芳, 任召霞. 经济地理学 [M]. 武汉: 武汉大学出版社, 2010.

[11] 龚群. 现代伦理学 [M]. 北京: 中国人民大学出版社, 2010.

[12] 林修果, 等. 非政府组织管理 [M]. 武汉: 武汉大学出版社, 2010.

[13] 张宇. 过渡之路——中国渐进式改革的政治经济学分析 [M]. 北京: 中国社会科学出版社, 1997.

[14] 经济合作与发展组织. OECD 公司治理准则 (2004 年) [S]. 张政军, 译. 北京: 中国财政经济出版社, 2005.

[15] 苑春荟. 管制治理: 中国电信产业改革实证研究 [M]. 北京: 人民邮电出版社, 2009.

[16] 王思, 刘亚平. 美国对公民的多重保护制度之借鉴 [J]. 广东党风, 2011 (9).

[17] 马颖. 关于政府干预理论的结构主义经济发展思路 [J]. 国外社会科学, 2005 (4).

[18] 刘军. 东亚与西方的企业、市场及政府关系比较 [J]. 求是学刊, 2000 (4).

[19] 周志胜. 政府与市场关系演变及应对国际金融危机启示 [J]. 理论视野, 2011 (2).

[20] 徐向艺. 从马克思到邓小平: 政府与市场关系理论探索 [J]. 当代世界社会主义问题, 2003 (2).

[21] 桁林. 政府与市场关系理论及其发展 [J]. 求是学刊, 2003 (3).

[22] 扬瑞龙. 我国制度变迁方式转换的三阶段论——兼论地方政府的制度创新行为 [J]. 经济研究, 1998 (1).

[23] 王越子. 经济转型背景下政府介入制度安排与制度公正 [J]. 福建论坛: 人文社会科学版, 2006 (2).

[24] 周冰. 转型期的"国家理论"模型 [J]. 江苏社会科学, 2005 (1).

[25] 安彬, 何海燕. 地方政府介入集群治理模式研究——基于双重约束框架的视觉 [J]. 经济与管理, 2011 (9).

[26] 陈文理. 地方政府管理模式的制度创新及其作用——珠江三角洲模式、苏南模式和温州模式的比较 [J]. 武汉大学学报, 2005 (1).

[27] 陈耀庭, 雷达. 现代市场经济中的国家与市场 [J]. 中国人民大学学报, 1994 (3).

[28] 孙雪峰. 我国政府与市场关系存在的问题及其理顺思路 [J]. 东方企业文化, 2011 (7).

[29] 王兴伦. 多中心治理: 一种新的公共管理理论 [J]. 江苏行政学院学报, 2005 (25).

[30] 王蕾. 经合组织国家监管治理理念及对我国的启示 [J]. 华东经济管理, 2010 (2).

[31] 盛楠. 假冒伪劣商品的治理 [J]. 重庆科技学院学报, 2008 (11).

[32] 夏有华. 整治"假冒伪劣"须多措并举 [J]. 现代商业, 2010 (26).

[33] 马晓丹. 浅谈假冒伪劣商品 [J]. 学术探讨, 2010 (8).

[34] 陈庆苓. 假冒伪劣商品的成因及治理对策 [J]. 商场现代化, 2010 (9).

[35] 访国家认监委副主任车文毅 [J]. 中国质量技术监督, 2011 (1).

[36] 吴江, 马庆钰. 25年来国外行政改革分析与评价 [J]. 政府改革与创新, 2003 (5).

[37] 高航. 全球假冒伪劣概况及治理措施 [J]. 大众标准化, 2008 (7).

[38] 姚迈新. 公共治理的理论基础: 政府、市场与社会的三边互动 [J]. 陕西行政学院学报, 2010 (1).

[39] 立凡. 国家质检总局公布第二批"双打"十大典型案件 [J]. 质量与市

场, 2011 (8).
[40] 刘畅. 为何"劣食"驱逐"良食"[J]. 中国质量万里行, 2011 (9).
[41] 袁牧, 张晓光, 杨明. SWOT 分析在城市战略规划中的应用和创新 [J]. 城市规划, 2007 (4).
[42] 谢垚凡. 农民工回乡创业的 SWOT 分析及战略选择 [J]. 贵州农业科学, 2011 (5).
[43] 白云区质监局. 白云区质量技术监督工作统计分析 [K]. 2008–2011.
[44] 广州市质量技术监督局稽查分局. 稽查分局 2011 上半年处罚案件情况表 [K]. 2011.

(本文定稿于 2012 年 1 月)

MPA学位论文范例五

旧城区出租屋消防安全管理研究
——以广州市岭南街为例

作　者　吴　丹
点评老师　袁　政

点 评

袁 政

1. 选题规范。本文在选题上具有 MPA 学位论文的典型特征。

(1) 视角独特。本文将"旧城区""出租屋""消防安全管理"这三个点结合在一起，通过对旧城区出租屋这一特定对象进行的消防安全考察，归纳总结旧城区出租屋消防安全的若干特点，然后分析对其消防安全进行管理的特点。

(2) "小"题"大"做。重点以广州市岭南街（旧城区）的出租屋消防管理的基本情况、特征做具体考察、分析，对旧城区出租屋消防管理在体制、基本管理内容、管理的资源投入、旧城区出租屋业主及租客的参与等方面做了详细分析，得出了具有实践指导价值的若干结论。

2. 研究的方法合理，研究的内容细致具体。作者利用自己街道办事员的身份，对广州市岭南街（旧城区）的出租屋消防管理做了长期、细致的"参与式"考察，积累了旧城区出租屋消防管理观察的丰富实证考察材料，掌握了旧城区出租屋消防管理的若干细节内容，使论文展现给读者的是一篇文字材料严谨、图表材料充实的较完整的旧城区出租屋消防管理的长卷。

3. 作者核心概念清晰，整篇文章从头到尾紧扣"旧城区出租屋消防管理"这条主线，达到了结构紧凑、主题明确和中心问题突出的效果。

4. 论文的实证资料翔实。作者本人从事旧城区街道出租屋管理工作多年，对本文主题所涉及的材料有多年的积累，并有着较成熟的"参与式观察"的实际体验。这从论文引用的大量实例、图表可以充分地展现出来。

5. 论文对基本问题分析客观，结论可信度高。

(1) 利用实证材料向读者展示了老城区出租屋消防安全的特征。对旧城区出租屋消防安全管理特征的概括：①旧城区房屋结构老旧，存在先天性消防隐患；②旧城区出租屋使用情况复杂，消防安全情况复杂；③旧城区消防基础设施落后；④居民的消防安全意识薄弱，灭火逃生技能匮乏；⑤旧城区出租屋租赁情况复杂，消防安全责任制落实难；⑥出租屋消防安全管理不到位，部门协调有待加强。

作为住宅、宿舍用途的这类出租屋主要用于出租给外来务工、经商或刚参加工作不久还未购置住房的人员居住，这些人中的大多数消防安全意识淡薄，人文素质参差不齐，导致消防安全状况十分复杂。

作为工商业用房、营利性场所的出租屋，如网吧、歌舞厅、超市等，如果是经过公安消防机构审核审批的，消防安全状况尚且良好，但其中一些没有经过审批的，其消防安全状况就很难得到保证，这类场所人员十分密集，是一类易发生重大火灾事故的场所，消防安全情况也比较复杂。

消防安全隐患最为严重的是住宅改为仓库、商铺这一类出租房屋，特别是在旧城区，大部分地区都是商业旺地，随着商业网点的增加，大部分住宅都被改作仓库、商铺使用，并且使用大量可燃物进行装修，在室内乱放货物、居住、乱拉电线、自设厨房等"二合一""三合一"现象非常普遍。

（2）从公共管理角度对旧城区出租屋消防安全管理存在问题的分析较客观。利用所学的公共管理理论与方法，从旧城区出租屋消防安全管理体制入手，分析了旧城区出租屋消防日常管理、联合清查、安全宣传咨询活动等主要环节：①出租屋消防安全管理体制不完善；②相关的法规条例和政策不完善；③财政投入严重不足；④出租屋人员流动性大，管理难、执法难。

（3）提出的改进旧城区出租屋消防安全管理工作的建议具有可操作性。①完善相关的法规条例和工作细则；②完善现行的出租屋消防安全管理体制，明确行政责任主体，加强基层专职消防队的建设，多部门合力，齐抓共管，加大监管力度，充实出租屋管理队伍，提高基层管理人员待遇；③建立完整的规章制度，明确消防安全管理责任；④建立合理的出租屋消防管理运行机制，实现长效监管；

⑤加大财政资金投入，配备完善的公共消防设施和消防装备；⑥加强宣传教育，提高消防意识，发展消防志愿者。

总之，本文虽在分析深度和理论分析上仍有提升空间，但选题适中，核心概念清晰，对相关研究文献分析较好，论文从头至尾研究的主线（老城区出租屋消防管理）鲜明，对广州市岭南街道出租屋消防管理的实证材料充实，图表使用恰当，语言文字朴实流畅。因此，本文仍不失为一篇简洁、规范的MPA学位论文，反映和体现了MPA学员对公共管理理论与方法在论文写作和实际公共管理工作中学以致用的培养目标。

论 文

旧城区出租屋消防安全管理研究
——以广州市岭南街为例

吴 丹

摘要： 出租屋消防安全管理是随着改革开放的深入和市场经济的发展而给城市公共安全管理带来的一个新课题。随着城市经济建设的快速发展、流动人员不断增加，城市中的旧城区由于生活成本低和传统商贸业发达，吸引了大量的外来务工、经商人员，房屋租赁市场异常活跃。然而，由于一些老城区房屋结构老旧，先天存在消防隐患，旧城区的出租屋消防安全管理情况复杂，面临的管理难题越来越多。本文尝试以广州市岭南街为例，从旧城区出租屋的消防安全管理现状分析入手，探讨出租屋消防安全管理存在的问题及其原因，并借鉴国内外地区在出租屋管理和消防安全管理方面的先进经验，在此基础上提出要完善相关的法规条例和工作细则，完善现行的出租屋消防安全管理体制，加大财政资金投入，加强宣传教育，提高消防意识，发展消防志愿者，提高出租屋消防安全管理成效等可行性较高的措施。

关键词： 出租屋；消防安全；管理；旧城区

目 录

绪 论
    第一节　研究的意义
    第二节　核心概念界定
    第三节　文献综述
    第四节　研究思路与方法

第一章　旧城区出租屋消防安全管理现状
    第一节　旧城区出租屋消防安全管理特征
    第二节　广州市岭南街出租屋基本情况
    第三节　广州市岭南街出租屋消防安全管理考察

第二章　岭南街出租屋消防安全存在的问题及原因分析
    第一节　岭南街出租屋消防安全存在的主要问题
    第二节　岭南街出租屋消防安全存在问题的原因分析

第三章　加强旧城区出租屋消防安全管理的对策
    第一节　国内出租屋消防安全管理经验
    第二节　加强旧城区出租屋消防安全管理的对策

参考文献

绪　论

第一节　研究的意义

随着改革开放的深入和社会经济的快速发展，工业化、城镇化进程的加快，大量的外来人员涌入城市。由于存在强大市场需求，城市的出租房屋大量涌现，特别是在旧城区，因闲置房屋多，生活便利且生活成本相对较低，传统商业氛围浓郁等原因，吸引了大量的外来人员务工经商，所以，旧城区的房屋租赁市场异常活跃。但是，旧城区出租房屋普遍楼龄较长，结构性质复杂，存在严重的消防隐患，加之租住人员流动性大，受教育程度不同，消防安全意识普遍淡薄，由此带来的消防安全问题日益突出。

近年来，全国各地出租房屋火灾事故多发，亡人火灾更是频频发生。2005年10月29日凌晨，上海市高雄路王家宅3号一幢三层砖木结构的出租房发生火灾，造成10人死亡、19人受伤；2005年11月22日，广州市荔湾区发生出租屋火灾事故，导致3人死亡；2006年2月17日、4月8日、8月5日福建省发生了三宗出租屋火灾事故，造成15死2伤；2006年8月10日，云南省昆明市官渡区小板桥一出租房因使用自制工具切割海绵引起火灾，造成10人死亡、2人受伤，直接财产损失10.1万元；2007年2月24日，广东省佛山市发生出租屋火灾事故，导致4人死亡；2007年4月28日、5月4日，广州市荔湾区岭南街发生两宗出租屋火灾事故，造成2人死亡和巨大的经济损失；2009年1月15日，汕头市澄海区一出租屋发生火灾，导致5人死亡；2009年4月11日，荔湾区同安街一家三口租住在6平方米的阁楼上，因几个小孩玩火引发火灾，1名4岁女童着火时因楼梯太陡太窄不敢下楼而被活活烧死……这些火灾事故的教训十分惨痛。事故频频发生在出租屋，而且是旧城区的出租屋，这其中的原因应该引起我们思考。

频发的出租屋消防安全事故，引起了从中央到地方各级政府部门的高度重视。2006年4月8日，公安部消防局发出《关于切实加强出租屋消防安全管理的通知》；全国各地结合实际，纷纷出台相关政策，开展出租屋消防安全专项整治活动，用铁的手腕整治消防隐患，但出租屋发生消防安全事故的事件仍时有发生。从广州市历年的火灾情况分析中可知，在全市发生的亡人火灾事故中，发生在出租屋的占了一半以上。例如，2008年广州市发生的亡人火灾13起、死亡17人，其中发生在出租屋的就有7起、死亡8人；而且，从亡人区域分布情况统计，旧城区占的比例较大。

由此可知，城市出租屋的消防安全形势依然非常严峻，尤其是旧城区，已在一定程度上影响了城市形象和社会秩序，影响了人民群众的日常生活和健康安全，阻碍了城市化发展进程。做好旧城区的出租屋消防安全工作，预防和减少火灾事故的发生，为城市经济和社会发展创造良好的消防安全环境，具有十分重要的现实意义。本文尝试以广州市荔湾区岭南街为例，从旧城区出租屋消防安全现状分析入手，探讨出租屋消防安全管理的存在问题，并借鉴国内外地区在出租屋管理和消防安全管理方面的先进经验，在此基础上提出加强出租屋消防安全管理的对策。

出租屋管理是当前国内城市管理中一个具有普遍性的难题，出租屋管理不善，会给社会治安综合治理、社会公共管理带来一系列问题。消防安全管理是社会发展、人民安居乐业、国家长治久安不可缺少的重要条件，消防工作关系到人民群众的生命财产安全、关系着社会治安和经济发展的大局。加强出租屋消防安全治理工作，有利于维护社会稳定，有利于发展经济，有利于依法行政，有利于维护人民群众的合法权益。本文的研究，将为政府加强执行能力建设提供思路，为政府加强管理职能和完善管理机制提供参考，具有重要的现实意义。

第二节　核心概念界定

一、出租屋管理

出租屋管理，从字面上理解是对出租屋进行管理。而对于"出租屋"的内涵，目前还没有一个公认的界定。在民法、部门行政法和地方性法规中，关于出租房屋、租赁房屋和房屋租赁的概念有不同的表述。

比如公安部《租赁房屋治安管理规定》中指出："租赁房屋，是指旅馆业以外以营利为目的，公民私有和单位所有出租用于他人居住的房屋。"

《广州市出租屋管理条例》对出租屋的表述是："本规定所称出租屋，是指除宾馆、旅店、招待所外供暂住人员租住的房屋。"

《广州市房屋租赁管理规定》则把房屋租赁定义为："出租人将其房屋出租给承租人使用，由承租人向出租人支付租金的行为。房屋出租人将房屋承包给他人经营，或者以合作、联营的名义，不直接参与经营、不参与盈余分配的视为房屋租赁。"

有学者则认为，出租屋是指除领取国家工商管理部门执照正式营业的宾馆、酒店、招待所以外，以营利为主要目的，租赁给社会人员居住和使用的集体或私人的房屋。①

上述规定以及表述都是从各自的适用范围来界定有关出租屋的概念，但从城市管理角度来考虑，笔者还是比较认同《广州市房屋租赁管理规定》中的界定，即出租人将其房屋出租给承租人使用，由承租人向出租人支付租金，房屋的范围包括住宅、工商业用房、办公用房、仓库及其他用房。

出租屋管理是一项涉及多个部门的综合性管理工作，《广州市房屋租赁管理规定》第四条、第五条和第六条规定：房地产行政主管部门是房屋租赁行政主管部门，依法对房屋租赁市场实施统一管理。公安、计划生育、工商、税务、规划、城市管理综合执法等行政主管部门应当按照各自职责，相互配合，对房屋租赁进行综合管理；公安机关负责租赁房屋的消防、承租人和居住人员的户籍管理、境外人员登记以及治安管理，计划生育行政主管部门负责承租人和居住人员的计划生育管理，工商行政管理部门负责查处利用租赁房屋进行无照经营等违法经营行为，税务行政主管部门负责租赁房屋的税收征收管理，规划行政主管部门和城市管理综合执法部门依照各自职责负责违法建设的查处。街道、镇出租屋管理服务中心受国土房管、公安、计划生育、税务等行政主管部门委托，集中办理辖区范围内房屋租赁合同登记备案、户口或暂住证登记、计划生育管理、税收征管相关工作。

出租屋的情况十分复杂，出租屋管理涉及方方面面，如消防、治安、计生等。目前，各地方都结合本地区的实际情况，积极探索适合本地区的各种出租屋管理模式，如"旅业式""小区物业式""散居分片式"和"公寓式"等。本文探讨的出租屋消防安全管理是出租屋管理的其中一项内容。

二、出租屋消防安全管理

消防安全管理就是遵循火灾发生和国民经济发展的客观规律，依照消防工

---

① 参见杨宏烈、潘广庆《论出租屋管理》，《城市管理》2001年第2期，第51页。

作的方针、政策、原则和法规，运用管理科学的理论和方法，通过计划、组织、指挥、协调、控制等职能，合理而有效地使用人力、财力、物力、时间和信息，为成功地达到预定的消防安全目标而进行的各种消防活动的总和。①

出租屋消防安全管理的内容包括确立管理机构，配备人员；建立出租屋消防安全管理制度，落实责任制；公共消防设施建设和消防器材配备；灭火队伍管理；等等。

出租屋消防安全管理工作中，管理部门和管理人员要把握正确的方针，运用合理有效的管理方法，达到安全管理的目标。出租屋消防安全管理方法，主要有四种。

（1）行政方法。依靠行政机构和领导者的权威，通过强制性的行政命令直接对被管理对象发生影响，按照行政系统来管理的方法。行政方法一般采用命令、指示、规定和制定规章制度等方式对被管理对象进行控制。行政方法是出租屋消防安全管理常用的重要方法。

（2）法律方法。以国家制定的消防法律、法令、条例和出租屋法规等强制性手段来处理、制裁一切违反出租屋消防安全的行为和调解相关矛盾。

（3）宣传教育方法。通过宣传教育使民众了解出租屋消防安全的相关知识，了解火灾的危害，掌握消防安全的常识和逃生技能，提高全社会的消防意识，做好群众性的消防工作。

（4）消防安全检查。属于出租屋消防安全管理的重要方法，通过消防安全检查，能及时发现出租屋消防安全管理工作中出现的问题和存在的消防隐患，有利于采取措施和解决问题，达到规范消防安全的目的。②

出租屋消防安全管理是社会发展、人民安居乐业、国家长治久安不可缺少的重要条件，加强出租屋消防安全管理，有利于维护社会秩序，保障人民群众安居乐业，促进社会经济发展。

第三节　文献综述

出租屋消防安全管理是当前城市综合管理的重点难题之一，但到目前为止，专门针对出租屋消防安全管理问题的研究还比较少。检索"中国期刊全文数据库"，笔者发现，截至2009年10月15日，通过检索有关篇名，获得各

---

① 参见陈强《消防安全管理体制的探讨》（硕士论文），天津大学2005年。
② 参见李振森《消防安全管理标准规范》，科学技术文献出版社2001年版。

类"出租屋消防安全管理"文章0篇,"旧城区出租屋管理"相关文章0篇,"旧城区消防安全管理"相关文章0篇,"出租屋管理"相关文章54篇,涉及"消防安全管理"的学术研究问题的文章424篇。虽然"中国期刊全文数据库"只收录了1994年以来公开发表的绝大多数论文,不可能囊括所有研究成果,但据此可知,当前国内在出租屋消防管理方面的正式研究并不多。

目前,对出租屋消防安全管理的研究基本上都是一些从事一线工作的政府职员或消防专业人员为解决工作中的问题而进行的,具有学理性的学术性研究成果非常少,而且相关成果也是近几年才出现。尽管这些研究缺少较为深入的理论思考,而且其所做的研究结论主要是针对某个地区的某项具体工作,缺乏系统性思考和理论性辨证,但是这些一线工作人员在实际工作中掌握了大量第一手资料,有着丰富的实践经验,看到了实际问题的弊端和真实性,把它们展现出来,引起社会的重视和决策者的思考。目前,对于出租屋消防安全管理,主要从两个方面进行研究:一是出租屋的类型特征、建筑结构,二是政府部门的管理体制和机制建设。主要的研究成果体现在两个方面。

一、从出租屋的类型特征、建筑结构研究出租屋消防安全管理

当前城市出租屋基本有四种类型。一种是外来员工村型,这类出租屋一般是在经济相对比较发达的地区,外来人员多,为规范管理且统一规划、统一建设、统一治理、统一居住的出租屋。二是小区型,这类出租屋是城市住宅小区的私人住房对外来务工人员出租而形成的,也有企业单位统一租住的整幢建筑,由于数量众多而聘请物业公司实行统一治理。三是私人住宅型,主要是位于城市郊区、城乡接合部的村民在宅基地建造的住宅,一般为3层至5层,全部或部分用于出租给外来人员。这类出租屋没有统一规划、统一建设、统一治理,不少建筑形成了"城中村""握手楼"的现象。四是零星分散型,这类出租屋较为普遍,如商品房套间、居民住房出租等,分布在城市市区、旧城区、城乡接合部等。① 对于不同类型的出租屋消防安全治理有不同的模式与方法。

对于小区型的出租屋,崔隽在《城市居民小区消防安全管理初探》一文中对小区型房屋的火灾隐患做了分析,指出"小区型房屋存在四个消防隐患:一是防盗门、铁栅栏堵住逃生之门,二是违章建筑挤占了消防通道,三是自行车、破家具挤占逃生通道,四是消防设施和消防器材配备不足";并提出对策:"一是消防部门严把消防审核验收关,二是考察住房时应将消防安全作为

---

① 参见崔隽《城市居民小区消防安全管理初探》,《才智》2009年第17期。

硬性条件，三是处理好电气线路、严把电气关，四是要加强街道办事处、小区物业管理单位的职能作用①。"

对于城中村的私人住宅型出租屋，米麒燕、李万伟认为，这一类出租屋存在火灾隐患的特点是："出租屋的分布地是消防安全管理的'难点'和'乱点'，大部分出租屋成为消防安全的盲点和死角，建筑内部不具备消防安全条件。"② 对于这类出租屋的消防安全管理，何孟同认为："根据私房出租建筑的房东大部分是本地居（村）民的实际情况，大队可以充分发挥居（村）民自治作用，特别是在私房出租建筑集中的村庄，组织村委会干部和房东代表成立村私房出租户管理协会，对出租屋进行自治管理。"③ 要明确协会对本村私房出租户的监督管理职责，明确私房出租屋消防安全管理"谁出租，谁负责"，以及房东为第一责任人责任制原则。

何孟同通过浙江云和县"217"火灾，从对起火出租屋的建筑结构来分析居住出租房目前消防安全管理的现状，对出租屋的火灾预防提出看法："影响出租屋消防安全管理的主要因素是：管理体制不顺、工作开展难、消防宣传覆盖面不够广、相关管理部门对出租屋管理存在认识误区。"根据工业区周边消防安全管理的要求，提出三个对策："一是要发挥派出所优势，落实三级监督管理；二是依托出租户协会，实行自治管理；三是村企良性互动，分类挂牌管理。"④

二、从政府部门的管理体制和机制建设层面研究出租屋消防安全管理

出租屋管理是近年来国内城市管理中出现的一个新课题，而出租屋的消防安全管理是这个新课题里面的一个新难题。

罗练新、曹彬彬结合中山市出租屋消防安全管理现状，从机制建设层面对出租屋消防安全管理进行探讨。他们认为："中山市出租屋消防安全管理最主要的一个问题就是管理职能主体不明确。当前中山市出租屋消防管理在法规上主要依据《中华人民共和国治安管理处罚法》《中华人民共和国消防法》《广

---

① 参见崔隽《城市居民小区消防安全管理初探》，《才智》2009年第17期。
② 米麒燕、李万伟：《农民工出租屋消防工作面临的困境与对策》，《重庆建筑》2006第12期。
③ 何孟同：《工业区周边出租屋消防安全现状及对策》，《亚洲消防》2008年第3期，第100~102页。
④ 何孟同：《工业区周边出租屋消防安全现状及对策》，《亚洲消防》2008年第3期，第100~102页。

东省流动人员租赁房屋管理规定》以及中山市制定的《中山市流动人员租赁房屋管理规定》(中府〔2004〕144号)、《中山市流动人员和出租屋综合协管员管理暂行办法》等法规和文件。另外,中山市流动人口管理办公室制定有《出租屋消防安全守则》。按照上述法规及有关政策,各镇区流动人口管理办公室、安全办、辖区派出所、消防大队等机构都有出租屋消防安全管理的职能,但没有明确出租屋消防管理中谁是主管部门、谁是协管部门。责任主体不明确,容易造成工作中互相推诿,导致失控漏管。"① 另外,出租屋消防管理工作量大,且极易引起群访群诉案件,公安派出所、消防部门无法应付。罗练新、曹彬彬还指出,由于每一间出租屋的面积小,居住人员密集,管理部门在发现消防安全隐患后,采取清理行动时容易涉及多个住户的利益。在现行的出租屋管理体制中,主要是靠查、抓、登记并驱散一些租户,这种方法在一定程度上影响了群众的正常生活,与群众利益相冲突,容易引起群众上访。再者,虽然大部分出租屋火灾造成的直接经济损失不大,但涉及户数多,事故处理稍有不慎就容易引起群访群诉案件。②

王柏林在《浅议肃州区出租房屋消防安全现状与对策分析》中提到:"目前一些相关的执法部门对出租房的消防安全管理存在盲区。许多出租房处于城乡接合部,这些地区情况十分复杂,如建筑很不规范、道路狭窄、现有的道路常常被经营活动挤占或者被堆放杂物占据等,是消防安全管理的难点。这些地区出租房的消防安全管理都存在执法困难的问题,此类出租房的租赁双方的经济收入状况较差,都不愿意对消防设施进行投入,导致一些火灾隐患无法得到整改。"③ 所以,要加强对公安派出所消防监督的工作指导和业务培训,提高基层消防监督人员的执法水平。

出租屋消防安全管理是当前消防工作的一大难题,研究出租屋消防安全管理,可以借鉴国外发达国家的消防工作经验。缪纪银在《赴美国考察消防工作的几点启示》中介绍了美国消防工作的主要特点:①政府重视,消防投入较大。②设施完善,消防装备先进。③法治水平较高,工作秩序良好。④消防

---

① 罗练新、曹彬彬:《中山市出租屋消防安全管理现状分析及对策探讨》,见 http://www.gdfire.gov.cn/xfbl/ShowArticle.asp?ArticleID=9847,2006.7.26.
② 参见罗练新、曹彬彬《中山市出租屋消防安全管理现状分析及对策探讨》,见 http://www.gdfire.gov.cn/xfbl/ShowArticle.asp?ArticleID=9847,2006.7.26.
③ 王柏林:《浅议肃州区出租房屋消防安全现状与对策分析》,见 http://zgao.gansudaily.com.cn/spstem/2008/07/25/010783484.shtml.

队多功能化，任务十分繁重。⑤应急机制完善，联动响应迅速。① 由于经济和社会现代化发展水平较高，美国已经形成了"政府负责、法制规范、社会自律、依法监督"的较为完善的消防工作机制，这对于研究国内的出租屋消防安全管理有一定的参考价值。

目前，专门针对旧城区出租屋消防安全管理的研究不多，现有的主要研究也只是停留在对问题的某一方面进行探讨，没有系统全面地对出租屋消防安全管理问题进行分析，导致提出的具体对策存在片面性；而且，已有的研究多数都停留在问题的浅层，没有对出租屋消防安全管理存在的问题进行深层的剖析，没有从本质上把握问题的根本所在。本文将针对以上不足，结合旧城区出租屋消防安全管理的实际，做相应的补充。

第四节 研究思路与方法

本文将主要采用参与式观察法和访谈分析法，以广州市较典型的旧城区——岭南街为个案分析。作者长期在广州市岭南街道工作，对老城区出租屋有较深刻的感性认识基础，对广州市岭南街道出租屋消防安全现状、出租屋曾经出现过的火灾、街道的消防安全管理过程等有较多实际的认识，并与出租屋租客、业主有过许多接触，亦对其中一些人做了访谈；通过对广州市岭南街道出租屋消防情况的实地调查与资料搜集，分析旧城区出租屋的消防安全现状，并与公安、消防、街道办事处、出租屋管理中心、社区居委会等相关部门人员进行访谈，结合实际个案和相关理论进行深入剖析，探讨当前出租屋消防安全管理存在的问题，并对其成因进行深层分析。

上述参与式观察和访谈分析，为本论文提供了较丰富的第一手分析资料。在此基础上，对旧城区出租屋消防管理做如下归纳总结：①从消防管理角度归纳了旧城区出租屋的特点；②归纳旧城区出租屋的主要消防隐患；③从自身参与旧城区消防管理的实践中总结广州市岭南街消防管理目前仍存在的主要问题；④结合公共管理分析方法，从岭南街消防管理主体、岭南街消防管理客体的角度分别归纳广州市岭南街消防管理目前仍存在的问题及背后的原因；⑤借鉴国内外地区在出租屋管理和消防安全管理方面的做法，结合实际，提出加强旧城区出租屋消防安全管理的对策。

---

① 参见缪纪银《赴美国考察消防工作的几点启示》，见 http://119.china.com.cn/txt/2009-07/22/content_3033176.html，2009.7.22。

第一章 旧城区出租屋消防安全管理现状

第一节 旧城区出租屋消防安全管理特征

社会经济快速发展，城市外来务工、经商人员逐年增多。由于外来务工、经商人员对居住的强大市场需求，城市出租房屋大量涌现，特别是在旧城区和一些城乡接合部，有大量私房出租给外来人员居住、经商。这一类出租屋的安全管理情况非常复杂，尤其是消防安全隐患严重，给出租屋消防安全管理工作带来很多难题。从广州市旧城区出租屋消防安全管理角度看，有六大特点。

一、旧城区房屋结构老旧，存在先天性消防隐患

旧城区出租屋大多是市民的闲置房。在旧城区，大部分出租屋是屋主重置新房后的闲置屋，建造年代久远，随着经济的改善，很多市民都到新发展的区域购房居住，而把原来的老房子出租。这些旧城区的旧房屋，建筑混乱复杂，设计陈旧，缺乏现代消防设施；承重结构和墙面大多以木质为主，耐火等级较低。

旧房屋成片相连，建筑非常密集，规划落后，鲜有达标的消防通道，一旦着火，消防车进入困难；有不少还是危房，一旦发生火灾，蔓延速度将非常快。旧城区的房屋设计多数存在着消防隐患，缺少消防逃生通道，一部分出租屋的楼层、窗户和阳台的金属栅栏由于客观原因都无法设置逃生出口。例如，在广州市荔湾区梯云东路附近一带，民居密集，内街巷狭小，房屋基本上都是有五六十年甚至上百年楼龄的砖木结构房子，梁柱、楼板全是木制，有的连唯一的楼梯通道都是木制的，整个支撑结构都可燃烧。一旦着火，木板墙、楼梯全部烧着，连下楼逃生都几乎不可能，而且这里的房屋都是紧紧挨着，只要有一处着火就很容易出现"火烧连营"的情况。这一带房子基本上都没有独立厨房，居民都是在房屋里面某个角落或者占用一些公用通道放置煤气炉、煤气瓶，房屋的通风条件都很差；有不少都是除了大门，屋里一个窗户都没有，更别说有阳台了。这些房屋结构陈旧，存在着很多先天性的消防隐患。

二、旧城区出租屋使用情况复杂，消防安全情况复杂

出租屋主要包括住宅、工商业用房、办公用房、仓库及其他用房，使用的情况比较复杂。对于作为住宅、宿舍用途的出租屋主要出租给外来务工、经商或刚参加工作不久还未购置房子的人员居住，这些人中的大多数消防安全意识淡薄，人文素质参差不齐，导致消防安全状况十分复杂。对于作为工商业用房、营利性场所的出租屋，如网吧、歌舞厅、超市等，如果是经过公安消防机构审核审批的，消防安全状况尚且良好，但其中一些没有经过审批的，其消防安全状况就很难得到保证，这类场所人员十分密集，是一个易发生重大火灾事故的场所，消防安全情况也比较复杂。消防安全隐患最为严重的是住宅改为仓库、商铺这一类出租房屋，特别是在旧城区，大部分地区都是商业旺地，随着商业网点的增加，大部分住宅都被改作仓库、商铺使用，使用大量可燃物装修，在室内乱放货物、居住、乱拉电线、自设厨房等"二合一""三合一"（集住宿、生产、仓库于一体）现象非常普遍。例如，在广州市上九路、人民南路到沿江西路一带，有大小服装批发市场、服装配料、电子通信设备等40多个专业批发市场，商家们为了取货方便、节约成本，纷纷租用附近的旧楼用作仓储。由于批发市场较多，这一带的租赁市场相对存在供不应求的情况，造成承租人员密集居住，一些民居被改成不符合安全要求的货仓，与居民住所混杂，且货物多为服装、服装配料、电子通信产品等易燃物，存在很大的消防隐患。广州市上下九路10号，是一栋4层砖木结构房。一楼经营服装辅料；二楼、三楼是仓库，塞满了衣料。用木板架起的四层住两名工人，全密封、无窗户。木楼梯是唯一的逃生通道。这是典型的商、库、住"三合一"房屋。2007年4月28日，该楼房因电路断火引起火灾，两名年轻女员工被活活烧死。

三、旧城区消防基础设施落后

大量的出租屋存在于城市的旧城区，由于历史久远和疏于改造、更新，旧城区的公共消防设施严重欠缺，市政消防水源严重不足，消防栓普遍水压不够，不能达到使用要求；市政设施不完善，道路狭小且多为单行道，消防通道不畅通。有关部门曾在旧城区的主要巷道每隔120米安装一个消火栓，但是由于时间久远，加上居民的漠视，消火栓损坏程度相当严重，普遍存在水压不够，多数出现了部件缺失或锈蚀等问题，能否在关键时刻派上用场成了问题。旧城区的道路路宽大多数不足4米，有不少道路还被划出一部分来设置停车位，仅剩下能供一辆汽车通过的路宽，根本无法满足大型消防车通行和转弯的

要求。在上下九路附近的华林街，辖内常住人口5万多人，共14个社区，全街共有消防栓91个，其中路面有56个、内街35个；有6个社区的内街完全没有消防栓，民宅与消防栓最远距离达数百米，由于消防车不能进入内街，一旦发生火灾，消防人员实施救援将非常困难。几年前，在岭南街清华里附近的一条内巷，一出租屋发生火灾，虽然消防车来得非常及时，但由于着火点一带都是狭小、深邃的内街巷，消防车只能停在离出事点约200米远的一条大街上，仅仅把水带接到出事点就耗掉了很多宝贵的时间，而那一片内街巷里居然没有一个消防栓，在大街上仅有的两个消防栓也由于水压不够根本派不上用场，消防基础设施的落后延误了救火最宝贵的时间，本来不大的一场火最后把整个房子烧为废墟，还波及隔壁住户。

四、人的消防安全意识薄弱，灭火逃生技能匮乏

大部分出租屋的房主和承租人消防安全意识和消防法制观念淡薄，缺乏消防安全常识，对扑救初起火灾的技能和基本的火场逃生技能完全不了解。一些出租屋的房主为了谋取更多利益，对出租屋进行改造；改造时也不考虑房屋的装修是否符合消防安全标准，大量采用可燃材料装修，将部分房间用木夹板等易燃材料分隔成很多小房间租给外来人员居住。承租人消防安全意识淡薄，往往只注重房子的租金、地段、面积以及家具设施，而不考虑房屋的灭火设施、疏散通道、安全出口等消防安全方面的问题。有的承租人为了节约开支，将液化气罐及炉灶等放置室内，采用明火煮饭煮菜，使一间房子既当厨房又当卧室，出租屋内厨房、睡房共用，私自搭造液化石油气灶但没有任何防火分隔措施。有的承租人则在公共走道堆放纸箱等易燃物品，直接在公共走道内使用明火做饭；有的甚至居住与经营连为一体；有的还违章存放汽油、柴油等易燃易爆物品，乱接乱拉电线导致超负荷用电现象非常严重。这些承租人都缺乏必要的消防安全知识，防火安全意识不足，缺乏自身自救能力，火灾发生后疏散逃生能力差。在岭南街的冼基东路，有不少旧楼房出租给单位、店铺当员工宿舍。这些房子基本上都有几十年的楼龄，出租人通常会先对房屋进行改造，把原来一套几房一厅的房子用木夹板隔成一个个小单间，这样容易出租也能获取更多利益。承租人基本上都是外来务工人员，消防安全意识淡薄。他们各自在单间里用电饭锅做饭，用电热棒煮水，并使用电磁炉、微波炉等，经常使原来只供照明用的电路超负荷工作；而有一些租户在狭小的过道上摆放煤气炉，用明火做饭，乱接乱拉电线，屋里也没有任何灭火器材，完全没有意识到有消防安全隐患存在，检查人员要求其整改，他们还完全不配合，有的表面答应整改，检查人员一走又全部恢复原状。

五、旧城区出租屋租赁情况复杂，消防安全责任制落实难

旧城区的出租房屋基本上都是 20 世纪二三十年代的建筑，有些年代更长，大部分已年久失修。其中，有些出租屋是由于业主失踪多年或在国外不回来而成为无主户，没人管理，任由承租者长期居住；有些出租屋由于历史原因在室内自搭阁楼、自隔房间，随意增加居住面积，部分产权不明确；有的出租屋经过几次转租，很难找到真正业主。这些都给出租屋管理工作带来了很大的难度，房子出了问题很难确定责任人，消防安全责任制无法落实。例如，在杉木栏路、兴隆北路附近，就有部分无主户的出租屋，出管工作人员在检查时发现兴隆北路 23 号的某一户房屋结构存在着消防隐患，要求整改；但由于原业主早年出国至今没消息，被委托管理房屋的人也已去世，无法找到责任人，承租人又不愿承担相关费用，也不愿意签订《消防安全责任书》，造成消防安全责任制无法落实。

六、出租屋消防安全管理不到位，部门协调有待加强

公安消防机构、派出所、出租屋管理服务机构在现行的相关政策中都有出租屋消防安全管理的职能，但对于在出租屋消防安全管理中谁是主管部门、谁是协管部门却没有明确的规定，导致管理主体不明确、责任主体不明确，造成了各部门在工作中互相推诿、互相扯皮，以至于某些管理措施贯彻落实不到位、工作开展达不到预期目标。比如，岭南街曾经在一次工商、公安联合清查出租屋消防隐患的活动中，查处了一间既当仓库又当加工点、住人的"二合一"出租屋，承租人请了几名打工者在出租屋里面加工假的名牌手机配件，房间里面堆满了易燃易爆的货物，还住人、乱拉电线，消防隐患非常严重，有关部门当场进行了查封，但在封条盖章的问题上各单位却互相推诿，都不愿对此负责任。

公安消防人员不足，大量出租屋消防安全工作主要依靠街道出租屋管理员落实。出租屋管理员不具备扎实的消防专业知识，也没有执法权。当遇到管理对象刁难、拒绝管理或质疑其"管得太多"的时候，出管员由于身份尴尬，缺乏合法的应对手段，对于一些存在重大消防隐患又逾期不整改的出租屋，只能通过街道出租屋管理中心（简称"街出管中心"）报公安部门，由公安机关对其进行处罚。但公安部门由于警力不足、执法不及时，导致一些出租屋的消防安全问题迟迟未能解决，造成出租屋消防安全的管理不到位。

第二节　广州市岭南街出租屋基本情况

广州市岭南街地处荔湾区东南部珠江河畔，辖区面积约 0.9 平方公里，共有户籍人口 4.3 万人，是广州市典型的旧城区，人口密度极大。截至 2010 年底，全街登记在册的出租屋总共有 4712 套。其中，出租做住宅用途的有 3178 套、做非住宅用途的有 1534 套。其出租面积 245410.5 平方米，辖内流动人口 15962 人。其中，出租屋流动人口 9595 人，占流动人口的 60%。由于商贸业发达，辖内的出租屋数量呈逐年增长态势。

岭南街的出租屋按建筑物使用性质，可分为两大类型。一是老式住宅出租屋。该类出租屋的数量最多，楼龄长，屋内电气线路老化，建筑耐火极限低，所需租金相对较便宜，承租者多以家庭为单位。房主一般不与承租人一起居住，而是另外兴建了新的住宅或是购买了小区商品房自己居住。该类出租屋容易引起造成人员死伤的火灾事故。二是违章建筑类出租屋。主要是擅自违章搭建房屋，擅自改变商业、工业厂房等建筑的使用性质后间隔成出租屋。该类出租屋因是违章建筑，没有办理任何手续，多用易燃木板间隔或未间隔到顶，火灾危险性高，容易引发群死群伤火灾事故。

广州市 2009 年、2010 年岭南街出租屋情况见表 1-1。

表 1-1　广州市岭南街出租屋情况（2009 年、2010 年）

统计情况		2009 年	2010 年	对比增减%
出租屋总栋数		1958 栋	2667 栋	36.21
出租屋套数	住宅出租屋	3224 套	3178 套	-1.43
	非住宅出租屋	1311 套	1534 套	17.01
	合计	4535 套	4712 套	3.9
出租面积（平方米）		202734.3	245410.5	21.05

（资料来源：广州市荔湾区岭南街出租屋管理服务中心内部资料。）

岭南街辖内有 132 条内街巷，巷道狭窄；24 条单行线马路，路面状况差。房屋历史久远，除了新中国大厦、清平医药中心等几座新建大楼外，其余基本是新中国成立前后由原水上民居修建的砖木结构住房，年久失修，电线老化，房屋密集，布局和设计不合理，呈典型"袋型"结构，三面是墙，纵深十几米，以四层楼房为主。岭南街虽然地处旧城区，却是商业旺地。辖区内批发市场众多，有服装、服装辅料、电子通信设备、中药材、水产冷冻品等专业批发市场61个，注册商铺8626家，每天有上千吨货物在此流通，每天的流动人口数可达十万。商家们为取货方便，节约成本，纷纷租用附近旧民居做仓储，或在商铺、仓库里搭阁楼住宿，堆放易燃、易爆货物，违规用火用电用气，乱拉乱接电线电器，只顾经济利益，消防意识极为淡薄。因此，人货混杂、商铺兼仓库现象极为普遍，全街1413间临街商铺，90%以上不符合消防安全要求，在出租屋消防安全方面存在着严重的先天不足。笔者根据岭南街开展出租屋消防安全检查的各种记录资料（截至2009年底），整理出岭南街出租屋消防安全隐患情况（见表1-2）。

表1-2 岭南街出租屋消防安全隐患情况

序号	消防安全隐患分类	摸查套数
1	"二合一""三合一"的出租屋	524
2	租住人员密集、人均居住面积少于3平方米	51
3	每个房间未配备灭火器、60平方米以上未设置2个出口	492
4	木板阁楼住人或用可燃性材料间隔房间存在消防隐患	501
5	未设置首层直通楼顶天面的楼梯或通道，楼梯宽度不足1米	48
6	逃生口或逃生通道堆放杂物不畅通	127
7	乱拉乱接电线、使用电热棒或老化电气设备	343
8	存放易燃易爆物品	67
9	厨房未单独设置	56
	合计	2209

（资料来源：广州市荔湾区岭南街出租屋管理服务中心内部资料。）

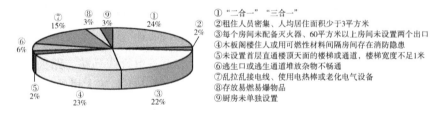

图1-1 出租屋消防安全隐患比例情况

从以上数据可知，截至2009年，岭南街在册登记的出租屋有4535套，已登记的存在消防隐患的出租屋有2209套，隐患率达到48.7%。通过对有消防安全隐患的出租屋进行隐患对比分析发现，"二合一""三合一"的出租屋和用木板阁楼住人或用可燃性材料间隔房间存在消防隐患的比例最多，各约占有隐患出租屋总数的23%，次之是房间未配备灭火器、60平方米以上房间未设置2个出口的约占22%，乱拉乱接电线、使用电热棒或老化电气设备的约占16%。具体出租屋消防安全隐患比例情况如图1-1所示。

第三节 广州市岭南街出租屋消防安全管理考察

一、出租屋消防安全管理体制

出租屋消防安全管理量大、面广，涉及的部门单位很多，有公安消防、国土房管、规划、工商、出管、街道、社区居委会等。但是，目前并没有一套专门针对出租屋消防安全管理的具体规范性文件或工作细则，按照现行的法规及有关政策，出租屋管理、公安消防、派出所等机构都有出租屋消防安全管理的职能，街道办事处、社区居委会协助各部门管理好本辖区内出租屋的消防安全。

出租屋消防安全管理是出租屋管理工作的一项重要内容。就目前广州市而言，按照"二级政府，三级管理，四级网络"的城市管理框架，在出租屋管理方面，已建立了市、区、街、社区的四级管理机制。

在市一级，成立由市长任组长的出租屋管理工作领导小组。

在区一级，成立区出租屋管理工作领导小组，并设置出租屋管理办公室。

市、区出租屋管理工作领导小组的主要职责是组织、协调、指导、检查、督促和考核本地区出租屋管理工作。

在街道一级，成立出租屋管理服务中心。其职责是，履行政府各职能部门委托的职能，采集信息、协调管理、综合服务，管理和培训出租屋管理员。

在社区一级，街道根据实际需要，在出租屋较集中的社区设立出租屋管理服务小组，作为管理服务中心的派出机构。

2006年，岭南街道办事处按照市、区有关要求，成立了岭南街出租屋管理服务中心，同时成立了岭南街出租屋管理工作领导小组，下设岭南街出租屋管理服务办公室。出租屋管理服务中心要完成市、区出租屋管理办公室下达的任务，同时也是街道办事处对出租屋管理服务（包括配合区消防部门做好辖区出租屋日常消防管理与服务）的职能部门。其主要职责是对出租屋进行日常巡查，协助公安消防等各职能部门开展相关工作，宣传出租屋、消防安全法规和政策，采集出租屋信息，并为其提供相关服务。岭南街出租屋管理服务中心共有工作人员 22 人，其中事业编制人员 2 人、合同工 4 人、出租屋管理员 16 人。

出租屋消防管理职能则按照"真心下沉"的思路，主要配置于基层部门。

（一）市级消防管理部门

目前，广州市公安消防局负责全市范围内的消防监督管理，组织指挥灭火救灾及火因调查，指导防火宣传、火灾预防工作，负责消防业务培训，组织与指导各区交防大队（防火科）开展消防监督工作。区公安分局交防大队（防火科）是消防监督机构的基层单位，按照消防监督管理实行分级管理的原则，区公安分局对市公安消防局未列管的所有单位实施监督管理，根据市公安机关和上级公安消防部门的部署和国家规定，对全区消防工作进行监督检查（包括出租屋消防安全工作），对公安派出所的消防监督管理工作予以业务指导。

（二）区级消防管理部门

在消防安全管理方面，根据消防条例和条例实施细则的规定，消防安全工作由各级公安机关实施监督。为履行国家赋予的消防监督职责，区级以上各级公安机关都需要设置消防监督机构，对本行政区域内的消防工作实施监督管理，本级人民政府公安机关消防机构负责实施。

公安派出所是市、区公安局的派出机关，根据防火工作分级管理的原则，主要负责本辖区的消防监督管理。派出所在出租屋消防安全管理方面的职责主要是：①指导监督出租人和承租者依法履行消防安全责任，落实安全防范措施。②负责对出租屋进行消防安全检查，对存在消防隐患的出租屋按照法定程序下发《限期整改通知书》，进行重点排查整治，对拒不整改的按照相关法规追究责任。③积极会同街道各职能部门对出租屋开展经常性的上门检查，掌握出租屋主及租住人员登记暂住证情况。④与街出管中心密切配合，开展对出租屋实行旅业式管理，切实做到"人来登记，人走注销"，并定期上门检查督促出租屋主落实登记措施，对不依法履行登记的出租屋主，依法进行处罚。

（三）街道消防管理部门

由于旧城区消防安全管理形势严峻，为加强街道的消防安全工作，预防火灾事故的频繁发生，岭南街道办事处经报区政府及相关部门，在 2007 年 5 月成立了街道办事处的内设科室——安全科，专门负责辖区内的消防安全工作。安全科和街道出租屋管理服务中心共同对辖内的出租屋消防安全进行管理。其主要职责是：第一，严格落实消防安全责任制，积极发挥消防督导作用。第二，负责制订本地区的消防工作（包括出租屋消防工作）计划并组织实施。第三，开展出租屋消防安全宣传教育，提高出租人、承租人的消防安全意识和消防技能。第四，大力发展义务消防队伍，并对其进行培训，提高消防队伍的整体素质和实战能力。第五，定期组织防火安全检查，发现火灾隐患依法督促指导整改，确保消防安全。第六，举办消防演练。第七，协助公安消防机构对社区火灾事故进行调查处理，做好灾民的善后处理工作。安全科由1名公务员专职负责，3名安监人员兼任安全科工作人员。

岭南街还自筹经费成立了岭南街专职消防队。该专职消防队是经省消防总队备案，市公安消防局批准，依据《中华人民共和国消防法》及《广东省实施消防法办法》，结合街道实际而依法成立的。该队伍是在公安消防部门、派出所、街道办事处的授权下，由街道安全科实施管理，进行防火治患工作的具体实施者。岭南专职消防队在业务上接受公安消防部门、派出所的指导，行政上接受街道办事处的管理。街道安全科受街道办事处的委托，负责管理其日常事务。其主要职责是：①协助安全科制定切实可行的消防安全制度、公约，并督促实施。②根据本街道的特点，利用各种场合、形式进行防火宣传普及消防知识。③在公安消防部门、派出所、街道安全科的授权下，结合本街道的实际情况，进行经常性的防火检查、督促整改消防隐患，组织日常的消防备勤值班和巡逻。④当辖内一旦发生火灾时，在报警的同时有组织地进行火灾扑救，疏散居民，救护伤者并严密警戒火场，保障火灾的扑救工作顺利开展。⑤火灾扑灭后，要保护起火部位和火灾现场，并协助调查火灾原因，吸取经验教训。

（四）社区消防管理部门

出租屋管理服务中心在每个社区居委会设立一个出租屋管理服务小组，对辖区的出租屋实行分片管理。出租屋管理服务小组对本社区的出租屋管理工作负总责，依法对出租屋实施各项管理服务措施。其在出租屋消防安全管理方面的主要职责是：①做好本社区出租屋消防安全的法规、政策宣传教育工作。②对本社区出租屋主、承租人及出租屋管理人员开展消防教育培训。③负责安排和组织出租屋管理员在社区民警带领下定期上门巡查，发现出租屋内存在消防隐患即报告出租屋管理服务中心，并协助相关职能部门对存在问题的出租屋进行跟踪整改。每个出租屋管理服务小组由社区居委会主任担任组长，社区民警任副组长，成员由1~2名出管员和一名社区治保基干组成。

出租屋消防安全管理主要相关部门的职责划分见表1-3。

表1-3 广州市出租屋消防安全管理主要相关部门的职责划分

部门	主要职责	部门	主要职责
市、区公安消防部门	对出租屋消防安全工作进行业务监督指导,组织开展火灾隐患排查整治和专项治理,依法开展消防监督执法工作	市、区出租屋管理部门	组织、协调、指导、检查、督促和考核本地区出租屋消防安全管理工作
派出所	依法实施出租屋消防监督检查,指导监督出租人和承租者依法履行消防安全责任,落实安全防范措施,开展出租屋消防安全检查,对存在消防隐患的出租屋按照法定程序下发《限期整改通知书》,进行重点排查整治,对拒不整改的按照相关法规追究责任	街道出租屋管理服务中心	开展出租屋消防安全日常检查巡查,督促租赁当事人落实安全防范措施以及履行出租屋消防安全管理责任,协同有关职能部门开展对不符合消防条件出租屋的整治,协助、配合有关职能部门处理经整治后仍不符合出租条件的出租屋
街道安全科专职消防队	发挥消防督导作用,制订出租屋消防工作计划并组织实施,开展出租屋消防安全宣传教育,组织消防技能培训和消防演练,发展义务消防队伍协助安全科开展防火宣普及消防知识,组织日常消防备勤值班和巡逻,发生火灾时进行火灾扑救,疏散居民,救护伤者并严密警戒火场,协助调查火灾原因	出租屋管理服务小组	做好本社区出租屋消防安全的法规、政策宣传教育工作,对本社区出租屋租赁当事人开展消防教育培训,定期上门巡查,协助相关职能部门对存在消防问题的出租屋进行跟踪整改

*本表由作者独立完成。

二、出租屋消防安全管理的有关政策与法规

目前,在出租屋消防安全管理方面,广州市还没有出台相关的具体规范性文件或工作细则;但对于出租屋管理,近年来已相继出台了一系列的规章制度。这些规章制度主要有《广州市房屋租赁管理规定》《广州市出租屋档案管理办法》《关于加强党员干部出租房屋监督管理的意见》《广州市出租屋管理领导小组成员单位工作职责(试行)》《广州市镇(街)出租屋管理服务中心工作职责》《广州市出租屋整治专项工作方案》等。这些规章制度除了《广州市房屋租赁管理规定》属于政府规章以外,其他的主要为市政府规范性文件,政策性强,相关法律规定仍不完善,无法有效约束出租人和承租人的行为。

在这些出租屋管理规章制度中,提到出租屋消防安全的有:《广州市房屋租赁管理规定》第五条规定,"公安、计划生育、工商、税务、规划、城市管理综合执法等行政主管部门应当按照各自职责,相互配合,对房屋租赁进行综合管理;公安机关负责租赁房屋的消防、境外人员登记以及治安管理"。第八条规定,"房屋租赁当事人应当配合有关部门做好房屋租赁、房屋安全、消防安全、治安、计划生育及查处生产销售假冒伪劣商品的管理工作"。第九条第(七)项中指出,"不符合消防安全标准的房屋不准出租"。第十一条规定,"承租人应当按照房屋规划用途、结构、消防安全规定使用房屋,不得擅自改变建筑物使用性质,或者实施其他违法建设行为;发现承租房屋有安全隐患的,及时告知出租人予以消除"。第二十七条第(三)项规定,"出租人违反本规定第九条第(七)项规定,出租房屋不符合消防标准的,由公安机关依照《中华人民共和国消防法》处罚,其中有重大火灾隐患,经公安机关通知不加改正的,由公安机关依照《中华人民共和国治安管理处罚条例》的规定予以处罚"。

在消防安全方面,《中华人民共和国消防法》第四条规定,国务院公安部门对全国的消防工作实施监督管理;县级以上地方人民政府公安机关对本行政区域内的消防工作实施监督管理,并由本级人民政府公安机关消防机构负责实施。第二十八条规定,"任何单位、个人不得损坏、挪用或者擅自拆除、停用消防设施、器材,不得埋压、圈占、遮挡消火栓或者占用防火间距,不得占用、堵塞、封闭疏散通道、安全出口、消防车通道;人员密集场所的门窗不得设置影响逃生和灭火救援的障碍物"。第四十九条规定,"公安消防队、专职消防队扑救火灾、应急救援,不得收取任何费用;单位专职消防队、志愿消防队参加扑救外单位火灾所损耗的燃料、灭火剂和器材、装备等,由火灾发生地的人民政府给予补偿"。第五十三条规定,"公安机关消防机构应当对机关、团体、企业、事业等单位遵守消防法规的情况依法进行监督检查;公安派出所可以负责日常消防监督检查、开展消防宣传教育"。

目前,可供参考的出租屋消防安全管理方面的政策和法规很少,地方也没有制定具体的出租屋消防安全管理方面的工作细则,有的仅是一些联合整治出租屋消防安全的行动方案。而这些行动方案往往只针对某一事件而制定,是运动式的清查整治行动,并未能形成长效的行动机制,而几乎所有的行动方案中整治出租屋的标准都是按照《广州市出租屋整治专项工作方案》(穗府办函〔2005〕19号)的整治标准来制订的。方案中规定出租屋有下列情况之一的(见表1-4),为不符合出租条件,必须进行整治。出租屋主或使用人拒不整治的,由公安部门依照《中华人民共和国治安管理处罚条例》的规定予以处罚。出租屋消防安全整治标准见表 1-4。

表 1-4　广州市出租屋消防安全整治标准

1	未设置首层直通楼顶天面的楼梯或通道，楼梯宽度不足 1 米的（当楼梯的宽度不足 1 米时，应按人均居住面积不小于 6 平方米控制居住人数，且每层最多不超过 20 人）
2	楼高 3 层以上且居住 50 人以上未设置 2 座楼梯的
3	厨房未单独设置，或者设置在通道上的
4	房间使用可燃材料间隔，每个房间未配置灭火器的，面积 60 平方米以上的房间未设置 2 个出口的
5	各楼层及窗户、阳台的防盗网没有在适当位置设随时可从室内开启的应急逃生出口的
6	人均居住面积少于 3 平方米的
7	存放易燃易爆物品的
8	乱拉乱接电线和电器设备的
9	在房间内设置住人阁楼和 3 层以上的床位的
10	超过 6 层的出租屋未设置室内消防栓或消防卷盘的

（资料来源：广州市荔湾区岭南街出租屋管理服务中心提供。）

岭南街是旧城区中的典型，消防安全隐患严重、突出，仅 2007 年就发生了 5 起火灾、死亡 4 人，街道党工委、办事处对全街道的消防安全工作非常重视，除了按照相关消防法规文件和市、区相关要求开展消防工作，还制定了《岭南街消防安全管理工作的有关规定》《岭南街社区消防宣传教育制度》《岭南街社区防火巡查制度》《岭南街社区火灾事故工作预案》等一系列制度，健全街道的消防安全制度。在出租屋消防安全管理方面，《岭南街消防安全管理工作的有关规定》第四条规定，各社区居委会必须做好房屋租赁、房屋安全、消防安全、治安、计划生育及查处生产销售假冒伪劣商品的检查工作，督促出租人和租住人员落实防火、防盗等安全措施；同时，制定了出租屋消防安全管理相关制度。这些制度主要有：①日常检查制度，按属地管理原则，各社区居委会每月必须对辖区内的具有消防安全、结构安全、治安隐患的不符合出租条件的出租屋进行全面检查，填写"不符合出租条件出租屋检查表"，要求不符合出租条件的出租屋必须限期整改，并即时发出《限期整改通知书》。②复查制度，各社区居委会必须对辖区当月已接受检查但存在隐患的不符合出租条件的出租屋在限期整改期满后即时进行复查，并"填写复查记录表"。复查后仍未符合整改要求的出租屋，由各社区居委会组织力量强制整改。对拒不整改的场所应及时以书面形式报告街出管中心进行强制整改。③报告制度，各社区居委会应当将每月检查不符合出租条件的出租屋在次月5日前分类书面汇总，交至街出管中心，需街道组织力量强制整改的不符合出租条件的出租屋要及时书面报告街出管中心。

三、广州市旧城区出租屋消防安全管理的基本做法

出租屋消防安全管理涉及的主要部门有公安消防机构、公安派出所、出租屋管理机构、街道办事处和社区居委会。公安消防机构对出租屋消防安全工作进行业务监督指导，督促有关部门、单位和个人落实消防安全管理工作，组织开展火灾隐患排查整治和专项治理，依法开展消防监督执法工作，协调与有关部门的关系，共同做好消防工作。公安派出所在上级公安机关领导下，依法实施出租屋消防监督检查，接受所属公安机关消防机构的业务指导和监督。出租屋管理服务机构是出租屋消防安全的管理部门，街道办事处、社区居委会协助各部门管理好本辖区内出租屋的消防安全。

2007年以前，岭南街在出租屋管理和消防安全管理方面人力、物力的投入都比较有限，相应的管理制度、管理方法也很不完善，整个街道的消防工作仅由一名行政人员负责，出租屋管理方面由3名合同制人员负责，工作重心主要在办证和收税。2007年以后，随着市政府对出租屋消防安全工作的重视、出租屋管理服务机构的成立、岭南街安全科的设置、相关制度的形成和大量人力物力的投入，出租屋消防安全管理工作有了一定的改善，目前的基本做法有四种。

（一）日常管理

出租屋消防安全管理按照属地管理原则，由社区出租屋管理服务小组负责本社区出租屋管理的法规、政策宣传教育工作；安排和组织出租屋管理员在社区民警带领下定期对辖区内的出租房屋进行巡查、登记；检查出租屋的消防安全责任是否落实，安全措施是否到位，疏散通道、安全出口是否保持畅通，消防设施是否完好有效，有否设置应急出口、有否搭阁楼住人、用火用气用电是否符合消防安全规范；等等。发现消防隐患，现场提出整改，不能现场整改的，由出租屋管理员发出《限期整改通知书》，要求其限期整改，并定期上门回访回查。对拒不整改的，报告街道出租屋管理服务中心，同时告知街道安全科；需要街道办事处组织力量进行强制整改的，由街道出租屋管理服务中心报街道办事处，街道办事处协调组织派出所、工商所、房管站、城管执法中队等相关职能部门进行整治；对顽固不整改的租户或因客观原因无法整改的或者存

在重大问题的出租屋，由安全科向区政府有关部门通报，并告知相关职能部门，由区一级部门进行清查整治。

例如，鉴于岭南街道坐落在老城区，辖内破旧房屋比较多，而且有多个批发市场，"住改商"情况比较严重，消防安全形势十分严峻，消防整治工作比较繁重，2012年7月，岭南街道办事处组织来自流管中心、街消防队、居委会、物业公司等单位的78人参加了消防安全业务知识培训。

本次培训的内容主要有：围绕出租屋存在的消防隐患，结合典型事故案例向参加培训人员讲解出租屋消防安全隐患排查和整治的业务知识；结合本街实际情况及出租屋日常巡查工作，介绍用气、用火、用电的消防安全知识和应急处理方法，以及初起火灾的扑救方法、逃生自救的各种技能等多项内容。

通过此次消防安全知识培训，进一步加强了物业公司管理人员的消防安全意识，使他们掌握了防火灭火的能力，也提高了出管员的消防排查能力和整治业务水平。培训结束后，出管员将培训学习的知识应用到工作实践当中，先后发出《消防安全隐患整改通知书》30余份，教育动员出租屋业主及时整改，确保居民的生命、财产的安全。

（二）联合清查

按照市、区的文件要求，街道办事处会定期组织全街力量，协调各职能部门联合对全辖区的出租屋统一进行消防安全检查，组织具有执法权的单位实施联合执法，并将无法整改或存在严重消防隐患的出租屋情况向区政府通报，告知区公安交防大队、区出管办。例如，2010年，第16届亚运会在广州举行，为了创造和谐稳定的社会环境，根据市有关出租屋管理的指示精神，荔湾区制定了《荔湾区强化流动人口登记和出租屋消防安全整治工作方案》，岭南街根据方案的要求，牵头组织出租屋消防安全整治行动，会同街道公安派出所、出管中心、居委会等部门组成综合整治小组，以社区为单位，对出租屋进行全面检查，发现存在消防隐患的督促其限期整改，对拒不整改的由公安机关依法进行处罚。

又如，2011年4月22日，岭南街道办事处联合岭南派出所、清平工商所、岭南街综合行政执法队、安监中队、街专职消防队、社区消防基干，对清平药材市场周边"住改仓"进行联合整治行动，重点对存在"住改仓"、有消防安全隐患现象的13间出租屋进行突击检查。在排查整治中发现，和息里3号首层存放药材、木阁楼住人、屋内煮食的情况，存在严重的消防隐患。检查组当场出具有关整改通知书并责令整改，要求责任人跟踪检查、承租人将木阁楼内床铺拆除。本次行动组织严密，各职能部门配合有力，对夯实地区消防安全基础、创建平安社区起到了积极的作用。

街道出租屋清查整治专项小组制定了每周一、三、五各部门分头整治，每周二、四各部门联合行动的工作机制，采取"三铁"手段整治重点出租屋和"钉子户"。2012年3月以来，街出管中心共排查出租屋3597套，整改消防隐患300多处。由办事处主任带队，派出所、出管中心、消防安全科、工商所和城管中队等单位联合行动，取缔了沿江西路33号、长乐路25号、十三行路98号首层档铺和鸡栏街28号二楼等无证加工、经营餐饮的出租屋，拆除了兴隆北路25号和崇剑新街16号的黑旅馆18间房间；摸查嫌疑非法加工腌制食品的出租屋16间和用硫黄处理中药材的出租屋9间，已联系区食品药品监督局进一步核查处理；排查登记了电子市场附近疑似存放假冒伪劣电子产品的出租仓库34间，并告知区打假办跟进查处。辖区扬仁里24号402房发生火警之后，街道对其出租屋主的违规行为进行调查取证，并报区房屋租赁所对其进行处罚，责令一段时期内禁止出租。

（三）开展高层建筑物消防安全专项整治行动

针对老城区房屋安全隐患多的特点，根据掌握的有关情报，加大高层建筑消防安全专项整治行动。

为吸取2012年3月22日光复大厦火灾事故的教训，3月24日，由街道办事处统一指挥，出管中心、社区委员会、社区民警联合针对辖区内高层建筑物开展地毯式消防安全专项整治行动，重点检查房屋是否改变原来的使用性质和使用用途，疏散通道、安全出口的设置是否符合消防规范要求，疏散通道、安全出口是否保持畅通以及是否存在影响疏散和灭火救援的障碍物，疏散指示标志和应急照明是否齐全完好，用火、用电、用气是否符合消防安全要求。行动共清查出租屋104套，新登记流动人员信息20条，发出《消防安全隐患整改通知书》24份；发现"住改商"3套，工作人员当场要求其限期清理屋内货物，恢复房屋原定的使用性质。

2012年3月30日，由街道党工委牵头，派出所、综治办、工商所、劳监安监中队、出管中心、社区居委会等单位在联合对隆城大厦"住改仓"进行集中力量清查整治。街出管中心工作人员在行动中派发"三打两建"宣传资料568份、《消防安全隐患整改通知书》60份、《租赁备案通知书》40份、居住证须知80份、采集流动人员信息95条，清理内部堆放包装纸盒、材料严重的"二合一"或"三合一"的出租屋20间。

(四) 开展出租屋消防安全宣传咨询活动

经常性开展出租屋消防安全宣传咨询活动，组织岭南专职消防队实施演练，采用多种形式对房屋出租户和暂住人员进行消防安全宣传教育，传授防火逃生自救知识和灭火基本技能。例如，在每个季度，街出管中心和安全科都会组织开展一次出租屋消防安全宣传咨询活动，派发《岭南街消防宣传教育资料》等各种消防安全常识宣传单张，同时组织岭南专职消防队或邀请消防中队共同开展消防演练，教群众如何用麻袋灭火、用 ABC 干粉灭火以及液化气泄漏如何灭火等自救本领和灭火基本技能，通过各种灵活的消防演练形式，给予观摩者以实际的宣传培训。

第二章　岭南街出租屋消防安全存在的问题及原因分析

第一节　岭南街出租屋消防安全存在的主要问题

一、租住人员消防安全意识薄弱，人为消防隐患多

岭南街属于老城区，街道的道路、房屋等都年久失修，有条件的户主都迁移到了新居住地；由于该区域大部分房屋的户主都已经搬出，将原来自住的房屋对外出租，房屋功能发生了改变，而目前在这里居住的大都是以经商为目的的租客，这些租客大都自身经济条件不宽裕。租住在该地的多是外来务工人员，存在流动性大、文化水平相对低等问题，防火常识和技能比较缺乏。岭南街属于典型的老城区，原有的消防基础设施本身就已经相对不足。随着入住人员增加，加之超负荷使用，如果管理再跟不上，出租屋的消防问题就将不可避免地发生。而出租屋发生火灾事故，往往造成群死群伤，外来务工人员本身经济情况就不理想，一把火就有可能烧得倾家荡产；出现人员伤亡的，还会引发一系列的社会问题。因此，防火任务很艰巨，不能有丝毫的松懈，消防安全工作压力很大。

租客租住这里的旧房屋，往往因陋就简，既商用又居住，而且居住中的设

施也如此，由此埋下许多消防隐患。例如，在 2012 年岭南街道出租屋管理部门的一次排查中，出租屋中心联合其他职能部门整改消防隐患 773 宗，收缴没收违规煤气瓶 72 个、严重不符合消防安全的炉灶 75 个、电热棒 790 支；帮忙更换煤气减压阀 105 个，更换煤气管线 393 米，安装煤气环扣 211 个；整治电线乱拉乱接现象 10 处，剪除私拉违规电线 83 米，整治无排烟管道的热水器 11 台；强开逃生口 107 处。老城区出租屋消防安全隐患可见一斑。

一些租户存在"住改仓""三合一"现象，一旦发生消防意外，将严重威胁人民群众的生命财产安全。有的药材经销铺首层存放药材，木阁楼住人，屋内进行煮食。此种情况一经检查组发现，会当场出具《消防安全隐患整改通知书》并责令整改，要求责任人跟踪检查，并要求承租人将木阁楼内床铺拆除，但少数租客会与消防检查人员玩"猫捉老鼠"的游戏。

二、建筑老化，基础设施存在先天消防缺陷

（一）建筑老旧、密度大、消防通道缺失

老城区房屋建筑密度大，都是一栋一栋紧紧地挨着，"一线天""握手楼""贴面楼"比比皆是。笔者在日常巡查和走访中发现，这里的楼房多是"你挨着我，我挨着你"，一旦发生火灾，消防车根本无法进入。走进租房区就感觉到四周房屋很拥挤，光线很暗。笔者以租客的身份进入到了一栋"握手楼"，打开门走进一楼，几乎可用"漆黑"来描述，楼道窄小而且很陡；如果发生火灾，从楼道逃生就会比较困难。

老城区缺乏科学合理的建筑规划，该区域道路情况十分复杂，大型消防车根本无法靠近火场，连车型较小的抢险救援车也无法进入。"火灾发生时，我们只好从 500 米开外就开始铺设水带，该区域室外消火栓也相对较少，后方的水罐车只好来回运水，来保障前方的灭火工作。"一位消防官兵说。2011 年，在一次火灾调查时，消防人员了解到，起火民房一楼被户主出租给他人作为存放回收废旧电器的仓库。在该民房的三楼、四楼，消防人员发现部分房间堆放着大量的废旧电视机、空调机、纸盒箱等易燃物品。

多数出租房屋未预留逃生出口。根据《广州市"三小"场所、出租屋消防安全专项整治工作指引》要求，"设有防盗网的，每一单元（独立空间）应独立设置不小于 0.5 米×0.8 米的逃生、救援出口"。但是，笔者在出租屋集中地发现，绝大部分出租屋只有一个楼道出口，许多出租屋虽装有防盗窗、防盗网，但并没有在屋内预留逃生、救援出口。当笔者询问房东假如发生火灾该往哪里逃生时，房东表示，没有专门设置其他的出口，"所有出租屋都是这样

的，就算在他自己家里也是一样""安装防盗网就是为了防盗窃的，谁还会特意去设置逃生通道"。有的出租屋整栋房子只有一条窄小楼梯，此外就没有任何其他的通道可以出入。

（二）房屋违章建筑多

笔者在巡查中发现，该街道许多楼房每个楼层的楼梯道异常狭窄，有的仅能容纳一个人正常通行，上下楼碰见人需要侧着身子过；本来就十分狭小的楼道上往往随意地摆放着一些家具杂物，严重影响人员疏散；电器线路铺设杂乱无章，许多电器插座直接固定在木板上。

据对抽查的几幢出租屋民房的调查，发现这些房子有如出一辙的火灾隐患，从出租屋的顶楼阳台环顾，违章搭盖的蓝色铁皮棚子几乎覆盖这一区域。笔者从广州市越秀区政府有关工作人员那了解到，由于历史原因，长期以来缺乏对城中村区域有效的规划和管理，加之部分户主受利益驱使，私自违章搭盖，经过多年的抢建，才造成了老城区密集的"蓝色铁皮棚子"现象，埋下了消防安全隐患。消防人员指出，除了存在违章搭盖的情况，楼与楼之间防火间距不足、楼内结构复杂，以及电器线路乱拉乱接、老化严重等问题，对居民的人身安全已经构成了严重影响。

笔者在实际考察中发现，过度追求经济利益催生安全隐患。为了最大化地赚取租金，许多户主使用三合板等木板来分隔房间，并没有认识到这种做法给租户带来很大的隐患。

根据消防专业人员介绍，用三合板等木板来分隔房间，看起来比较简便实用。但这些属于易燃可燃品，一旦发生火灾，大火将在很短的时间内烧穿隔板，殃及邻居。许多出租屋楼房之间伸手就能够着，几乎就是"一线天"，周边建筑布局杂乱，没有消防车所需的基本登高作业面，楼内光线昏暗，缺少必要的应急照明设施，建筑结构耐火等级低，一旦发生火灾等突发事故，消防登高车辆无法靠近，无法快速控制火势，极易造成人员的群死群伤。所以，消防人员建议，在分隔房间时，尽量采用实体砖进行砌墙，而且要砌到顶，防止火灾发生和火焰蹿烧。

另据一些租户反映，现在的出租屋内的应急照明设施实在太少，碰到停电的时候，楼道内一片漆黑，下楼梯的时候根本看不见。对于发生火灾时如何逃生，大家普遍表示了担忧，但由于户主出于经济利益等因素考虑，出租屋内安装应急照明灯的寥寥无几。

（三）消防设备不齐全或已过期

一些出租屋的消防设备或多或少存在一些问题。有的灭火器已过有效期，外层都已生锈却没及时更换，形同虚设；有的根本没有配置灭火器、消防卷盘等消防设备。

走访中，一些租户告诉我们："以前这里每层都装有灭火器，只是现在没有了。"在某广场附近的出租屋走访发现，整栋楼除了一个灭火器外，就再没有其他的任何消防设施。在装灭火器的地方只剩下一些螺丝和洞眼，消防器材不见踪影。对此，房主也没有表示会再安装。有些出租屋里虽安装了灭火器，但笔者发现部分灭火器不是生锈就是过期了，灭火器上面的使用说明标签也都看不清楚，以致形同虚设；此外，在某出租屋内，笔者从一楼走到六楼都没有看到任何消防设施，在走道上还有人在做饭。

（四）电路老化、私接乱搭

在这里，往往屋外电线连接杂乱，私拉电线问题严重，甚至有部分出租房的线路和电路多年失修，呈现老、旧的状态，让租客感觉极不安全。"这里的电线都老化了，有时候还能看到电火花。"某出租屋的租客向笔者表示，"明知道不安全却也没有办法，家庭收入不高，只能找一些便宜的地方住。"一些室外全是密密麻麻的电线。这些电线紧紧靠着窗户，这样在窗台做饭很容易导致电线烧坏，引起火灾。另外，我们在走访中还发现，有的出租屋一楼是小饭店，厨房外面抽油烟机都是紧挨着电线，有的电线上面也已沾满油烟。一些出租屋多处电线老化，还有很多生锈的电箱和堆积的电线捆绑在一起，有的电线直接裸露在外，偶尔还能看到线头悬挂在半空中摇摇晃晃，极不安全。一些楼道电线交错衔接，甚至有的电线还悬挂在空中。

第二节 岭南街出租屋消防安全存在问题的原因分析

一、相关法规条例和政策不完善

目前，广州市出租屋消防安全管理主要依据《中华人民共和国消防法》《中华人民共和国治安管理处罚法》《广州市房屋租赁管理规定》《中共广州市委办公厅、广州市人民政府办公厅关于加强我市出租屋管理工作的意见》（穗办〔2003〕16号）《广州市出租屋整治专项工作方案》（穗府办函〔2005〕19号）等法规和文件。根据上述法规及有关文件政策，出租屋管理、公安消防、国土房管、规划、工商、城市执法综合管理等机构都有出租屋消防安全管理的职能。但在这些法规、文件中并没有明确地指出出租屋消防安全管理中，哪个机构是主管部门、哪些机构是协管部门，管理主体、管理责任、管理手段、权利义务等方面规定得不够详尽，容易造成在工作中互相推诿，在管理上出现漏洞。

出租屋管理依据大多为规范性文件，政策性太强，缺乏法律的刚性约束，无法有效地约束租赁行为，对违章、违法的处罚力度不够。如《广州市出租屋整治专项工作方案》第三十条规定，"对出租人拒不补办登记备案手续的，处以100元的罚款"。由于罚款数额少，对出租人没有威慑作用，出租人为了逃避交税，宁愿罚款也不愿意办理房屋租赁备案。也有相当一部分人连罚款都不愿意交。对于出租人不愿意履行行政处罚决定的，必须申请法院强制执行。对于这样耗费时间长、成本高的事，一般执法管理部门由于人手不足也不愿意投入人力和大量时间去处理，租赁行为得不到有效的约束。

出租屋消防安全整治标准在旧城区难以完全遵照执行，反而增加了管理难度。如《广州市出租屋整治专项工作方案》第三条第（一）项中规定，"凡是面积在60平方米以上的房间未设置2个出口的，各楼层及窗户、阳台的防盗网没有在适当位置设随时可从室内开启的应急逃生出口的都不能出租，要严格整治"。但在旧城区，特别是像岭南街这种广州典型的老旧城区，辖内基本上都是新中国成立前后由原水上居民修建的砖木结构住房，房屋密集，布局和设计极不合理，大部分是典型的"袋型"结构，三面是墙，纵深十几米。这样的房屋除了房门根本无法再在其他位置设置出口，更别说有窗户和阳台，受客观条件所限，就算想整改也不知要从哪下手。如果按照整治方案中的规定，岭南街所有的房子都有消防安全隐患，都不能出租，但这是不现实的。因为在这片商业旺地，寸土寸金，昂贵的租金是大部分业主的主要收入来源。有不少业主是到周边租房居住而将自己所有的物业出租，以此赚取更多的收入。如果按照消防安全标准而不让他们出租或者强行执法，损害了大部分出租人的利益，会激起大量的社会矛盾，造成群访事件，影响地区稳定。除非政府统一对这一片进行旧城改造，否则这样的矛盾会一直存在。目前各种法规和政策的不完善，确实给出租屋管理工作带来了很大的难度。

二、出租屋消防安全管理体制不完善

一方面，岭南街地处旧城区，辖区内大部分是陈旧破危的房屋，电线老化，房屋布局设计极不合理；另一方面，因为这一带是历史上形成的商业旺地，辖内市场、商铺较多，而且大部分的商铺都是"居改商"，原来的业主为了赚钱，把本应该是住人的房屋都租出去用来作为商铺、小作坊，有些租户为了省钱，就在楼上住人，或搭阁楼，楼下当商铺使用。所以，这一带消防安全隐患非常突出。虽然街道办事处多次组织检查整治，但仍无法从根本上铲除消防隐患。2007年上半年，岭南街辖内连续发生了三起出租屋火灾事故、死亡4人，引起了市、区政府的高度重视。最后，从市出租屋管理、消防部门到区相关职能部门再到街道办事处层层问责，却只有街道办事处的两位领导受到行政处分，而岭南街办事处全体干部职工以及居委会工作人员从此都干起了消防工作，进行消防安全检查整治，街道办事处领导、干部觉得委屈、无奈。这样的事情暴露出当前出租屋消防安全管理体制的种种不完善。

(一) 管理责任主体不明确

出租屋出现消防问题，消防机构认为是出租屋管理机构工作没做好；而出租屋管理机构则认为他们没有消防专业知识也没有执法权，是公安消防的工作没做到位。出了问题相互推卸责任，就是因为目前在这方面无法可依，无章可循。

根据《广州市房屋租赁管理规定》，"街道、镇出租屋管理服务中心受国土房管、公安、计划生育、税务等行政主管部门委托，集中办理辖区范围内房屋租赁合同登记备案、户口或暂住证登记、计划生育管理、税收征管相关工作"；"应当建立日常巡查制度，加强信息采集，并配合国土房管、公安、计划生育、税务、规划等行政主管部门，对本街道、镇辖区范围内的房屋租赁情况进行检查"。

在日常工作中，岭南街出租屋管理服务中心认真履行职责，定期组织出租屋管理员开展日常巡查和专项检查，记录消防安全隐患情况，并定期收集、汇总有关隐患情况反馈给相关职能部门。但由于出租屋消防安全主管部门未明确，一些部门认为出租屋消防安全隐患不属于其管辖范围，相互推诿，对反映的情况不重视，抱着多一事不如少一事的态度，不配合街道办事处的工作，以至于一些出租屋消防安全隐患未能得到及时有效消除和整治。事故发生后，按"属地管理"原则只追究了街道办领导的责任，而其他同样有出租屋消防安全管理职能的部门却没有承担相应责任，让人觉得欠缺公平与合理性。

随着社会经济发展，基层管理部门承担着越来越多的社会管理任务，责任越来越重。但是，相应的权力、财力却没有下放，导致基层管理工作开展非常艰难，基层工作人员压力大，一个人要干几个人的活，到头来工作成效却不高。在出租屋消防安全管理中，虽然管理主体没有明确，但出租屋出现问题却要按"属地管理"原则追究责任。街道办事处、出管中心只有受委托管理出租屋的职责,没有执法权。对于存在消防隐患的出租屋业主或承租人,只能通过反复劝告或发有关整改通知书要求整改,并不断地组织人员定期复查再复查;对拒不整改的,缺乏其他应对手段,只能告知公安部门或工商部门,公安、工商人员一到,大部分顽固的业主、承租人就会马上整改,街道工作人员无数次上门检查劝告都不及有执法权的部门上门一次有成效。

(二) 消防安全管理责任不明确

出租屋消防安全管理不但涉及公安消防、出管中心、派出所、房管、工商等部门,也涉及租赁当事人。目前的法规对出租人、承租人和中介公司在出租屋管理中的责任没有细化,法律责任不清晰,无法有效地约束租赁行为。租赁双方一般只签订租赁合同,在签订租赁合同时,承租方只注重房屋的租金和家具电器、配套设施等,很少会留意到房屋是否有疏散通道、安全出口等消防安全方面的问题,更谈不上签订《防火安全协议书》了。有些出租人认为,出租房屋时配备了一定的消防设备就很不错了,出租屋的消防安全由承租人负责,不需要落实任何消防安全方面的管理责任,更不要说对消防设备落实必要的维护、对隐患落实整改;而一些承租人则认为,出租屋的消防安全管理应该由屋主负责,作为租客,没有义务维护消防安全设备。他们甚至还对设备进行不同程度的破坏,对出租人及出租屋管理员有关消防安全隐患的告知和教育不予理会,无视屋内消防安全隐患,在屋内进行违反消防安全的行为。由于租赁双方都没有明确消防安全责任,导致消防安全管理责任制无法落实,出租屋消防安全管理混乱。

在旧城区的出租屋,一些是由于业主失踪多年或在国外不回来而成为无主户,没人管理,任由承租者长期居住;一些是由于历史原因在室内自搭阁楼、自隔房间,随意增加居住面积,部分产权不明确;一些是经过几次转租,很难找到真正业主;一些是同时租给多个承租人或部分"租上租"。这些都给出租屋管理工作带来了很大的难度,房子出了问题很难确定责任人,消防安全责任制无法落实。例如,梯云路一带是历史上形成的水产批发及冷冻品批发市场,该地区现有的商铺都是由原来的旧民居改建而成。由于梯云路地区寸金尺土,租金昂贵,大部分商铺都是由多个商户合租,或由一人承租再将部分转租给其他商户。这些商户分时段经营不同的商品,也就是说,同一家商铺,早上由一商户卖冷冻鸡翅、鸡爪,下午由另一商户卖冷冻羊肉,到了晚上又由第三个商户来卖甲鱼,每天24小时均处在经营运作中。对于这种出租屋,管理的难度相当大。一方面,承租人多而杂,经过层层转租,比较难找到业主,落实消防安全责任相当难;另一方面,承租人多而且流动性强,工作人员今天检查发现问题要求整改，明天去了又换新承租人，问题依然存在。如此反复，消防隐患永远无法根除。

表面上出租屋的消防隐患是由承租人安全意识淡薄、不安全使用造成的，应该由租户承担责任；但从以往发生的出租屋火灾事故案例来看，结果却不尽然，责任往往是多方面的。

据消防人员介绍，回顾以往案例，大致有两种责任认定情况。第一种是假如户主的消防安全措施没有做到位，发生火灾事故，由此产生责任，户主则有可能承担主要责任；第二种是假如户主此前已经落实了各项消防安全措施，管理也到位，而租户因使用不慎引发火灾，租户肯定要承担主要责任，甚至户主还可以就租户造成的损失提出赔偿要求和责任追究。

此外，出租屋承租关系复杂，消防安全责任主体不明确，致使出租屋在消防监督上存在"空当"。有的出租屋经过几次转租，承租关系复杂，一旦出租屋发生火灾，责任认定非常困难，多方互相指责，逃避责任。另外，出租方普遍认为，房屋一旦出租就只管收租，其他都是承租人的事情。承租人普遍认为，自己只使用房屋，房屋的安全问题应由出租方负责，这种想法造成出租屋消防安全出现"空当"。另外，由于居民（村民）私人住宅在建设过程中不用办理消防审核验收手续，从建起到出租都由屋主自己做主，致使这类住宅多数不考虑周边消防安全环境和室内消防设施配置问题。目前，小面积出租屋绝大多数未经有关部门审批，公安消防机构在出租屋消防监督方面也存在"空当"。例如，2005年5月25日晚，消防部门在检查时发现两幢出租屋各四层，均只设一条疏散楼梯，每层200多平方米间墙分成6间房出租，每层住二三十人，房主以私人住宅的名义办理了房产证。类似这样不符合消防安全要求而又无须消防审批的出租屋不胜枚举。

事实上，出租屋消防问题两头分别连着户主和租户，一旦发生火灾事故最终付出代价的还是双方。户主辛苦积攒的财富可能付诸一炬，如果因管理不到位造成人员伤亡的，其多年收获的房租可能因此全部倒贴出去；而租户也可能付出生命和财产的代价。

（三）相关职能部门未能形成合力，缺乏长效工作机制

在一些需要多个部门协调的管理事项中，凡是利于巩固、谋取部门利益的就争着管；凡是与部门利益相抵触、难以谋取部门利益、责任大的管理事项，就消极地不作为，能躲则躲。比如消防安全责任重大，一些部门对消防安全监管职责抱有多一事不如少一事的心态，出了事故就千方百计"依法依规"推卸责任。出租屋消防安全管理是一项量大面广的工作，需要各职能部门合力进

行常态性监督管理；但目前有些职能部门对这项工作是能躲就躲，躲不掉就推，大量的工作都是靠街道办事处和街道出租屋管理服务中心来开展。街道办事处和出租屋管理中心没有执法权，缺乏权威性。在开展出租屋的日常登记、巡查工作过程中，当遇到管理对象拒绝或逃避管理时，出租屋管理工作人员身份尴尬，缺乏合法的应对手段。他们只有受委托办理业务的责任，没有处罚执法的权利，对顽固不接受管理的出租屋主、承租人缺乏有效的强制手段。而在出租屋消防安全整治工作中，在判断某一套出租屋是否符合消防安全标准时，街道工作人员普遍缺乏足够的专业知识，概念模糊，造成消防安全管理不到位，出租屋整治成效不大。公安消防、房管、工商等具备专业性和执法权的部门却常因其他工作原因，无法参加消防检查整治，一定程度上影响了整治工作的开展。有时候要对一些消防安全隐患严重的出租屋进行强行清理整治，还得通过部门之间领导的私人关系调动相关力量，工作才能顺利开展。涉及出租屋管理的工商、房管、城管等部门工作尚未完全跟上，部门间无法形成合力，出租屋消防安全管理难以建立长效工作机制。

三、消防管理财政投入严重不足

（一）对公共消防设施和消防设备投入不足

目前，旧城区的市政设施非常不完善，特别是公共消防设施老化陈旧。岭南街辖内共有消防栓52个，但普遍水压不够，达不到使用要求；有的消防栓损坏程度相当严重，出现了部件缺失或锈蚀等问题，关键时刻很难派上用场。旧城区大部分都是横街窄巷，交通不畅。像岭南街在不足1平方公里的面积里就有24条马路、132条内街巷，都是单行线，街面狭窄，交通拥挤，还有不少"断头路""死胡同"。这样的交通状况，加上消防设施破旧、消防设备落后，一旦发生重大火灾容易"火烧连营"，消防扑救困难，人出不来，车进不去，后果将不堪设想。

岭南街多数社区的消防器材配备非常有限，辖区共有10个社区，每个社区只配有三个灭火器和一把消防斧头，像逃生绳等其他消防器材基本上没有，一旦辖区内发生火灾将无法进行有效的自救，延误最佳的灭火时机。财政在这方面投入非常少，每年下拨给街道的消防经费总共才5万元，包括消防办公、业务培训、宣传、专项活动、购置消防设备等方面的费用，这对于消防隐患严重的旧城区街道来说，是杯水车薪。街道办事处根据旧城区消防形势的需要，自筹经费购置部分消防器材和消防装备，但还是无法满足消防安全管理工作的需要。岭南街2007年至2010年街道消防经费的收支情况见表2-1。

从表 2-1 可以看出，岭南街每年用于消防安全整治的支出远远多于财政拨款，旧城区消防隐患多，公共消防设施落后，且随着时间的推移，这些情况都有日趋严重的趋势。可是，由于消防经费缺口比较大，大部分的经费都用于开展消防安全专项整治活动，在消防设备方面的投入非常少。

表 2-1　岭南街消防经费收支情况（2007—2010 年）

明细\年份	财政拨款（万元）	街道自筹（万元）	街道消防投入（万元）	缺口（万元）
2007	5	12	32	15
2008	5	20	49	24
2009	5	8	24	11
2010	5	8	18	5

（资料来源：广州市荔湾区岭南街党委办提供。）

（二）对管理人员的投入不足

目前，主要负责出租屋消防安全工作的出租屋管理员，日常工作量大、任务重、压力大，但工资福利低，每月收入才1000多元，接近广州市的最低工资水平。

广州市出租屋管理员队伍的人员经费是通过收取"两费一税"来保障的。市委、市政府明确规定，出租屋及非本市户籍人员应缴的"两费一税"市区分成比例是1:9，而区、街的分成比例为1.5:8.5，区留成的15%作为全区出租屋管理工作的调研、培训、宣传、接待、专项行动以及街道调剂经费，返拨给街道的85%作为街道出租屋管理服务中心的日常工作开支、出租屋管理员的供养以及与之相关的各项业务经费。但通常街道在这方面很难做到专款专用，由于街道所承担的任务越来越多，工作经费却没有相应增加，所以街道只能内部调剂，以至于无法将所有"两费一税"收入都用在出租屋管理方面。按照每100～120间出租屋配备1名出租屋管理员的要求，现有的出租屋管理人员还远远不够。例如，岭南街现有出租屋4712套，而专职出租屋管理员只有12人，人均工作任务393套，接近工作标准的4倍。旧城区的出租屋消防安全隐患多，管理任务重、工作压力大。而且出管员还不只是对出租屋进行管理，还要受各职能部门的委托，协助开展一系列工作，如协助公安部门开展治安整治工作、协助计生部门清查超生人员，以及协助工商部门开展打假、食品安全卫生检查等等，每一个部门每一次的行动出管员基本上都要参加，工作量非常繁重。但出管员的收入却非常低，每月仅有的1000多元，确实很难提高出租屋管理员的工作积极性，更难聘到优秀的消防管理人员。岭南街有关人员的每月工资情况见表2-2。

表2-2 岭南街出租屋管理员每月收入情况（2012年）

职位	基本工资（元）	奖金（元） （按登记套数、出勤情况）	其他（元） （购买社保、医保、公积金）
专职出管员	1500	人均450	350

（资料来源：广州市荔湾区岭南街出租屋管理服务中心提供。）

四、出租屋人员流动性大，管理难、执法难

出租屋人口是流动的，消防安全隐患也是动态的。今天发现问题，当场整改了，过几天去查，租住人员变了，隐患又是如此。在日常对出租屋进行检查时，发现消防安全问题便发出整改通知书，限期进行整改，对整治不力或拒不整改的现象就需要运用"三铁"手段处理，这容易引起群众上访事件。由于涉及社会矛盾等诸多因素，对出租屋主及承租人员的处罚力度始终处于"雷声大、雨点小"的状况，使部分群众无所忌讳，我行我素，给管理工作带来较大困难。对违反出租屋消防安全管理规定的，也存在执法难、处罚难的问题。

岭南街辖内专业市场多而且集中，员工基本上都是外来人员，年纪轻，文化水平低。这些人消防安全知识非常薄弱，经常在出租屋里面超负荷使用电热棒、电饭煲等各种大功率的电器，乱接乱拉电线。然而，这些人流动性很强，职业变化频繁，因而居住场所也经常变换，这给出租屋管理工作带来了很多难题。出管员今天检查发现问题了，对承租人进行现场教育并要求整改，明天再检查时发现里面居住的人全换了，消防安全隐患依旧，又得重新教育、发整改通知书。对于违反出租屋消防相关规定的，相关职能部门依法对租赁当事人做出处罚，但承租人通常对于执法人员发出的《行政处罚告知书》都采取拒不签收或置之不理的方式，不会告知业主也不会在法律规定的时效内交罚款，他们的流动性大，管理起来比较难；对拒不缴交罚款的法人可以申请法院强制执行，但处理一宗违规案件的程序复杂且耗时长，岭南街辖内的出租屋消防普遍不合格，违规出租的现象普遍存在，单靠职能部门的执法查处是非常有限的，俗话说"法不责众"，执法难、处罚难，出租屋普遍违规的行为无法得到有效遏制。

例如《广州市房屋租赁管理规定》中规定，"不符合消防安全标准的房屋

不得出租，出租人违反规定，将不得出租的房屋出租，出租人是自然人的将处以 10000 元罚款，出租人是法人或者其他组织的处以 30000 元以下罚款"。岭南街辖内许多出租屋都是有五六十年甚至上百年楼龄的砖木结构建筑，电线老化，耐火等级低，没有统一的消防规划，缺乏消防疏散通道，消防设施不符合标准，存在严重的消防隐患。但由于这一带是商业旺地，出租屋需求量大，供不应求，违规出租的现象普遍存在，如果按照有关规定，大部分的出租人都要被罚款。但事实上，被罚款的租户少之又少。其原因是，一方面查处这些违规行为的程序比较复杂，需要报区交防大队，由消防部门出具专业的《消防不合格认定书》，作为罚款的依据，但由于警力不足，通常要很久才会受理，有时甚至不受理；另一方面，目前的法规对于违规出租行为有处罚的规定，但对于不交罚款的情况却没有做任何处罚规定，消防部门对违规的出租人做出了处罚，但对于出租人拒不交罚款的现象却束手无策；再者，这一带的房屋存在的消防安全隐患大部分都具先天性，除非旧城改造，否则现存的旧房屋基本上都不符合消防标准，但如果一律强行规定不允许出租或者都按规定进行处罚，牵涉较多人的利益，恐怕会引起群诉群访或带来更多的不稳定因素，而在和谐社区建设的大背景中就更不好强制执行有关规定。正因为如此，出租屋普遍违规的行为无法得到有效的遏制，出租屋消防安全管理任务重、难度大。

出租屋消防管理工作量大，且极易引起群访群诉案件，公安派出所、消防部门无法应付。由于每一间出租屋的面积小，居住人员密集，管理部门在发现消防安全隐患后，采取清理行动容易涉及多个住户的利益。在现行的出租屋管理体制中，主要是靠查、抓、登记并驱散一些租户。这种方法在一定程度上影响了群众的正常生活，与群众利益相冲突，容易引起群众上访。另外，虽然大部分出租屋火灾造成的直接经济损失不大，但涉及户数多，事故处理稍有不慎就容易引起群访群诉案件。

岭南街现有出租屋近 5000 间，其中大部分为面积在 100 平方米以下的小场所。而管辖该街道消防监督的警力只有 2 人，无法腾出更多精力应付这项工作；各派出所也将工作重点放在治安、刑侦等工作上，对出租屋管理除段警进行一些日常性的口头督促外，也没能投入更多的警力。因此，虽然加强出租屋消防管理的需求客观存在，但派出所、消防部门往往有心无力。

另外，多数出租屋租赁双方不具备法人主体资格，造成消防管理难度加大。由于出租屋租赁双方均不具备法人主体资格，消防部门对任何一方实施行政处罚的难度都较大，无法用一般的行政手段来处理。私人住宅出租经常是个人对个人，双方抗风险能力较低，一旦出租屋发生火灾，消防部门出具的《火灾原因认定书》可能成为出租方和承租方理赔和向法院起诉的重要依据；

由于双方经济能力有限,为了自己的切身利益,认定任何一方的责任都容易引起另一方当事人要求重新认定和行政复议,增加了消防部门的工作压力和执法难度。因此,消防部门在出具此类出租屋的《火灾原因认定书》时必须慎之又慎。

第三章 加强旧城区出租屋消防安全管理的对策

第一节 国内出租屋消防安全管理经验

一、厦门市构建出租屋消防安全"防火墙"

厦门市是经济发达的沿海城市,随着城镇化进程的不断加快,各类外来务工人员不断增加,厦门市的私房出租建筑达 14756 幢,出租屋消防安全形势严峻。厦门市结合该市实际,对出租屋的消防安全实行"三级监督、协会管理、村企互动"的管理,全面构建出租屋消防安全"防火墙"。

(一)发挥派出所优势,实施入户管理

厦门市明确了派出所对出租屋的消防监督管理职责,充分发挥派出所点多面广、管理到位的优势,定期组织对所辖、所管区域内的出租屋的消防安全检查,对不履行消防安全管理相关职责的出租人依法进行严肃查处。有一些派出所还结合实际,创新管理模式。例如,对消防安全条件合格的公寓,在相关手续审批上给予一定的优惠政策,实行出租屋黄牌警示制度,对不具备消防安全条件的出租屋悬挂警示黄牌。

(二)依托出租屋协会,实行自治管理

厦门市根据出租屋的房东大部分是本地居(村)民的实际情况,充分发挥居(村)民自治作用;特别是在私房出租集中的村庄,组织村委会干部和房东代表成立村私房出租屋管理协会,对出租屋进行自治管理,制定相关规定,明确协会对本村出租屋的监督管理职责,明确私房出租屋的消防安全管理实行"谁出租，谁负责"、房东为第一责任人的责任制原则。

（三）村企良性互动，分类挂牌管理

厦门市根据出租屋多数集中在工业区周边的特点，充分利用经济杠杆原理对其实施有效管理。出租屋协会通过发挥服务作用，促使企业把"员工必须租住合格的出租屋"作为企业用工的前提条件，为使企业员工自觉抵制不合格出租屋，出租屋协会定期将租住在不合格出租屋内的员工名单向企业通报，由企业依照厂规对员工进行处理。出租屋协会还通过发挥指导作用，把出租屋分为合格出租户、基本合格出租户和不合格出租户三类，对其进行日常管理。对消防器材完备、疏散条件符合消防安全要求的，悬挂合格出租户牌；对消防器材基本完备、基本符合疏散条件要求的，悬挂基本合格出租户牌；对未配备消防器材、不具备基本消防安全疏散条件的出租户，则不予挂牌。同时，每季度对已挂牌的出租户进行公开考核，连续两个季度为85分以下的，协会收回挂牌。此举有效调动了私房出租户业主整改火灾隐患的自觉性。

二、深圳市光明新区创新管理责任机制，强化出租屋消防安全监管

深圳市光明新区（简称"新区"）在管理工商业出租屋方面的做法值得借鉴。深圳市光明新区共有小档口、小作坊、小娱乐场的"三小"场所近2万家，火灾隐患量大、面广，消防监管压力巨大。光明新区结合当地实际，积极探索工商业出租屋管理新机制，改变传统"头疼医头、脚疼医脚"，阶段性和"运动式"的管理模式，创建了出租屋业主、经营者、管理者三方捆绑的管理责任体制，取得了很好的效果，基本解决了"三小"场所长期存在的安全监管缺位的难题。

新区相关部门制定试行了《光明新区工商业出租屋安全管理实施办法》，明确"三小"场所的定义范围，对这三类经营场所的消防安全标准做了详细、规范、明确的规定，确保工商业出租屋安全标准的合法性、实效性和可操作性，为明确业主与经营者的责任提供了科学依据；按照"谁受益、谁负责""谁发证、谁管理""谁管理、谁负责"的原则，建立了一套完整的安全管理责任制度，明确规定了工商业出租屋业主为消防安全第一责任人，必须确保出租物业具备安全生产经营条件，并经常性监督承租人按照标准做好消防安全生产工作；经营者为承租物业的消防安全直接责任人，必须确保经营场所符合新区制定的场所安全标准；社区工作站作为消防安全生产监督管理责任人，承担管理责任，业主、经营者与社区工作站三方签订《安全管理责任书》；按照

"属地管理"原则和网格化管理巡查机制要求,通过社区工作站、办事处网格化的定期巡查,做到整治隐患不留漏洞,避免小隐患酿成大事故,确保将安全隐患消除在萌芽状态。

科学的标准、明确的责任和完善的体制,有效地推进了新区对"三小"场所安全隐患整改的进程,实现了对工商业出租屋消防安全的动态管理,切实防止了安全隐患回潮,大大降低了消防安全事故的发生概率。

三、中山市筑起多道防线,严控出租屋消防安全

中山市坦洲镇从自身的特殊地理位置和出租屋的实际情况出发,把全镇出租屋按地域进行分片管理;同时,合理利用各种有效资源,进行多部门联合整治,通过设"示范点"、建"示范街",推广出租屋消防安全管理经验,从而达到资源共享,优势互补。同时,在联合治理的基础上,积极引导屋主自管,主动配合管理工作,形成有效的出租屋消防安全日常监督机制。

坦洲镇一方面充分利用出租屋管理经费落实责任,保障充足的人员配置和设备配套,做好各项硬件后盾,筑起出租屋消防安全管理的保障线;另一方面制定了各种详细的规定,筑起出租屋准入线,对新建的出租屋一律要求其办理消防手续,对已建成并申办"房屋租赁证"或"出租屋备案登记回执"的进行备案检查,对出租屋不符合消防安全要求、消防安全设施不完善的一律要求整改,否则不予以发证,保证不符合出租条件的房屋被拒在准入线外;同时,根据出租屋的现行综合情况进行风险评估分类,筑起风险评估预警线,把出租屋纳入"一般户""重点户"和"放心户"的出租屋类别,按照不同的类别,安排日常的管理工作,保证不漏户、不漏点管理。

第二节 加强旧城区出租屋消防安全管理的对策

一、完善相关的法规条例和工作细则

在出租屋管理方面,完善的法律体系和详尽的法律规定在定分止争、设置出租门槛、明确相关责任、维护社会秩序等方面起着重要作用,为政府管理房地产租赁市场提供了重要依据。要把消防安全纳为出租屋管理法规的修订内容,制定出租屋消防安全管理法规,以法规的形式明确各部门职责、租赁双方责任和管理要求。要根据各地的实际情况,制定出租屋消防安全管理工作实施细则,将出租屋管理经验上升为法律规定,明确管理主体职责,细化当事人的权利义务,强化管理手段,确保出租屋消防安全管理工作有法可依。要推进部

门职责分工协调机制法制化、规范化、制度化，从立法层面对职责分工进行规范，对出租屋消防安全多部门常态管理以制度形式进行明确。各级单位应该根据实际情况制定相关的消防安全管理制度。街道办事处应在现有基础上，逐渐完善出租屋消防安全管理机制，逐级逐户落实消防责任制，把消防安全工作纳入社会治安综合治理之中，制定详细的消防安全标准；或根据地区的实际出台相应的工作指引，落实详细的消防安全管理任务，提高出租屋消防安全管理成效。而法律应进一步明确规定基层政府的权利和义务，充分发挥基层政府，尤其是基层出租屋管理服务中心的作用，切实将出租屋消防安全管理职责落到实处，解决职能部门一推了之、互相推诿的问题。

完善出租屋管理制度，针对出租屋管理服务工作的特点，制定相关配套实施细则。其中针对出租屋的消防安全管理，应明确出租屋消防安全管理的管理机构和职责，同时对租赁当事人的职责、法律责任和出租屋消防安全标准做出明细的规定，使出租屋消防安全管理工作有章可循，进一步规范化、法制化。

二、完善现行的出租屋消防安全管理体制

（一）明确行政责任主体

出租屋消防安全管理量大、面广，涉及的部门单位多，要制定完善的出租屋消防安全管理制度，明确管理主体和行政责任主体，充分发挥各级政府在出租屋消防安全管理中的作用，遵循政府承担领导责任、部门承担监管责任和出租、承租双方承担主体责任相结合的原则，建立出租屋消防安全管理机构作为出租屋消防安全管理的主管部门；或者由政府牵头，明确出租屋管理服务机构为出租屋消防安全管理的主管部门，作为出租屋消防安全管理的行政责任主体，按"属地管理"原则，对出租屋消防安全监督管理责任进行细化分解，明确出租屋管理服务机构的管理主体责任、各职能部门的监管责任以及公安消防部门的执法责任。只有明确责任主体，方能改变目前虽有多个部门管理但是谁都不管到底的局面。

（二）建立规章制度，明确租赁双方的消防安全责任

强化"谁经营、谁负责""谁使用，谁负责"的消防安全责任意识，要求出租方和承租方在签订租赁合同时一并签订消防安全协议，明确房屋出租人、转租人和承租人的消防安全责任。也可通过提高出租屋的按金标准，以便处理出租屋火灾引起的经济纠纷。消防部门在对出租屋火灾事故进行调查的同时，应提请辖区政府、社区（村）、派出所及时介入，可尽量避免火灾原因反复认

定现象的出现。因为对出租屋火灾事故进行处理时，租户较为关心火灾赔偿问题，而且很多集体出租屋火灾事故波及多户，如果没有辖区政府有关部门的及时调解、安抚，极容易引发群访群诉。

（三）积极推动出租屋租赁双方法人化

一方面，要推动政府引导、鼓励和推广旅业式、小区式居住中心等类型的出租屋建设，引入物业管理机制，使出租方法人化。各社区、行政村可设立出租屋中介机构主出租屋管理基金，以便出租屋发生火灾后能够保护弱势群体，消除社会不稳定因素；另一方面，应规定工厂员工达到一定规模（如30人）以上的企业，业主必须为员工提供集体宿舍，即由企业与物业出租单位签订租赁协议，使得承租方法人化。通过使房屋的出租方与承租方由自然人对自然人升级为法人对法人，进一步提升出租屋的消防安全乃至整体上行政管理水平。

（四）部门合力，齐抓共管，加大监管力度

出租房消防安全工作是一项系统工程，单靠公安消防机构或者出租屋管理机构单一的力量开展工作是非常艰难的。各级政府把出租屋消防安全管理作为平安建设的重要内容，完善由政府挂帅、公安消防、出管、房管、工商、街道办等各部门广泛参与的出租屋消防安全网络，建立信息沟通和联合执法机制，形成有关部门各负其责、齐抓共管的工作格局。

市、区出租屋管理机构做好组织、协调、指导工作；街道办事处和出租屋管理中心加大日常检查巡查及隐患排查力度，定期开展出租屋消防安全联合清查整治，对出租屋存在的重大消防安全问题，及时向政府报告，与有关部门沟通协调，积极妥善处理；各职能部门在自己的职能范围内协助做好出租屋消防安全工作：公安部门要对存在消防隐患的出租屋采取措施整治，对拒不整改的或经整治反复的住户实施严厉惩处；房管部门要按房屋的使用性质对存在消防隐患的出租屋使用情况予以重新核对，对超出房屋用途做违法经营活动的给予取消使用房屋的权利，对"租上租"的单位和个人造成消防隐患的给予取消租用房屋的权利，应将旧城区砖木结构的房屋改建为砖混或者框架结构，将房屋的共墙改造成独立墙面并保留退缩位间隔；工商部门要对出租的无牌无照或证照不齐的商铺、小作坊进行查处，对因为房屋结构原因，无法进行改建或通过整改也无法达到消防要求的店铺进行彻底关闭；规划部门要提请市、区政府，对旧城区中能够通过改造达到消防要求的连片商铺进行停业整改，由政府统一规划、统一施工、统一改造，待符合消防要求以后重新开放营业；供电部门要对旧城区各街巷供电线路进行检查维修，对不符合标准的进行更换，对消防隐患严重又不整改的出租屋实施强制性断电；供水部门要对旧城区的水管进行检查维修，尤其是对年久水管出现堵塞造成水压下降无法正常用水的路段实施更换，对消防用水栓专用水管进行维护，对消防隐患严重又不整改的出租屋实施强制性断水。

另外，还可以建立出租屋消防安全联席会议制度。联席会议制度的实施，可以使各部门在市政府或区政府的领导下，既有职能分工，又有协调联动，形成多部门治理出租屋消防安全合力。同时，通过联席会议，也可以快速解决出租屋消防安全工作中遇到的一些法律还没规范或无法可依、无章可循的现实问题。

（五）建立完整的规章制度，明确消防安全管理责任

对于出租屋的消防安全管理，要建立完整的规章制度，明确消防安全管理责任；要细化法律责任，按照"谁出租、谁受益、谁负责"的原则，明确租赁双方的消防安全责任。要强化租赁双方的消防安全责任意识，要求出租方和承租方在签订租赁合同时一并签订消防安全协议，明确房屋出租人、转租人和承租人的消防安全责任。要明确规定出租人为出租屋消防安全的第一责任人，对出租屋的消防安全负责；对于出租人委托房屋给私人或中介公司出租和管理的，被委托人为消防安全的第一责任人；出租人和承租人有约定的，从其约定。

（六）建立机制，长效监管

出租屋消防安全工作是一项动态的长期性工作，随着时间的推移，环境的改变、利益的驱使、商铺主的更换等都会发生新的问题，甚至发生老问题死灰复燃，因此又是一项十分艰苦的工作。作为政府管理部门要清醒地认识到出租屋消防安全工作的重要性和艰巨性，要以预防和减少火灾尤其是亡人火灾事故为目标，充分发挥各部门联动和基层组织主体作用，强化消防安全责任制的落实，深入开展出租屋消防安全排查整治工作，建立出租屋长效监管机制。

要建立健全出租屋消防安全领导机构，完善出租屋消防安全检查制度和消防安全整治方案，制定消防安全发生事故的整改预案，进一步明确各部门的职责，构建联动工作机制，建立由街出管中心负责巡查、登记，公安、房管为主要执法主体，工商、规划等部门配合执法，供电、供水部门配合采取措施的出租屋消防安全联动长效机制，进行长效监管。

要强化基层专职消防队伍的建设，从明确职责、完善制度、加强管理入手，内强素质、外树形象，狠抓基层专职消防队的正规化建设，提高队伍的作

战力；配备充足的消防装备，为及时发现火情扑灭初始火灾，创造有利条件。

要不断探索新的管理方法，对于出租屋消防安全管理这一项动态的长期性的工作，要根据不同时期出现的不同问题，探索新思路，研究新的有效的管理方法。

三、加大财政资金投入

(一) 配备完善的公共消防设施和消防装备

加强经费的投入，改善公共消防设施和消防装备，是预防火灾的一个重要手段。旧城区的市政设施非常不完善，大部分不能达到使用的要求，由于时间久远，加上居民的不重视，消火栓的受损程度相当严重，普遍存在水压不够、出现部件缺失或锈蚀等问题，能否在关键时刻派上用场成了个疑问。所以市、区政府应该加大旧城区的市政消防设施建设，按照相关的建筑设计防火规范，在保持旧城区风貌的基础上，按照经济、合理、实用的原则设置市政消火栓和水枪、水带、扳手等消防设施；同时，把基层消防建设经费列入政府专项预算，根据旧城区的实际情况为基层消防机构配置消防装备，针对旧城区街窄巷深、消防通道不畅、消防车辆难进入的情况更新配备小型、灵活实用的消防装备，比如小型消防灭火车或轻便的机动三轮车以及随车搭载灭火器、消防水带等应急灭火器材。

(二) 充实出租屋管理队伍，提高基层管理人员待遇

基层出租屋管理人员是出租屋消防安全管理的主要力量，旧城区出租屋数量大、情况复杂、消防安全隐患严重，按照100～120间出租屋配备1名出租屋管理员的要求，现有的出租屋管理人员还远远不够。所以，要加大投入，进一步充实出租屋管理队伍，要从提高队伍素质入手，强化教育培训工作；有针对性搞好出租屋、消防等各项业务培训，从根本上提高出管员对出租屋的管理能力。

要统筹考虑各方面因素，合理确定管理员工资标准，逐步提高出租屋管理员的福利待遇，对成绩突出的及时给予表彰奖励，不断提高出租屋管理员的工作积极性。

(三) 加强基层专职消防队的建设

市、区各级公安消防队伍都是行政或部队编制，人员、设备等各方面的经费都有政府预算经费做保障；但对于基层的专职消防队，所有经费来源都要靠

街道自己筹备，这就给基层专职消防队的建设带来很大的局限性；而对于主要负责出租屋消防安全日常管理的街道办事处（特别是旧城区）来说，这样一支专业队伍的存在是非常必要的。笔者认为，市、区政府应该加大对基层消防经费的投入，包括人员、设备经费，并将基层专职消防队伍的经费全部或部分纳入财政预算，加强对专职人员的业务知识、技能培训，提高应急水平和作战能力，全面提高基层专职消防队伍的整体素质，使之向正规化、专业化发展。

四、建立出租屋消防安全评估分级制度

鉴于街道出租屋消防安全管理人手少、管理事务量大，可以引入、建立出租屋消防安全评估分级制度。每年对全街道出租屋进行消防安全（动态化）评估分级，同时建立出租屋消防安全档案实行动态化管理，将消防安全隐患评估信息做好登记归档。对一类出租屋每年至少检查1次，对二类出租屋年度至少检查2次，对三类出租屋每半年至少检查3～5次（视该出租屋安全隐患严重的程度而定）。同时，利用经济杠杆推动出租屋（租客和业主）消防安全建设，对一类出租屋每年1次的检查不收费；对每套出租屋当年第二次以上的消防安全检查，采用收费制度。

履行日常巡查职责、有针对性重点巡查（对二、三类出租屋）地及时发现出租屋消防安全隐患，最大限度减少责任区内出租屋发生消防安全事故、造成重大财产损失或人员伤亡。

五、加强宣传教育，提高消防意识，发展消防志愿者

对于消防安全管理人员，要经常以会议、业务讲座、讨论等形式安排业务学习会议，进行消防安全宣传教育和业务培训，使工作人员警钟长鸣，增强忧患意识，提高业务水平。对于辖区内的居住人员，要广泛开展各种形式的宣传教育工作，使每一个人都能掌握防火、灭火知识和逃生知识。特别是针对房屋出租户和暂住人员，要有针对性地开展消防安全教育培训，利用各种宣传媒介，以群众喜闻乐见的方式，大力宣传普及与出租屋相关的消防法规和消防安全常识，形成正确的舆论导向，联合消防大队等专业机构开展消防设施演练、消防疏散演习，传授防火逃生自救知识和灭火基本技能，把消防安全做到家喻户晓、人人皆知，提高全民的消防安全水平，让消防工作成为住户的共同认识和自觉行动。

可以借鉴美国、日本等一些发达国家和地区在消防方面的做法，根据实际情况，发展消防志愿者，壮大消防安全工作力量。美国是一个主要依靠志愿人员灭火的国家，有消防员110万人，其中志愿消防员超过80万人；约有78%

的职业消防员在管区人口超过2.5万人的消防局服务，约有94%的志愿消防员在管区人口不满2.5万人的消防局服务。美国3万多消防局中，有约75%的消防局全部由志愿消防员组成。在日本，消防力量主要由两种队伍组成，一种为职业制消防，人员属地方政府公务员；另一种为志愿制消防，称为消防团，有固定的消防站和轻型消防车、手抬泵等装备，其人员平时从事自己固定的职业，接到报警后赶到消防站集合出动。而德国、澳大利亚等国家也都基本上由职业消防队员和志愿消防队员组成。

各级政府部门可以根据实际情况招募消防志愿者，特别是要鼓励外来务工人员加入到消防志愿者行列，进一步提高外来暂住人员的消防安全素质。中山市在这方面的工作就非常有亮点，首创了消防志愿者可积分入户的制度。《中山市流动人员积分制管理计分标准》规定，消防志愿者志愿服务25小时就可积3分，最高可积40分。外来务工人员可以到辖区流动人口办事大厅、消防大队业务受理窗口领取报名表格，或登录广东消防志愿者网进行登记注册为中山消防志愿者，经培训后便可开展消防志愿服务。消防志愿服务内容包括协助开展消防宣传、培训、查找消防安全隐患、资料派发、消防演习和救助等。通过把消防志愿者纳入积分入户，充分调动了外来务工人员学习消防安全知识的积极性。

参 考 文 献

[1] 杨宏烈,潘广庆. 论出租屋管理 [J]. 城市管理, 2001 (2).
[2] 陈强. 消防安全管理体制的探讨 [D]. 天津:天津大学,2005.
[3] 李振森. 消防安全管理标准规范 [S]. 北京:科学技术文献出版社,2001.
[4] 何孟同. 工业区周边出租屋消防安全现状及对策 [J]. 亚洲消防, 2008 (3).
[5] 罗练新,曹彬彬. 中山市出租屋消防安全管理现状分析及对策探讨[J/OL]. http://www.gdfire.gov.cn/xfbl/ShowArticle.asp?ArticleID=9847,2006.7.26.
[6] 罗庆华,赵卫东. 城市消防体系管理现状与完善对策 [J]. 安防科技, 2006 (2).
[7] 秦中彤. 试论高校的消防安全工作 [J]. 中国电力教育, 2009 (134).
[8] 覃涛,卓娜. 城市出租屋管理主要问题与对策探究——基于公共政策视角分析 [J]. 经济理论研究, 2008 (12).
[9] 吴沙,彭新,陈耀森,林文生. 广州市出租屋和外来暂住人口管理的实践与对策 [J]. 探求, 2001 (2).
[10] 郑海峰,汤瑞娇. 广州市出租屋管理长效机制研究 [J]. 探求, 2008 (6).
[11] 吴上进,嵇涛,刘东海. 科学发展观视野下的消防法律体系的创新 [J]. 珠海城市职业技术学院学报, 2006, 12 (3).
[12] 缪纪银. 赴美国考察消防工作的几点启示[J/OL]. http://119.china.com.cn/txt/2009-07/22/content_3033176.html,2009.7.22.
[13] 吴军. 从云和"2.17"火灾浅析居住出租房火灾预防 [J]. 科协论坛, 2009 (5).
[14] 田中林. 完善消防三级管理责任机制 [J]. 公安研究, 2005 (4).
[15] 张娟. 中小型城市社区消防安全现状及对策 [J]. 运城学院学报, 2005, 23 (4).
[16] 孙萍. 美国的社区警务战略及其启示 [J]. 公安研究, 2002 (12).
[17] 王克群. 城市出租屋实现长效管理探究 [J]. 社区, 2006 (11).
[18] 当前城市出租屋的消防安全问题与对策 [J/OL]. http://lw.china-b.com/gxlx/20090423/1487273_1.html,2009.4.23.
[19] 陈刚. 城市老旧住宅小区现状及其综合整治的五大难题 [J]. 中国房地信息, 2003 (12).

[20] 董幼鸿,等. 地方公共管理：理论与实践[M]. 上海：上海人民出版社,2008.

[21] 米麒燕,李万伟. 农民工出租屋消防工作面临的困境与对策[J]. 重庆建筑,2006（12）.

[22] 龙海锋,司敏娜. 高校消防安全的现状及对策[J]. 黄冈职业技术学院学报,2008,10（2）.

[23] 刘火燕. 加强和完善广州出租屋管理　切实提高城市治安管理水平[J]. 探求,2007（2）.

[24] 唐明建. 浅谈城中村出租屋消防安全现状及管理措施[J/OL]. http://www.esafety.cn/guanli/ShowArticle.asp?ArticleID=31522,2009.1.5.

[25] 谭钰怡. 从管理到治理：广州市出租屋管理的经验启示与建议[J]. 广东广播电视大学学报,2008,17（4）.

[26] 魏琪. 经济发达地区的出租屋管理模式及法律问题思考[J]. 政法学刊,2001（5）.

[27] 黄淑娥. 实现城市出租屋和流动人口有效管理的新思路——以广州市为主要观测点[J]. 政法学刊,2008（6）.

（本文定稿于2012年4月）